儒学复兴场域下马克思主义信仰问题研究

杨玉强 著

新华出版社

图书在版编目（CIP）数据

儒学复兴场域下马克思主义信仰问题研究 / 杨玉强著 .
北京 : 新华出版社 , 2024.11.
ISBN 978-7-5166-7722-3

Ⅰ . B222.05；A81；D61

中国国家版本馆 CIP 数据核字第 2024HM4544 号

儒学复兴场域下马克思主义信仰问题研究
作者：杨玉强
出版发行：新华出版社有限责任公司
　　　　　（北京市石景山区京原路 8 号　邮编：100040）
印刷：河北鑫兆源印刷有限公司

成品尺寸：170mm×240mm 1/16	印张：15.5	字数：195 千字
版次：2025 年 8 月第 1 版	印次：2025 年 8 月第 1 次印刷	
书号：ISBN 978-7-5166-7722-3	定价：48.00 元	

版权所有·侵权必究
如有印刷、装订问题，本公司负责调换。

微店

视频号小店

抖店

京东旗舰店

扫码添加专属客服

微信公众号

喜马拉雅

小红书

淘宝旗舰店

序

  盛夏时节，玉强兄的第一本学术专著即将出版，邀我作序，荣幸之至。同时思绪也把我拉回到我们一起教学、科研、做行政，朝夕相伴的那七年时光。从玉强兄回曲阜工作，到他在职求学、再到我也调回曲阜，十余年间也时常见面、交流。作为同事和兄弟，我也见证了这一学术成果成熟落地的过程，其中玉强兄专注做事、锐意进取的劲头尤其令我印象深刻。

  中国人讲天时地利人和，玉强兄和我同为思政课教师，这份工作的"天时"之利自然源于党和国家对高校思政工作和思政课程的高度重视与大力支持。玉强兄这本论著就是在工作中长期思考的结果，其思想的火花中，既有他长期从事学生思想政治教育一线工作的经验总结，也有他长期关注学生思想政治教育时代问题的所思所想，还有他紧跟民族复兴文化建设之关键问题的锐意探索。现在，我们国家比历史上任何时期都更接近中华民族伟大复兴的目标，比历史上任何时期都更有信心、有能力实现这个目标。这一伟大复兴必然与民族文化的复兴相关联，必然需要民族文化的精神支撑。而我们民族文化复兴的基点是中华优秀传统文化的传承弘扬，特别是习近平总书记2013年11月在视察山东时就弘扬中华优秀传统文化发表重要讲话，强调"要坚持古为今用、推陈出新，有鉴别地加以对待，有扬弃地予以继承"，这为推动中华优秀传统文化创造性转化和创新性发展提供了科学的方法论指导。所以，面对全国上下中华优秀传统文化两创工作如火如荼的热潮，面对建设中华民族现代文明的"两个结合"思想解放路径，作为中国传统文化主干的儒学与我们党和国家的指导思想的马克思主义之间，存在着一个融通发展、守正创新的时代课题。这两种看似源自不同土壤、承载着不同历史使命的思想体系，在新时代中国开创人类文明新形态的过程之中，以一种前所未有的姿态交织共融，共同塑造着国家的精神面貌与文化自信。正是在这样的背景下，《儒学复兴场域下马克思主义信仰问题研究》一书应时而生，它不仅是对这一独特文化现象的思想回应，更是对如何在传统与现代、本土与外来思想之间寻找融合之路的一次积极探索。

学术研究既要有"天时"之利，也离不开学术资源优势的"地利"之便。玉强兄这本论著的落地，也具有更为突出的地利优势，他早年求学于孔子家乡的曲阜师范大学并在毕业后留校任教，工作期间在教学科研中对马克思主义信仰教育研究钟爱有加，很多思考在他转任本科生辅导员期间得以贯彻和落实，在经历几年的辅导员工作和行政工作后，重新回到教学科研岗位后，一些观点再次得到沉淀和升华。所以，《儒学复兴场域下马克思主义信仰问题研究》一书的诞生，正是玉强兄长期以来将思想政治工作实践和学术反思相融合结出的硕果。另外对于儒学复兴场域的关注，也有着得天独厚的属地的学术资源优势——曲阜师大依托孔子故里独特的历史文化资源优势，在文史哲协同发展方面成绩突出，并以此构建了多学科聚焦儒学的研究矩阵，在儒学研究与阐释、儒家经典文献整理与研究、儒学海外传播研究等方面形成了研究特色和团队集聚优势，已经成为国内儒学研究的重镇。玉强兄和我所在的马克思主义学院教学科研氛围浓厚，已经形成了"马克思主义指导+儒家优秀文化滋养"的思政课教学体系，并陆续开展了"中华优秀传统文化融入思政课教学研究""儒家优秀文化传承与高校思政课教学改革创新"等项目专题研究。学院在教学研究、课题项目方面的资源和专家，为其进行儒学复兴场域下马克思主义信仰研究提供了便利和支持。今天，这一专著的问世正是其在完成山东省社会科学规划项目课题基础上的延伸。可见，曲阜的儒学重镇优势，山东省社科规划办的经费支持，基于实地的工作经验，构筑起了这本论著的地利之便。

任何学术历程都是艰辛与汗水相伴的道路，使学者走过这一孤心苦旅的支撑之力正是探索过程中的那些"人和"要素。玉强兄在不惑之年又外出读书深造，其中既需要平衡学业和工作，也需要平衡科研苦旅和家庭事务，这使我深有同感：读书求学对于有家庭的人来说，家庭的支持之举，是能安心于自己的专业攻读的关键支撑，这肯定离不开父母、爱人、孩子共同面对前进任务的"家和"。玉强兄是在职攻读学位，能够脱产潜心治学，肯定离不开工作单位的鼎力支持。作为一路走来的同事和兄弟，我对他在学术之路上的辛勤耕耘深表赞赏，也希望兄长能够在学术的道路上再添佳作。

玉强兄《儒学复兴场域下马克思主义信仰问题研究》一书书稿，读之掩卷长思，方知此书不仅仅是一次理论的对话，更是一场跨越时空的精神交流，旨在揭示在全球化与本土化交织、传统与现代碰撞的今天，如何构建一个既尊重历史传统又面向未来、既坚持马克思主义指导地位又充分吸收儒学精华的中国信仰思想体系。书中，玉强兄从多个维度出发，既有对儒学复兴历史脉络的细致梳理，也有对马克思主义中国化最新成果的深入解读；既有对儒学思想与马克思主义理论契合点的精妙分析，也有对两者在实践中相互融合、相互促进的实践探讨。概而言之，这本论著力图展现一个动态、开放、包容的思想交流场景,为读者提供一个全面理解儒学复兴与马克思主义信仰关系的全新视角。尤为值得一提的是,书中的观点并未止步于理论层面的探讨,而是将视野投向了更广阔的中国社会发展实践,关注如何在文化自信与人类文明新形态创造的双重语境下,促进儒学智慧与马克思主义信仰理论的深度融合,为解决当代中国面临的问题提供智慧探索。

总之,《儒学复兴场域下马克思主义信仰问题研究》不仅是一部学术著作,更是一次思想的远航,它力图在参与这场跨越时空的思想对话中,让我们明晰儒学的深厚底蕴与马克思主义信仰的科学魅力之所在,以助力于开创人类文明新形态的中国式现代化事业。是为序。

曲阜师范大学党委常委、副校长、教授、博士生导师

2025 年 7 月于曲园

前　言

"己欲立而立人，己欲达而达人"——孔子

"人们只有为同时代人的完美，为他们的幸福而工作，才能使自己也达到完美"——马克思

人生在世，必有各人活法之说，无非回应何以安顿自己的身心而已。中国古人诉诸诸子百家而求以答案，在性善性恶智辩中演绎出义利两维的人生抉择。后人遂在出世入世中以儒释道调节身心，但终因世事浮沉让人处在混沌或困苦挣扎之中。近代国人则诉诸西学，全因自我安静的理想追求被坚船利炮及现代商品的繁盛所迫，现代化之潮强拉硬扯得让国人应接不暇。在国家蒙辱、人民蒙难、文明蒙尘之际，中国共产党人为国振臂高呼觅得马克思主义，遂以现实抗争打开了新民主主义革命直至社会主义的科学之路。此中亿万国人的安顿身心的意义追求的问题才得以明朗化。

当然现实生活中，并不会有人专门来查问每个人的人生意义几许等等。但人于此世界之中，身为物质存在，心为精神存在，身之安顿，必

与心之抉择相连，心之安顿，则必在于精神之寄托。但人不是单个的存在，而是社会的存在，天然具有能够从他者反观自身的生命维度，故而每个人都会追问"我何以存在？""我为何而活？""生而为人的意义何在？"这是一种成熟主体的自觉，也是一个在自在生命之上的自为之思，进而促使现实生活中人生的诸多问题都明朗清晰而自身又纠缠其中，在不同向度上悬而不决，这就使安顿人的身心性命于实践和理论两界出现标准与现实尺度的差距。无论是物质的、精神的，还是个体的、社会的，本质上都使实现人生的意义与价值有了现实的张力。

人生意义的寻找，无非内求和外求两个向度，儒学向来极重视自我领会与体悟生命的意义，在修身内求的形上之道中领悟，也在积极入世之学中自觉担当社会道义，从而在修齐治平中实现个体安身立命之所求，此中各个维度上差显人生境界的高低。马克思在历史视阈中仔细研究着现实的个人与社会生活，他发现资本主义的世俗的人生意义追求达到了无以复加的程度，此间的人生价值把对外物的占有作为自己的意义实现，所以现实之人贪得无厌，无限度攫取对外物的占有，这种占有本质上已非生命的本质需求，而是使人异化并物化出意义替代品，故而这种资本主义的境遇并不符合人生意义追寻，资本主义制度下的人们还必须去更高的社会进阶中寻求人的发展和自由的实现。也就意味着，我们看待思想，当然要求从人的视角去体味每一种思想的境界和情怀。但儒学和马克思主义在今天的中国语境中对话，其带给我们的永远是值得细腻地思考人类的终极之思，这也是我为什么要进一步思考这个主题的原因。

除了这种形上之思的缘由，多年来，基于工作需要和思想政治教育研究的专业习惯，我一直有关注社会思潮动态的敏锐嗅觉，《人民论坛》

杂志就成为我工作学习生活的一个窗口，使我随时保持对思想文化领域的动向把握。在我的工作地曲阜这个儒家文化的发祥地，我对儒学的浸润有着得天独厚的条件，也深感其在道德教化领域的功用之强。在我的工作之中就经常探讨以儒学为代表的中华优秀传统文化如何在思想政治教育工作中发挥其独到的作用，从2010年到2014年《人民论坛》杂志一直对国内外社会思潮进行跟踪调查分析，并在2014年专门做了中外十大社会思潮的评选，在这些思潮的调查分析中，也让我越来越认识到在我的专业视域内儒学与马克思主义信仰的关系问题是一个值得深入探讨的课题。后来就这个主题与厦门大学、南京师范大学以及我们本校的几位同道交流，他们都认为这是非常有意义的理论课题。遂坚定了我的学术研究之旅，尝试着在这个领域里遍览各方要略，一探究竟，在读书工作的深入思考中，我萌生了将这一问题的源流脉络梳理清楚的想法，通过积累，我的思路越来越清晰，在2016年山东省社科规划项目的申报中，我就将此前的想法付诸行动，并成功立项。带着明确的研究任务再来思索时，才真正体会到学术研究的困难，首先是解题的逻辑理路已经不是一个话题的讨论，而是学术范畴的界定和问题背景的观澜，其次就是问题的指向和对策思路也不是一种单纯思政的宏观、中观、微观的程式化探讨。所以，在面对课题任务的推进时，我一度陷入了无从下笔的尴尬境地。幸运的是，2019年我遇到了我的博士生导师万光侠先生，在老师的悉心指导下，我的学术之路重回正轨，并慢慢地找到了属于我的特色。

  本书就是在我的省级社科规划结题成果基础上完善、充实和升华的，也是我学术生命的新生。在国家对哲学社会科学发展繁荣寄予厚望的今天，虽然思入时代的过程经历漫长，而且成果颇浅，但是我相信唯有"磨剑十年"的努力,才能找到自己的成长之路,才能发现自己的学术生长点。愿与众方家请教以共享学术素养之进步。

2014年,在看到《人民论坛》刊发的关于"当前社会病态"的专题文章时,我对其中的问卷调查分析结论感同身受。在分析当时的社会病态现象时,文章根据调研数据指出:当前中国社会中存在若干显著的病态现象,普遍认为这些现象反映了社会的亚健康状态;其中的信仰缺失、看客心理、社会焦虑症、习惯性怀疑、炫富心态、审丑心理、娱乐至死、暴戾狂躁症、网络依赖症、自虐症等,构成了当前社会的十大病态特征;所以,在社会转型的过程中,秩序与规则的重建、道德规范的缺失以及价值观的多元化,被视为导致当前社会呈现"亚健康"状态的主要因素。①

面对这个调查文章的结论,我们发现:在当今的中国社会,经济领域的迅猛发展与辉煌成就赢得了全球的瞩目与赞誉,物质文明的繁荣极大地提升了民众的生活质量。然而,在这一片繁荣景象之下,社会正处于深刻转型的关键阶段,展现出了一系列独特而复杂的面貌:社会矛盾日益凸显,多元价值观念的交织碰撞加剧了社会的复杂性,同时,道德领域面临的挑战也不容忽视,道德失范与滑坡现象时有发生,这些均构成了当前社会转型期中亟待正视与治理的社会病症与乱象。这种物质文明与精神文明"一条腿长一条腿短"的问题背后其实是公共精神式微、功利主义泛滥、价值失范等社会病症的凸显,无论是经济、政治、文化、社会的出路探索,既是紧迫的,又是令人焦灼、迷惘的。因为,这些问题往往要归结到中国人的精神归属路在何方。

实事求是地说,中国当下快速而深刻的社会转型,必然引发从社

---

① 张建星.当前社会病态调查[J].人民论坛,2014(9):14-15.

会结构和生活方式层面到个体行为模式及其思想价值观念层面错综复杂的交织与变革。因此，不可避免地会出现一系列不适应与不协调的现象，这些成了中国现代化转型道路上的一种常态性挑战。而上述调查文章也指出，当今社会有高达88.0%的人（完全认同、比较认同者分别占60.2%和27.8%）认同"信仰缺失""道德滑坡"是一种普遍的"社会病"。[①]也突出地说明了中国人当下信仰缺失和道德迷失状况。所以，发展中的问题还亟须以发展的方法来解决。中国深厚的乡土社会根基与悠久的民族心理传统，使得通过道德教化与信仰力量来构建社会规范，进而约束并协调各利益主体的方法，在社会上获得了广泛的认同与高度呼声。尤其是对于儒学道德传统的挖掘和复兴，成为呼声的一部分。面对信仰世界的问题，到底是恢复传统儒学的功用还是坚定马克思主义信仰的指导，在当下的"社会之病"的求解之中，也就成了一个课题。当然这也是时代问题的反映，归根结底，这些问题源自"人心"的深层次问题，它们映射出个体在理想追求与精神状态上的缺失与偏移。

当前社会所展现出的病态现象，从另一维度揭示了"人心"层面的失衡状态，或许促成了个体与社会、人类与自然，以及人际关系的某种不协调乃至割裂。此问题超越了单纯经济发展的范畴，实质上是一个融合了"素质、心性修养、价值观念"等多元要素的文化议题。[②]这就意味着回应人民的美好生活需要，我们应致力于如何有效地培养与汇聚民心，主动促进公众形成积极正向、乐观昂扬的心理状态，同时丰富他们的精神世界，为他们构建一个充满正能量、和谐美好的精神家园。这需

---

① 徐艳红. 当前社会病态调查分析报告[J]. 人民论坛，2014（9）：16-20.
② 徐艳红. 当前社会病态调查分析报告[J]. 人民论坛，2014（9）：16-20.

要我们全社会共同努力，从多方面入手，引导人们树立正确的价值观，提升精神境界，共同营造积极向上的社会氛围。对于思想理论界来说，无疑是摆在面前的热点课题。这也正是我们思想关照时代的契机和责任，沿着其中的学理解蔽之天职，在思想文化领域里透彻解析新时代条件下的信仰问题之惑，如何在儒学复兴的场域下，找到马克思主义信仰建设的实效路径，实为必要之举。

杨玉强

2025 年 7 月于曲园

目录　CONTENTS

01　选题缘由与致思路径 / 1

　　一、基于现象的儒学复兴考察及致思路径 / 2

　　二、信仰范畴之辩 / 8

　　三、中国人的信仰话题 / 10

　　四、国内外研究现状述评及研究意义 / 19

　　五、研究思路、研究方法及其创新着力点 / 22

02　信仰研究视域下的基础问题界定 / 25

　　一、马克思主义信仰及其信仰伟力探析 / 26

　　二、儒学的内涵及其魅力探析 / 32

　　三、文化视域里的马克思主义与儒学关系的历史回望 / 53

03　马克思主义与儒学关系的理论审思 / 63

　　一、时间维度的审思：从各自的时代性超越出来，面向未来的时代化对话互动 / 64

二、空间维度的审思：在中国化的过程中二者思想力量的
　　互补性 / 68

三、从结合的维度思考两种思想在新时代融通的可能性 / 70

四、从民族复兴的维度审思儒学复兴与马克思主义中国化创新
　　的实践逻辑 / 84

04　当代中国儒学复兴场域概述 / 97

一、当代中国场域下的儒学复兴现象的辨析定位 / 98

二、儒学复兴场域的形成及其特征 / 103

三、儒学复兴的多角度认识及其实质性把握 / 110

四、复兴态势下的儒学与马克思主义的关系新路向 / 113

05　马克思主义信仰生发逻辑的人学思考 / 119

一、马克思主义信仰的人学逻辑探析 / 120

二、马克思主义信仰的价值意蕴 / 132

三、马克思主义信仰的"人学范式"特质 / 139

06　儒学复兴场域下马克思主义信仰问题研究的策略路径 / 145

一、目前思想领域的问题及其对马克思主义信仰的冲击 / 146

二、马克思主义信仰的新时代阐释与蕴含赓续 / 150

三、儒学复兴场域下马克思主义信仰提升的注意事项 / 158

07 场域转换与新时代马克思主义信仰研究的延展理路 / 161

一、复兴场域的接续亟须马克思主义信仰建设的延展研究 / 162

二、新时代新场域下的新路向思考 / 164

三、新时代马克思主义信仰建设的侧重方向 / 168

08 场域视角研究的启示：构建中国马克思主义信仰体系 / 183

一、新时代需要从体系整合的视角构建中国马克思主义信仰体系 / 184

二、中国马克思主义信仰体系的构建内涵 / 189

三、构建中国马克思主义信仰体系的现实生长点：一种信仰普适性本色的实践 / 193

四、新时代马克思主义信仰体系构建的中国底色和方法论逻辑 / 204

参考文献 / 219

后 记 / 226

01 选题缘由与致思路径

现代化之路作为一种路向，其中会充满各式文化、思想以及技术性的表达。在我国，围绕如何在现代化路径中实现中华民族伟大复兴，在思想文化领域中"古今之争""中西之辩"历来争论不止。但目的只有一个，即中国何以比肩世界发达国家之发展水平，彰显我东方民族之特有基因及禀赋。众所周知，当今的中国特色社会主义道路首先是在马克思主义信仰指引下的社会主义康庄大道上走出来的，也是在中华优秀传统文化的滋养中发展起来的。在此时空下，不可避免地要讨论马克思主义信仰与以儒学代表的中华优秀传统文化的关系，探讨二者的高度契合之处何在。当然，二者均是关照中国稳步向前发展的思想理论与思考方法，伴随着中国特色社会主义的发展，世界百年未有之大变局与国内发展面临新情况新问题，如何从现实条件出发在新的历史环境里继续探索武装全党、教育人民、凝聚共识的新路径，是今天探讨儒学复兴场域下马克思主义信仰建设的文化背景和时代方位。

一、基于现象的儒学复兴考察及致思路径

在当代中国的社会文化演进历程中,儒学的再度兴起构成了一个引人注目的文化现象。在当前中、西、马三元文化格局共存的背景下,尽管以儒学为主体的传统文化仍处于相对边缘的位置,但不可否认的是,儒学的复兴正逐渐从民间自发的涌动演变为体制内部主动的倡导与推动。这一转变在儒学史上呈现出周期性,即从"民间兴学"向"官方倡学"的转变,当前正于中华大地上再次上演。无论是民间自发组织的经典诵读活动及民间书院的学术探讨,还是高等学府内部国学研究中心、儒学研究院等传统学问机构的陆续建立,乃至国家在思想意识层面对创新传承与弘扬优秀传统文化的大力提倡,这些均从不同维度预示着以儒学为典范的传统文化正逐渐踏上复兴的征程。它不仅体现了对传统文化价值的重新认识和挖掘,也反映了国家和社会层面对儒学思想现代价值的认同与重视。随着儒学复兴的深入,我们有理由相信,这一古老而深邃的文化传统将在新的时代背景下焕发出更加璀璨的光芒,为构建和谐社会、促进文化繁荣贡献独特的力量。可以说,从民间自发的推动到体制内各高校传统文化研究机构的学术热潮聚焦,再加上国家对创新性发展优秀传统文化的提倡,使表象性儒学复兴渐趋成势。[①]

具体而言,这些现象可细分为:继20世纪80年代中国境内掀起"西方文化热潮"之后,90年代又接踵而至地涌起了一连串的"国学热潮"。或许是因袭历史的缘故,儒学在此"国学"语境中是有其显学地位的。在20世纪90年代初,季羡林便阐述了东西方文化"此消彼长,周期更迭"的论断,他指出:"西方文化及文明历经数百年的辉煌,时至今日,在诸多领域已显露出疲惫之态,似乎正步入衰退。在此背景下,东方文化

---

① 孙铁骑.论儒学复兴的当代意义[J].船山学刊,2019(3):97-104.

或文明似乎注定要取而代之,成为新的崛起力量。"①故而,90年代的"国学热"代表性现象就展现为:高等教育机构如北京大学、中国人民大学及清华大学等,纷纷重建或新设国学研究院,并推出了诸如《中国儒学》期刊,创建了"儒家在线""中国儒学网"等网络平台。这一系列举措伴随着文化保守主义思潮的兴起。部分文化保守主义者,基于狭义的"华夏与夷狄之别"或儒家"道统"观念,视马克思主义为外来文化,认为其传入中国后中断了本土文化的"道统"传承,既无法有效解决发展难题,亦无法慰藉中国人的精神世界。因此,他们主张全面振兴儒学乃至儒教。②这些人主张面对当今西方文明的全方位挑战,必须全方位地"复兴儒教",以儒教文明回应西方文明,甚至进一步提出"儒家宪政""回到康有为"等政治主张。③其实,此主张旨在复兴"政治儒学",其核心在于重塑儒学在历史上所占据的"王官学"地位,具体而言,是确立儒学作为中国国家政治指导思想的核心地位,或"儒学作为中国主流政治价值的地位"。④需要明确的是,这些"复兴儒学"的观点已经超出学术研究的限度,从文化层面延伸至政治层面,是赤裸裸地对当前马克思主义主流意识形态的挑战。因此,必须警惕这一思潮,及时作出回应和批判。将民族发展的期望全然寄托于儒学的复兴之上,这种观念背后,除了潜藏

---

① 季羡林.东方文化与东方文明[J].文艺争鸣,1992(2):4-6.
② 学界基本上将"大陆新儒学"归为文化保守主义,但在对其具体身份、内涵的判断和界定上有较大分歧。在《大陆新儒学评论》论文集中,方克立、张世保等人主要将2004年7月在贵阳儒学会讲中集中亮相的蒋庆、陈明、康晓光、盛洪等人视为大陆新儒家的代表;认为他们有"复兴儒学"的强烈使命感,特别致力于儒学的政治化和宗教化以达到"儒化中国"的目的;强调他们的出现标志着中国的现代新儒学运动自经历三代现代新儒学阶段后进入到"大陆新儒学"阶段。
③ 康晓光.儒家宪政论纲[J].历史法学,2012(5):84-122.
④ 蒋庆.广论政治儒学[M].北京:东方出版社,2014:136.

着对传统儒学不切实际的盲目推崇与自大心态外，其核心观点与方法论层面，也似乎深受泛道德主义和文化史观的影响。这种倾向可能忽视了现代社会发展的多元性和复杂性，错误地将儒学视为解决所有问题的万能钥匙，从而在一定程度上限制了对于更广泛、更科学的发展路径的探索与接纳。尤其是过分推崇"文化决定论"或"文化至上论"的观点，倾向于将文化视为在民族国家问题中凌驾于政治与经济之上的决定性因素。这种立场认为，文化的复兴是实现民族整体发展与复兴的根本途径，甚至将其置于政治与经济考量之前。然而，这种观念可能忽视了政治稳定、经济发展以及社会多元因素在推动民族发展过程中的重要作用，从而构成了一种片面化的理解。这当然是为片面夸大儒学作用而牵强附会的唯心史观。对这一保守主义思想的认识，也启发我们对于儒学应该如何发挥其功能，在什么层面上发挥作用，在什么旨趣上复兴这一思想资源的思考。

确实，在中国历史上儒学从文化到主流意识形态都曾经盛极一时。所以，历史的变迁，社会的进步，时移事易是自然规律。面对历史长河中的儒学发展流派，学者吴光指出，自20世纪儒学复兴运动兴起以来，新儒学的理论框架并未呈现单一主导的局面，而是展现出了多样化的并存与繁荣，诸如"新心学"——由熊十力与牟宗三在20世纪中期提倡，冯友兰的"新理学"，以及马一浮的"新经学"等，均为其例证。尽管各自拥有其独特的发展空间与学术价值，但受限于经院哲学的传统框架，它们可能难以跨越学术高墙，广泛融入并赢得普通民众的肯认。后来，又有新世纪之交的民间"新儒教"的渐兴，虽汇聚了一批信徒，但其影响力与普及程度远未达到倡导者所期望的成为国家宗教的高度。在这一背景下，儒学的发展或许可以探索更为贴近现实生活与实践的路径，如"生活儒学"，它强调儒学在日常生活中的应用与体现；或是"民主仁学",这一方向则更加注重道德人文精神与民主理念的融合。这些新兴形态为儒学的发展提供了更为广阔且接地气的空间,它们提供了一个有可能深入社会生活与大众理性的儒学发展方向。①"生活儒学"这一理念主张,儒学演进的真正驱动力并非蕴含于儒学本身,而是植根于日常生活或实践活动之中。它强调本源性生活情感的显著性,旨在从思想层面及学术理论上,既保持对儒学宗教激进主义的警觉,又确保儒学价值体系的先决性地位即"价值先在性"的不动摇。②"生活儒学"的倡导者坚持文化多元主义的视角,致力于超脱"中西对立"的形而上学思维框架,不仅明确反对自由主义西化倾向,同时也对另一种潜在风险保持高度警惕——"企图拒绝现代民主制度而回到某种前现代的政治合法性"的儒教宗教激进主义。③这一儒学研究的新路径,因其紧密贴合现代生活的实际需求,展现出了巨大的发展潜力与广阔的发展空间。然而,值得注意的是,尽管它在实践应用层面展现出了积极的前景,但在理论构建上却仍存在一定的不足,特别是关于"生活儒学"的体(本质、核心)与用(应用、实践)之间的关系与界限,尚未得到充分的阐述与明确。这一缺陷可能会在一定程度上限制其进一步的发展与深化。

可以说随着改革开放的深入发展,中国民众对于儒学的历史贡献及其在当代社会的价值有了显著的重新认识与提升。儒学,这一历经世纪沧桑的文化瑰宝,已从长期的式微状态中焕发新生,踏上了复兴的征途。但是,尽管秉持复兴观点的文化保守主义的多种实践在客观上对"全面

---

① 吴光.中国当代儒学复兴的形势与发展方向[J].杭州师范大学学报(社会科学版),2011,33(1):21-31.
② 黄玉顺.面向生活本身的儒学——黄玉顺"生活儒学"自选集[M].成都:四川大学出版社,2006:54.
③ 黄玉顺.爱与思——生活儒学的观念[M].成都:四川大学出版社,2006:2.

西化"的趋势产生了抑制与平衡效果，然而，从另一个角度来看，它们也对马克思主义在意识形态领域所占据的核心指导地位带来了不可小觑的挑战。这也是随着中国经济实力和综合国力的增强，随着"儒家文化圈"东亚地区现代化的成功推进，出现的有意无意的儒学政治化指向的复兴表象，甚至海外有华人放言以"新儒学"取代马克思主义。[①]对此，必须旗帜鲜明地加以反对。这种以复兴儒学来应对现代化发展过程的现代性问题的思路，其实是简单地在马克思主义和儒学之间分出高低、评出优劣，这不是辩证的科学态度。历史表明，马克思主义与以儒学为代表的中华传统文化是有各自的问题域、作用空间、特长特色，完全可以结合，而且也一直在结合，只不过存在显性与隐性、自觉与无意识之别罢了。比如自改革开放以来，中国共产党成功实现了工作重心的历史性转移，从过去的以阶级斗争为核心转向以经济建设为中心，其历史性的使命亦随之发生了深远的转变，从反抗帝国主义与封建主义的斗争，演变为全力推动社会主义现代化进程及中华民族伟大复兴的实现。这一转变不仅标志着国家从站起来、逐步富裕起来，正迈向强盛的辉煌历程，也构成了重视并弘扬中华优秀传统文化的重要现实基础和实践依据。在此背景下，中国共产党围绕新的历史使命，尤其是为实现中华民族伟大复兴的宏伟目标，重新评估并深入探索了中华优秀传统文化的现代价值与意义，而且越来越重视文化的民族性。

回看党的历史长河，我们发现党的十五大首次明确将"中国特色社会主义文化"的建设定位为社会主义初级阶段党的基本纲领中的核心要素，此重大论断深入剖析了该文化深厚的底蕴，其根源可追溯至中华民族长达五千年的辉煌文明历史，并牢固植根于中国特色社会主义的生动

---

① 方克立等.对话：大陆新儒学思潮评议[N].中国社会科学报，2014：730.

实践，鲜明地反映出时代的特色。随后，党的十七届六中全会对此理念进行了深化，明确指出，中国共产党既是中华优秀传统文化坚定不移的继承者与发扬者，也是中国先进文化的大力倡导者与有力推动者。这一阐述不仅为中国共产党确立了双重文化角色，也明晰了其承载的双重文化职责。此后，中国共产党在文化建设领域更倾向于使用"传承"一词替代传统的"继承"，此转变彰显了党在文化认知上的深化与革新，强调了文化发展的连续性与创新性的双重重视。党的十七大强调："应全面审视祖国传统文化，汲取其精华，摒弃其糟粕，使之与现代社会相契合、与现代文明相和谐，既保持民族特色，又展现时代精神。"[①] 在党的重大文件中，先行表达传统文化的"民族性"，再叙述其"时代性"，主要的基调透露出来的就是非常明显的肯定意图。可以说，自改革开放以来，邓小平对"小康"概念赋予了新的解释，江泽民实现了"与时俱进"思想的现代演绎，胡锦涛则深化了对"社会和谐"这一传统理念的推进。这一系列理论发展，继毛泽东提出并重塑"实事求是"原则之后，树立了新的典范，极大地增强了我们对中国特色社会主义独特性质的认识与领悟。所以，自20世纪90年代起，在党高度重视中国传统历史文化的大背景下，进入21世纪以来的"儒学复兴"使马克思主义与儒学的关系又一次被聚焦，在当代中国，这是一个无法忽视的时代议题。对于汇聚中国特色社会主义思想共识而言，处于核心地位的只有马克思主义信仰，只有使其成为中国人民的指导思想和"看家本领"。而这就必须科学对待并紧密结合中华民族传统的、优秀的儒家文化，其中既要做到对优秀的传统文化自信，又要做到对马克思主义理论在文明史中的自信，

[①] 高举中国特色社会主义伟大旗帜 为夺取全面建设小康社会新胜利而奋斗——胡锦涛在中国共产党第十七次全国代表大会上的报告[M]. 北京：人民出版社，2007：35.

以面向未来，与时俱进地发展好、创新好、传承好这两种文化互动下的马克思主义信仰发展。

二、信仰范畴之辩

现实社会生活中，论及信仰总要描绘一种美好愿景并提出通达愿景的路径。所以，信仰的典型特征就是指向未来，表示一种超越性和期待性。但人们谈及信仰一说，往往归在宗教之中表达一种精神寄托现象，表现出一种对神圣至高对象的确信、情感得到抚慰、意志得以涵养、行为自觉形成牵引的重要功能。因纵观人类历史，无论是原始社会的神秘力量崇拜，还是人之始源的口口传说，最终都落脚于宗教形制的完成。回溯人类文明社会的早期，政治是宗教的附属，哲学是宗教的奴婢，这样的历史掌控和文明的阐释，使宗教"独霸"了信仰，也形成了人们将信仰与宗教等同的惯性认识。直至今天，人们仍在潜意识地认为，研究信仰似乎应是宗教学的事情。所以，现实生活中宗教信仰就成为信仰最常见的一种形态。但是两者并非一回事，就现实情境来看，做一个教徒不等于就有了信仰，而且有信仰的人也未必信奉某一宗教。步入现代社会后，随着科技的演进与文明的提升，实现了政教分离，同时哲学也从宗教束缚中获得了解放，这标志着社会的进步。这也彰显出宗教的历史命运走势。所以，人们理性地关注信仰，研究信仰，应该是在更加中性和广泛的意义上使用信仰的概念内涵，其实也就意味着信仰是包含着宗教在内的一个更加广义的叙事。故而，从定义角度来看，信仰是指人们"对某种宗教或主义极度信服和尊重，并以之为行动的准则和指导"。[①] 也正是基于此，近代信仰话题的范围才从宗教拓展到了五花八门的领域。如

[①] 夏征农、陈至立. 大辞海·哲学卷[M]. 上海：上海辞书出版社，2015：672.

何在生活中找回信仰，并把信仰导向心灵的本质，是现代社会当务之急。

　　梁启超先生就曾将信仰称为社会的元气，通过一种更加重要的拟称，突出信仰所反映出的一个社会面向未来的理想追求的护持功能。因此可以认为，信仰的内涵极为丰富多样，形态万千。其中包含了天人合一的信念、对上帝的信奉、佛教的信仰、科学的信赖，以及对权力、地位、财富、名誉、美貌等的执着与崇拜。此外，"把握当下，享受生活""做一日和尚撞一日钟""随波逐流"等观念，亦走入了信仰的范畴。故而，信仰问题可以是人类生活中具有较大普遍性的问题，这就要求我们把人类生活实践及其历史发展作为信仰问题研究的最终根据。这源自它绝非仅限于人类宗教活动的范畴，而是广泛渗透于人类社会的各个层面，包括政治、经济、道德等多个领域。其表现形式亦是丰富多样，不拘一格，为自己生命确定一个具有恒久价值的精神支点。它的存在和表现形式可能会"超越"事实本身，以一种精神关系与现实世界相连，世界整体的精神本质借助它而得到显现。然而，它的诞生与发展绝非无源之水、无本之木，而是深深植根于人类生活实践的土壤之中。因此，要透彻理解并准确把握人类信仰的本质特征与内在规律，为了深刻理解并全面掌握那些催生并维系信仰的人类实践活动的具体体现及其深层逻辑，我们必须进行细致入微的分析。这是洞察信仰本质的必要途径。马克思对此有精辟论述："全部社会生活在本质上是实践的。凡是把理论引向神秘主义的神秘东西，都能在人的实践中以及在对这个实践的理解中得到合理的解决。"[①] 因此，简单地将信仰问题归咎于"神的呼唤""神灵感悟"或"超脱世俗的牵引"等超自然或神秘主义理论框架，很可能造成对信仰本质的错误理解，进而使信仰步入误区。恩格斯亦明确指出：所有宗

---

① 马克思恩格斯选集：第1卷[M].北京：人民出版社，1995：56.

教，实则是日常生活中作用于人们的外部力量，在人们意识中幻化出来的反映，这种反映中，世俗的力量被赋予了超世俗的形态——"人间的力量采取了超人间的力量的形式"。① 这种一针见血地对宗教及信仰的实质性把握，关键点就是必须紧紧抓住人这个主体。唯有将"神"还原为人性的光辉，将"天堂"视为人间美好愿景的投射，将"彼岸"视作现实世界的积极追求与改善，将"绝对精神"融入日常的生活实践之中，我们方能将信仰的认识真正回归到人的本质与需求之上，使其更加贴近人心、贴近现实。唯有这样，才能把信仰认识的问题归位到人如何在一种确信状态中，带着其内在的定力，使人生不在摇摆中走向幸福的问题。信仰越是纯粹，就越能摆脱民族的、宗派的狭隘眼光，越会在尊重精神价值本身的超越性中呈现出博大气象，在这一层面上，信仰其实与文明的意旨相同。也正因为这种意涵，人类应该相信其信仰生活永远不可能归一于某种宗教信仰形式，而只能统合于对人类的最基本价值的尊重和追求。

三、中国人的信仰话题

日常生活中我们通常将信仰归类到文化之中来加以讨论。可以说，信仰是人类文化中不可或缺的一部分，同时也是一种独特的精神生活方式，它深深植根于人类的心灵深处。换言之，信仰对于人类而言是不可或缺的，没有信仰，人类的精神世界将会失去支撑和方向。在某种程度上，信仰就是支撑人心的中流砥柱，缺乏信仰的生命便如同失去了灵魂的躯壳；同样，缺乏信仰的社会也会迷失前行的方向。而信仰的偏离或错误，更将从根本上误导个人的人生轨迹与社会的整体发展方向。近年来，一

---

① 马克思恩格斯选集：第3卷[M].北京：人民出版社，1995：666-667.

个令国人十分纠结的话题就是：中国社会缺少宗教信仰，因此中国人是个没有信仰的民族。不仅西方人这么说，许多国人也颔首称是，并以此为中国社会近年来价值失范、道德旁落、乱象频生的根据。[①] 其实，这种认识表现出的只能是偏狭和傲慢的西方宗教信仰层面的话语霸权——宗教信仰才是信仰。不过就这一点来看，我们现代意义上的信仰其实并不等于宗教信仰，没有宗教信仰不等于没有信仰。事实上，我们应该看到的是，与西方的宗教信仰传统不同，中国人的信仰是几千年来在这片土地上生活的国人集体智慧的结晶。中国人信仰的核心是人的溯源以致追祖归宗的神圣化，因此，中国这种以人为核心的信仰体系，在全世界被以神为核心的信仰体系占据主流的格局中显得非常独特，是一种完全不同的信仰体系。汤因比曾说过："世界统一是避免人类集体自杀之路。在这一点上，现在世界各民族中具有最充分准备的，是两千年来培育了独特思维方法的中华民族。"[②] 中华民族的独特思维方法其实就是几千年的中华文化淬炼出来的中国哲学，正是这套哲学指引着华夏儿女，在困难面前从来都不会选择逆来顺受，从来都是选择去自强去抗争。不管是"因势利导、顺势而为"，还是逆天改命的抗争，中国人历来都不会选择放弃、躺平，不会去选择坐等"神"的拯救。中国人信仰的其实都是在这些抗争中排除万难、终成正果的人间正道或者天道人伦，它帮助我们战胜各种艰难险阻、繁衍壮大、生生不息。中国人在自己独特的文明之旅中，走出了循天道尚人文、近人世远鬼神的道路，把人类的理想、寄托与终极关怀放在了源于现实又高于现实的世界大同、天下太平、天

---

① 张轩.中国人的信仰与构筑——兼论中国人没有信仰[J].理论月刊，2015（12）：41-48.
② 汤因比，池田大作.展望二十一世纪[M].北京：中国社会出版社，1996：396.

下为公的历史进程中，这是一条时间意义上的路向，虽无形存在却能够通过坚持与努力，不断地靠近和落实。①简言之，中国人真正信仰的其实就是一种"道"，这种道既是天理，又是人的本心、它也是人的良知、是人间正道！是"道可道，非常道"的道，也是"朝闻道，夕死可矣"的"道"。

从中国人的信仰传统视角来看，儒学对于国人的意义，"类似于基督教、天主教之于西方，东正教之于俄国，印度教之于印度，伊斯兰教之于阿拉伯世界，都是族群文化自我认同的根基和伦理共识的核心"。②这是中国两千五百多年间，民众在生活方式、行为模式、思维习惯、情感表达及价值取向上的精练体现，它深深植根于大多数朝野人士的信念与信仰之中，以至于融入百姓日常，达到了一种潜意识遵循的境界。也难怪外国人从宗教形式的角度将中国的儒家文化定义为儒教，当然是一种比附误读。但是，我们也不能忽视当代儒学不断宗教化的事实。尤其是在大陆以外的地方，如在香港，孔教已经成为香港六大宗教之一。在韩国，儒教会是正式的宗教团体。在印度尼西亚也有孔教会。其实，在很大程度上，这些塑孔为教的过程是通过将儒学的活动方式和组织形式向宗教形态靠拢，而非将其转化为神学理论。它并未将孔子本人神化，也未将孔子的学说变成神学体系，而是寻求在形式上赋予儒学以宗教的特征。这只是形成了一种不断增加儒学影响力的现代文化现象而已。对此，梁漱溟先生深刻指出，中国与西方在社会构成原则上存在显著差异。西方社会以宗教为核心，教权享有独立地位，有时甚至凌驾于世俗政权之上；而中国社会则独具特色，以道德为

---

① 张轩.中国人的信仰与构筑——兼论中国人没有信仰 [J]. 理论月刊，2015（12）：41-48.

② 郭齐勇.儒学与马克思主义中国化及中国现代化 [J]. 马克思主义与现实，2009（6）：56，57-58，60.

基石替代宗教的角色，通过伦理来构建和组织社会结构。回溯历史，教权在中国始终未能摆脱对政权的高度依附与从属关系，这构成了中国社会与文化中一道独特的风景线，体现了深厚的传统特色。① 可以说，在中国封建社会的背景下，儒学虽未被明确界定为宗教，但其影响力与某些宗教特质相类似。这种现象体现了儒学在中国社会中超乎寻常的地位与深远影响。这是其在发展过程中适应政治需求而改造变化的结果，尽管儒学在汉代经历了董仲舒以谶纬思想的改造，以及在宋明时期吸纳了佛道宗教思想，并受到程朱理学的极力推崇，试图推动其向宗教化方向发展，然而，这一过程中不断遭遇来自一些知名儒者的反对与抵制。因此，儒学始终未能彻底完成其宗教化的转型。尽管确实展现出了一定的宗教化倾向，但毕竟不是完全意义上的宗教，儒学的主流依然聚焦于教化与修养的哲学体系，它并未涉及超脱世俗的出世思想，也不探讨来世或彼岸世界的观念。同时，儒家并未设立严格的教规教义作为信徒必须遵循的准则。儒学经典不是神的启示录，而是真实的历史文化典籍。它其实直到现在还保持着一种学说一个学派的形态，孔子也一直是国人心目中的思想家、教育家。所谓儒教之教，无非是一种泛化所指，儒教就是儒学，就是泛指教化学说之道。从总体上讲，儒学算不上宗教，而是"人学"，是崇礼修身的心性人学，更是中华民族的成人之学、爱仁之学、为人之学、人和之学。

针对儒家与宗教之间的复杂关联，现代新儒家学者提出了几种具有代表性的观点：梁漱溟先生的"以伦理替代宗教"理论、冯友兰先生的"哲学替代宗教"见解，以及牟宗三先生的"道德即宗教"论断。② 尽管各学派在儒家是否应归类为宗教的问题上存在分歧，但他们共同面临的难

---

① 关于"儒家与宗教"的讨论[J]. 中国哲学史，2002（2）：63-94.
② 关于"儒家与宗教"的讨论[J]. 中国哲学史，2002（2）：63-94.

题是，在当今社会背景下，如何重新挖掘并发挥儒家在团结民众、维护社会稳定方面的独特价值。这从另一个层面也显露出：儒学在漫长的历史积淀中化身为国人的个人人生信仰，是历史事实存在的，而且其具有明显的生活性、道德性，在个人生活和人生发展问题上发挥着价值导向的作用。可以说，以儒学为主要代表的中国传统文化构成了马克思主义进入中国并实现中国化的土壤，当然，也以其对个人教养或者君子文明的追求，使人在修身、齐家、治国、平天下的人生发展之路中体现一种德性和善性的提升，从而实现国人最大的敬畏——"上天"赋予自我的使命，儒学在此中完成对人之终极意义的关怀和导引。故而在现实生活中，儒学被认同为一种信仰很大程度上就是因为这种敬天崇祖的仪式表达所带来的神秘感和依赖感。因此，中国人的生活实践就表现为人情社会的关系网状结构，不同的圈层代表着不同的发展层级和精神境界，但其中都充满着有限人生为意义而找寻的朴素的充实感和社会角色关系之综合。儒学中对人生与社会的分析为马克思主义信仰在中国的确立奠定了中国式的人学基础，因为在人的全面发展这个目标上，这二者有契合之处。此契合之见在美国学者窦宗仪那里得到了确证，他曾说："关于人的完善性，儒家和马克思主义之间是一致的。"[①] 所以，综观儒学大义，我们可以发现儒学不仅为国人提供了一套易于理解和接受的语言符号体系，如仁义、诚信、忠孝、廉耻、君子、圣贤、天理、良心、浩然正气等，而且其对于道德的深刻洞察与阐释，如从亲子之情出发推衍出伦理道德，通过修养心性来培育高尚节操，以及在天人合一的哲学观下追求圣贤境界，都展现出极为深刻且富有民族特色的思想内涵。于是，马克思主义信仰的中国化过程与"大同""小康"的理念一接触，自然

---

① 蒙培元.蒙培元讲孔子[M].北京：北京大学出版社，2005：41，94.

就能产生出中国人会通此义的亲近感，从而激发起中华民族复兴追求的共同理想和情感动力，这也是马克思主义信仰中国化表达所形成威力的明证。

纵观中华人民共和国成立以来的建设史，一方面表现为轰轰烈烈的物质生产生活方式的日新月异，物质文明不断充裕。另一方面，还体现为人民精神境界和文明素质不断提高的思想文化建设，思想文化领域出现了百花争艳的繁荣景象。但是，文化多元背后都代表着不同的价值立场和利益取向，这些价值多元的思潮围绕在我们的主流意识形态周围，势必形成对国人马克思主义信仰的影响和挑战。尤其是改革开放后，随着社会主义市场经济的发展，多种经济成分并存更是引发了个人利益追求的狂欢，马克思主义信仰的坚定性在不同维度上遭遇了销蚀，针对这一情况，为了捍卫我们作为党和国家根基的指导思想，我们也不断加强马克思主义信仰和共产主义理想的教育。具体包括：构筑稳固的理论框架、推行深刻的教育指引、扩大舆论宣传的广度、创造正面的文化氛围、强调实践中的习惯培育，以及建立并完善制度保障体系。在精神信仰层面，这种积极的建设与防护措施对于信仰群体而言，是维持其组织纪律性、纯洁性，以及增强凝聚力、战斗力和感召力的关键所在。[①] 其实也是通过多种途径和方式，解决一个全新中国语境下的时代命题：中国共产党作为中华优秀传统文化的忠实继承者和传承者，如何在马克思主义信仰建设中用好中华优秀传统文化的资源，实现中华现代文明的新生。党的十八大报告高度评价了中华优秀传统文化在中国历史发展过程中所具有的凝聚力、创造力，并将其称为中华民族生存和发展的"根本"。

---

① 徐俊、谢梦玲.大革命时期中国共产党的信仰建设：认识·方法·经验[J].思想政治课研究，2022（6）：63-75.

因此，新时代背景下，如何将以儒学为代表的中华优秀传统文化纳入主流政治话语体系，促成我国的"文化强国建设"目标，就是以儒学为代表的中华优秀传统文化何以助力主流信仰建设的新时代思考路向；也是我们在文化维度上，将儒学复兴场域的显性发展与马克思主义信仰建设的时代问题相连接，在新时代寻求马克思主义信仰建设的中国化成果和实效性路径的一次探索。

众所周知，一个国家、一个民族只有坚守共同的信仰追求，才能同心同德、共克时艰，不断迈向新的辉煌。自近代以来，中华民族伟大复兴之梦，其内涵已远超普通梦想的范畴，实则已晋升为全体中华儿女心中的崇高信仰。[①] 我们必须认识到，"当代中国正经历着我国历史上最为广泛而深刻的社会变革，也正在进行着人类历史上最为宏大而独特的实践创新"。[②] 在此背景下，中国全面深化改革的步伐是空前的，蓬勃发展的社会主义现代化建设成就亦是显而易见的。之所以是宏大而独特的，就在于人民群众掌握了"彻底的理论"，拥有了科学的信仰指引，以更大的精神主动将各项事业在各种风险和挑战中不断推进到更高阶段，毫无疑问这是科学理论与群众的互动实践产生的物质力量，也是创造历史的源源不断的精神力量。中国近代史深刻昭示，唯有广大民众树立起对马克思主义的科学信仰，中华民族才能迎来伟大复兴的光明前景，并拥有稳固的根基，自豪地屹立于世界民族之林。

时至今日，我们距离实现中华民族伟大复兴的宏伟蓝图，已比以往任何时期都更加切近。然而，在新的历史征程上，我们依然面临着前所

---

① 徐俊.中国梦的信仰意蕴与实现路径[J].河海大学学报（哲学社会科学版），2014（4）：14-17.
② 习近平在哲学社会科学工作座谈会上的讲话（全文），http://news.xinhuanet.com/politics/2016-05118/e_1118891128_2.htm.

未有的严峻挑战与潜在风险。今天的中国既要面对人类史无前例的社会大变动、大变革、大调整的时代节点,又要处理基于时代的改革攻坚、矛盾凸显和艰巨发展任务。可以说,在社会主义中国的壮阔远景中,民众信仰的状态已成为评估及驱动中华民族伟大复兴进程的一个核心要素。无论是历史的镜鉴还是现实的昭示,都明确无误地表明,只有在广大人民群众的心田深深植下对马克思主义的坚定信仰,并使其生根发芽,中华民族伟大复兴的梦想方能实现从构想走向实现的飞跃,从愿景化为可触可及的辉煌成就。其所关照的当下,就是要在实干追梦中不断构筑广大人民的现实信仰世界。在当代中华民族中,作为主体的人民群众,所需确立的不仅仅是马克思主义及对共产主义的信仰,而且还有中国化马克思主义的信仰具象化新表达以及中华优秀传统文化所孕育与承载的独特的中国人的信仰体系。

就我们的主流信仰——马克思主义信仰来说,当前我们面临的一个重要挑战是如何解决"官方热"与"民间冷"的对比。自改革开放以来,社会生活更加注重经济的取向,这使得马克思主义信仰在社会生活领域出现了官方热情高涨与民间兴趣逐渐降低的两极分化现象。在当前社会背景下,一方面,党和政府正以前所未有的力度,自上而下地掀起了一场场声势浩大的政治理论宣传浪潮,旨在深化马克思主义信仰在全社会的形塑;另一方面,部分民众却表现出自我边缘化的倾向,对政治活动及理论学习持漠然态度,这种"官方热"与"民间冷"的鲜明反差,亟须我们深入剖析其背后的原因,并探索出切实有效的解决之道,使之成为学术界广泛关注的议题。

针对这一现象,有观点认为,一个不容忽视的误解在于,许多人将马克思主义视为仅是共产党员的专属信仰,而非全民族的共同精神支柱,这种认知偏差在很大程度上加剧了信仰领域的冷热不均现象。为了打破这一僵局，学者们纷纷献计献策。有学者主张，应持续加大反腐斗争的力度，营造风清气正的社会环境；同时，密切关注并切实解决民生问题，让人民群众在改革发展中拥有更多获得感、幸福感、安全感，从而增强对社会主义制度的信任和对马克思主义理论的信仰。此外，还应不断提升党员干部服务群众的能力，以实际行动践行党的宗旨，拉近党群关系，激发民众对政治理论的关注与热情。也有学者强调，提升民众对马克思主义理论的认知与认同至关重要。这需要我们创新宣传方式，将马克思主义理论与中华优秀传统文化，尤其是儒家文化中的精髓相结合，以老百姓喜闻乐见的语言和形式，讲述马克思主义的中国故事，让高深的理论变得通俗易懂、贴近生活。同时，推出更多符合民众阅读习惯的书籍和生动具体的事例，让马克思主义理论真正走进千家万户，成为人民群众精神世界的重要支撑。① 故而，马克思主义信仰不仅构成了中国共产党的政治信念，同时也深深植根于人民群众之中，成为他们的信仰所在，是依靠人民创造历史实现最终人类自由全面发展的信仰。

马克思主义与人民的连接在现阶段就表现为党和人民的同心共筑中国梦的实现，这自然离不开全社会的共识。中国梦的实现离不开每一个中国人的积极参与，只有大家齐心协力、共同努力，才能够让祖国更加繁荣富强。要切实让每一个中国人参与到实现中国梦的奋斗过程中，必须真正形成中国梦的共识，主动做好全社会的信仰建设工作。② 对此，陈云早年便强调："坚决地破除往昔中国人民普遍'不谈政治'的现象。"③ 现今，全国民众在追求中国梦的共同奋斗中达成的共识，其根

---

① 覃正爱. 马克思主义信仰的危机及其化解 [J]. 理论视野, 2016 (11): 8-11.
② 毕瑛涛. "人民有信仰"与当前中国社会信仰建设 [J]. 观察与思考, 2017 (4): 64-71.
③ 陈云文选 [M]. 北京：人民出版社, 1984: 1.

源在于马克思主义信仰,而这一信仰的形成绝非外部强加所能达成,只能从人民需要与马克思主义信仰的内生契合上来寻找答案。"正确的理论必须结合具体情况并根据现存条件加以阐明和发挥。"① 我国的改革开放纵深发展,经济、政治、文化等现实条件发生了深刻转型,根据实际发展状况来筑牢当代国人的马克思主义信仰,既是新时期文化建设的根本之义,也是实现中华民族伟大复兴中国梦的当为之举。当下新的历史节点、新的前进态势,增强马克思主义信仰在社会信仰建设中的理论适应性和阐释力度显得尤为重要。习近平总书记着重指出:"时代是思想之母,实践是理论之源。实践发展永无止境,我们认识真理、进行理论创新就永无止境。"② 鉴于此,面对中国特色社会主义的伟大实践,时代要求马克思主义信仰实现创新与发展。这要求我们将马克思主义基本原理与中国具体实际相结合,同时融入中华优秀传统文化,以探寻马克思主义信仰与中国优秀传统文化之间的内在联系与共通之处,在不断开辟马克思主义中国化时代化的新境界中,彰显当代国人理论自觉和信仰自信。

四、国内外研究现状述评及研究意义

20世纪90年代中期尤其是进入21世纪以来的"儒学复兴"使马克思主义与儒学的关系又一次被尖锐地提出,并成为当今中国不可回避的时代课题。作为凝聚中国特色社会主义思想共识的关键,只有更好地做好马克思主义信仰建设才能及时回应时代之问、人民之问。这就必须科学对待并紧密结合中华民族传统的、优秀的儒家文化。

---

① 马克思恩格斯全集:第1卷[M].北京:人民出版社,1995:433.
② 习近平在庆祝中国共产党成立95周年大会上的讲话[N].人民日报,2016-07-02.

（一）国内外研究现状述评

1.国内研究：马克思主义信仰问题的可分为两种类型：一是从改革开放以来社会、经济的全面转型出发，对马克思主义信仰的含义、价值、特征及危机等各方面加以分析，探究当前信仰危机的表现和深层原因，寻求信仰重建的对策。二是从儒学复兴的当代价值视角，探究其对现今中国信仰体系构建的积极影响与作用，特别是聚焦于儒学在马克思主义信仰建设中的价值体现、重要意义及实现路径。

第一种类型的研究集中在三大领域。一是对马克思主义信仰范畴的认定。关于内涵，有学者认为是对马克思主义理论的相信和对共产主义理想的追求（彭方来，2007）；关于其作用，有学者认为它具有人生定向和精神动力功能（李钟麟，2008）；关于其本质，有学者认为它的核心是共产主义信仰（侯惠勤，2002），是政治信仰（孟迎辉，2004）。二是对马克思主义信仰危机原因的分析。有学者认为是部分教育实施者教育意识淡薄、教育理念滞后、教育方式传统（林雪原，2015）；有学者认为中国社会转型带来的信仰冲击，动摇了马克思主义信仰，带来了信仰的困惑与迷茫（姜国峰，2011）。三是马克思主义信仰建设的对策建议。有学者认为应该通过再教育来强化党员干部、大学生的政治信仰（王刚，2007；杨华，2011），应该从信仰内化原则出发，把这种信仰真正内化为人的自觉行动，夯实马克思主义信仰的社会载体（潘晶芳，2011；岳杰勇，2014）。

第二种类型的研究主要涉及三方面问题。一是儒学对于马克思主义的当代价值。有学者认为有符号价值、互补价值、发展价值（董爱玲，2014）。二是儒学和马克思主义的关系问题。有学者认为两者的正确关系应是在坚持马克思主义指导地位的前提下，展开充分的交流对话（陶有浩，2012；杜维明，2013）；有学者认为马克思主义中国化本来就应该包含儒学现代化的文化底蕴，而儒学的现代化必须要有马克思主义的意识形态作指导，二者在实践中的有机融合和创新才能成就马克思主义中国化成果（邵龙宝，2011）。三是儒学对马克思主义信仰建设的价值。有学者从儒学实效性的角度，认为儒学与人们的日常生活息息相关，在生活中更具实效性，这是解决马克思主义信仰大众化危机的新路径启示（符晶晶，2015）；有学者从终极关怀的角度，认为儒学终极关怀中的"人"与马克思主义信仰中"实践的人"具有共通之处，这有助于构建以马克思主义信仰为核心的终极关怀价值体系（李祥永，2011）。

2.国外研究：国外关于马克思主义信仰的研究呈两极化现象，均不多，一方面将马克思主义等同于宗教信仰的有之，另外则是主要以马克思主义对当代资本主义、自由主义以及帝国主义的分析批判为研究主题。例如，大卫·哈维的《"新帝国主义之新"新在何处》、齐泽克的《多众、剩余与妒忌》等。而对其中的社会主义理论与现实的反思，对当代西方马克思主义、民粹主义的探讨，对劳动、异化等理论问题的讨论，皆是研究的重点。

通过以上述评梳理可以发现：一是大部分研究集中在马克思主义信仰的含义、特征、功能及其危机，并论证为何信、怎么信等问题，最终的落脚点都在政治信仰上，忽略了其社会意义。二是尽管有不少文献围绕马克思主义与儒学的关系问题展开研究，但从"儒学复兴"的角度探讨马克思主义信仰问题的研究成果并不多。所以，本课题研究在当前显得尤为必要。

（二）研究意义

理论意义：基于儒学复兴的视角，从理论上阐明儒家文化对马克思主义信仰建设的价值，此举不仅深刻促进了从理论维度对如何坚定不移地传承与发展马克思主义信仰的深入剖析，还巧妙地搭建了一座桥梁，使得在回应马克思主义信仰相关议题时，能够自然融入儒家优秀传统文化的精髓，实现一种现代语境下的创新表达与融合。通过这一融合视角，既辩证分析儒学终极关怀的当代价值，又丰富和创新马克思主义信仰的理论研究范式，来完成对马克思主义信仰的稳固充实。

实践意义：一方面，本研究能进一步为充实和加快马克思主义信仰建设提供具体的实施路径。另一方面，在儒学复兴的场域下实现马克思主义与中国儒学的深度融汇，将从大众化信仰复归的角度来解决当前的信仰危机。

五、研究思路、研究方法及其创新着力点

（一）研究的基本思路

以儒学复兴为视角，从场域学围绕"儒家文化的精髓对马克思主义信仰建设的积极功能"展开深入细致的研究，在主要解题脉络中可以梳理出以下内容方面作为关键点：第一，探明儒学对大众信仰养成的积极功能。儒学是否具有大众信仰塑造的功能是选题首先要明确的关键。第二，探明儒学复兴对马克思主义的当代价值。从历史和现实、传统和现代相结合的角度，在理论上探明儒学复兴对马克思主义的当代价值，而且要明确这种当代价值不是既定不变的，而是不断建构的过程。第三，厘清儒学和马克思主义的关系脉络。把这种关系上升到如何构建当代中国马克思主义主导意识形态和具有中国特色的社会主义思想文化体系的理论高度，深入研究儒学在21世纪对马克思主义到底有什么学术功用、理论功用和社会思想功用等基础性问题。第四，探究儒学对于马克思主义信仰建设的重要作用。要阐明儒学从哪些内容、哪几个层面能对

马克思主义信仰产生积极的作用；要分析儒学在民间社会的复兴是否会自发地与马克思主义信仰建设相结合，它们在互动的过程中将面临怎样的具体障碍及其原因。第五，以儒学为载体，构建中国马克思主义信仰体系的框架方案与实践路径，旨在促进新时代马克思主义信仰与儒学之间的互动融合，以期达成预期的创新性成果。在这几个基本问题明晰的基础上，可以把基本思路简化表述为：研究儒学复兴场域下马克思主义信仰问题，就须首先对相关关键词进行界定，明确课题研究边界；随后从理论上阐释儒学与马克思主义信仰建设的互动关系及当前互动存在的障碍，进而明确儒学对马克思主义信仰建设的可能性和可操作性；最后科学设计儒学促进马克思主义信仰建设的实施方案和路径。

（二）研究方法

第一，文献分析法，本研究已经利用学校图书馆、中国知网、CSSCI 数据库等学术平台，搜集了300余篇（部）相关资料，作者对上述文献进行分析并形成了选题研究的主要思想。

第二，实证研究法，选题既需要围绕主流价值观和意识形态做出定性研究，也要围绕具体马克思主义信仰建设的问题和影响因素进行定量研究。在具体问卷应用上，既注重变量设计的科学性与赋权的客观中立性，又注重投放的随机性和大样本以及分析结果的信度和效度问题。

第三，历史研究和逻辑研究相统一，选题通过对儒学与马克思主义关系的历史考察，把相关领域主要学术观点进行比较分析，进而阐明本研究观点，力求达到历史与逻辑的统一。

（三）创新研究的着力点

本书的核心在于探讨儒学对马克思主义信仰构建的积极作用，首要任务是确立儒学在推动马克思主义信仰建设中合理性的论证基础。通过探究儒学复兴的当代价值及其与马克思主义信仰之间的相通和互补之处，为充实和加快马克思主义信仰建设找出具体的实施路径。还需解决好儒学促进马克思主义信仰建设的现实可能性和可操作性。做好这两方面的实证调查及分析。在实际研究过程中，立足马克思主义信仰的基础理论，结合儒学自身作用发挥的特点，对儒学与马克思主义信仰的内在互动逻辑和彼此关系，构建一个合理的分析框架，是一项复杂而又有意义的事情。此举将有助于优化儒学在推动马克思主义信仰建设中的动力机制，进而提升儒学对马克思主义信仰建设的实际效用，充分展现儒学复兴的当代价值。着力在"儒学复兴"场域的形成背景、过程及相关指向性的研究中，从基础研究方式入手，立足主体认同机制的构建，形成一个彰显典型中国特色的马克思主义信仰中国化的提升路径。从二者关系的现实出路出发，在对马克思主义信仰问题的回答中融入一种现代表达的儒家优秀传统文化，既辩证分析儒学终极关怀的当代价值，又丰富和创新马克思主义信仰的理论研究，从而构建具有中国特色的马克思主义主导意识形态并从社会主义思想文化体系的理论高度，深入阐述如何更好地坚持和发展中国马克思主义信仰体系，以应对事实存在的信仰危机现象。

总而言之，马克思主义与儒学，合则两美、离则两伤。在儒学复兴的场域下实现马克思主义与中国儒学的深度融汇，使马克思主义信仰复归大众化，重塑与人们的日常生活息息相关，塑造可感知、可触及、可领会、生动活泼的崭新形象。

02 信仰研究视域下的基础问题界定

在当今全球两种社会制度竞争白热化与市场经济高度发展并深度融入网络信息化的历史境遇中，信仰问题是社会各界高度关注的重大时代命题。研究信仰，是研究其中意识观念如何能够成为人的精神世界支柱，如何发挥在思想意识层面上的精神之钙、思想之光、力量之源的作用。所以，世界上各个民族都注重自己的民族文化和精神信仰建设。信仰居于文化精神的核心位置，并化为本民族基因密码来决定民族的特征和发展。同时，这里的信仰又内含着超越对象的基因，其以民族的精神状态决定着本民族文明创造方式的兴衰。历史已经证明，自新民主主义革命起，马克思主义便与中国共产党的命运、中国人民及中华民族的命运紧密相连，不可分割。马克思主义的科学运用是我们党坚定信仰信念、把握历史主动的"金钥匙"。也就是说，当今中国的信仰研究离不开近代中国历史上的信仰发展历程的研究，当下马克思主义信仰研究也离不开来自意识形态领域、思想文化领域、社会生活领域以及互联网场域的各种条件、声音、氛围的关照。新的历史境遇，需要我们沿着信仰建设提升的思路，仔细探究当前思想意识领域的各种现象及其本质，厘清其中的问题脉络和研究视域。

一、马克思主义信仰及其信仰伟力探析

（一）马克思主义信仰的内涵

罗曼·罗兰说："信仰不是一种学问，而是一种行为，它只有被实践的时候，才有意义。"马克思主义作为信仰，通常与我们经常讲的共产主义信仰同义。所以，此二者既是一种科学信仰，也是一种社会实践。对于"马克思主义信仰"与"共产主义信仰"这两个术语，有必要进行阐释区分。本质上，二者完全一致，均构成了对该信仰的全面表述。在日常生活交流中，人们常将两者视为同义词使用，这种做法不无依据。然而，它们各自也蕴含着独特的色彩，主要体现在强调重点的差异上。"马克思主义信仰"这一概念，着重于信仰的学术基础，传递出一种理论性信仰的认知；而相对而言，"共产主义信仰"则更倾向或者着重于对现实目标的追求，传递的是将信仰转化为实际行动的信息。这种区别自然而然，因为所有信仰都涵盖知识与行动这两个基本方面，是从理论走向实践的必经之路。因此，在实际撰文与演讲过程中，依据语境及表达需求的不同，有时"马克思主义信仰"这一表述更为恰当，而有时则"共产主义信仰"更为贴切，这一现象并不令人意外。同时，鉴于日常社会生活中，人们更倾向于从现实追求的角度讨论"共产主义信仰"，这就使其似乎更为熟悉上口。但是，马克思主义信仰与共产主义信仰作为学术范畴使用还是有区别的。刘建军教授认为，共产主义信仰这一概念内涵非常丰富，从狭义上来讲，共产主义信仰小于马克思主义信仰，在马克思主义的三大组成部分中，共产主义信仰属于科学社会主义这一范畴；从中义上来讲，共产主义信仰与马克思主义信仰等同，它即我们通常所说的马克思主义信仰；从广义上来讲，共产主义信仰的范畴超越了马克思主义信仰，它既涵盖马克思主义信仰之外的内容，也存在于

马克思主义诞生之前。马克思主义信仰，则是共产主义信仰中一种科学的形态。①

一般而言，提及马克思主义信仰，指的是人们对马克思主义的坚定信念。所以，其内涵的关键性前提就是弄清马克思主义是什么。关于马克思主义的定义，当代著名哲学家陈先达教授曾经总结为：马克思主义是以马克思命名的，并为他和恩格斯的后继者所发扬光大的，以人类解放为目标，以改造社会来解决社会不公和社会向何处去问题的科学理论体系。②从马克思主义信仰的概念的词源来看，"共产主义信仰"与"马克思主义信仰"这两个概念，最初是由列宁明确提出的，并首次加以使用。毛泽东一生坚守并在积极意义上运用马克思主义信仰，他曾向斯诺表示："我一旦接受了马克思主义是对历史的正确解释以后，我对马克思主义的信仰就没有动摇过。"③《邓小平文选》第三卷频繁提及马克思主义信仰及共产主义信仰，其中邓小平明确指出："对马克思主义的信仰，是中国革命胜利的一种精神动力。"④综观中国马克思主义信仰的传播历程，不难发现，马克思主义一路走来自带科学力量光环，其以自身科学理论的发现与实践，激发出无产阶级改变世界求解放的无穷力量，也使马克思主义信仰的研究者越发想探究其内在的信仰奥秘。

目前学术界关于马克思主义信仰的内涵界定可谓是众说纷纭，但最权威的认识集中在刘建军教授对此的细分：马克思主义信仰其实有三层意蕴，一是指"人们对马克思主义的信仰"，即对马克思主义理论的相信和信奉；二是指"信仰者心目中的马克思主义"；三是指"马克思主

---

① 刘建军. 论马克思主义信仰体系 [J]. 求索，2020（4）：5-13.
② 陈先达. 马克思与信仰 [M]. 北京：中国人民大学出版社，2018：176.
③ [美] 斯诺. 西行漫记 [M]. 北京：生活·读书·新知三联书店，1979：131.
④ 邓小平文选：第 3 卷 [M]. 北京：人民出版社，1993：190.

义理论体系的价值性或价值体系的马克思主义理论"。①也就是从信仰态度、内容和理论本身来进行了一种"三位一体"式总结，代表更全面的意蕴。通常学界从两个方面形成共识：理论形态的马克思主义信仰，就是相信和信奉马克思主义理论；社会实践追求中的马克思主义信仰，则是马克思主义信仰概括指引下的人类社会发展必然迈向共产主义的运动大势。

（二）马克思主义的信仰伟力探析

在当前的思想界中，关于如何理解马克思主义及其信仰的问题，仍有杂音充斥，有西方学者的宗教等同化认识，把它归于预言共产主义必然胜利的"新宗教"，如美国马克思学家罗伯特·塔克就认为"马克思主义是工业化世纪的宗教"②；还有更世俗的认识，把它归于远离普通人生活的政治信仰，认为它只与共产党人有关。这势必造成认识混乱。也就有必要重申马克思主义信仰生发逻辑的科学性和普适性，在满足人的需要和发展中，凸显马克思主义信仰的合目的性与合规律性特质，澄清世俗认识误区，以解答"马克思主义信仰为什么行"这一时代热点问题。

马克思倾其一生叩问资本主义现实，探究现实社会为什么这样、又为什么不能更好。尤其是透过物质繁华的表象，始终聚焦人的现实境遇，思考资本现代性是否给人带来了应有的尊严，思考在资本主义无法解决自身内在矛盾的条件下，人何以可能实现自由全面发展。于是他对这种现实展开了系统的、革命的批判，批判德国古典哲学，从中寻找适合无产阶级的批判武器；用《资本论》批判资产阶级政治经济学，揭示无产

---

① 刘建军. 马克思主义学术视野中的信仰概念[J]. 教学与研究，2007（8）：40-46.
② 刘建军. "马克思主义新宗教"论评析[J]. 中国人民大学学报，1990（2）：29-34.

阶级受剥削的秘密；批判空想社会主义，揭露各种时髦"社会主义"的真相，最终实现了科学社会主义的理论创建，并把它落实到无产阶级的解放运动实践。这种现实抗争的实践勇气和"共产党人不屑于隐瞒自己的观点和意图"的坦诚，生发出了被奴役、受压迫劳苦大众对马克思主义的信仰。所以，从马克思主义产生的那一刻起，它就不强加于人，也没有什么神秘性可言，更不为少数人的私利服务，而是凭借理论的彻底性来说服人，以无产阶级和全人类的解放道义描绘出社会历史发展的美好前景。这种理论和实践双重视角下的人类社会未来发展大趋势，以共产主义社会终将取代所有以剥削为特征的阶级社会为理想目标。这种人类社会的美好愿景反映的是人们的共同发展需求，马克思主义自然而然地被接受并确立为被压迫人民和被压迫民族的行动指南，也就形成了对马克思主义的信仰。因此，思考并回答马克思主义信仰伟力之源，既可以发掘它与一般信仰或宗教的不同，又可以通过其中"是其所是"的独特之处，来理解马克思主义信仰的魅力和内生逻辑。

首先，马克思主义信仰立足"此岸世界"为人解惑，用激辩逻辑彰显其科学的亲和力。① 它成为信仰不是自封的，在理论研究中它将第一个批判的对象指向了宗教；作为知识体系，它不局限于书本中的纯抽象思辨哲理阐释；作为认识方法，它没有安慰工人的现世苦痛。相反，马克思主义选择的是现实批判，现实解惑，现实唤醒，它确立的是人的现实世界即"此岸世界"的信仰，其告诫工人真实幸福的追求就要从自身的实践中去创造，人解决现实痛苦的方式就是起来抗争，通过人自身完成社会变革和争取个体自由。所以，马克思主义的首要任务就是解惑"此岸世界"，教育唤醒大众，用理性认识历史发展规律，用科学揭示

---

① 参见杨玉强. 马克思主义的信仰伟力从何而来[N]. 学习时报 2021-1-18（2）.

资本主义制度的本质和历史过渡性。革命的理论必然引出革命的行动，世界无产阶级运动随之兴起，旨在消除资本主义的现实苦难，这是对工人阶级最现实的关照和体恤。所以，马克思主义的立场及其未来指向自然会赢得民众的信仰。

其次，马克思主义信仰立足现实解放"与民共在谋大同"，用坚定选择道义赢得吸引力。马克思主义信仰不靠装神弄鬼赢得人民，它是自觉选择立场并占据道义的制高点的信仰，道义的高低取决于立场和服务对象，为什么人的问题，是一个根本的道义取向问题。马克思主义从诞生开始，就站在全世界无产阶级的立场发声，在资本主导一切的威逼利诱中，它并未屈从于这种主导的资本逻辑去歌功颂德，而是致力于批判资本主义生产方式，从工人阶级的生活境遇和斗争，到妇女的社会权益和解放，再到被压迫民族的命运和出路，没有一点是为了一己私利。从选择站在最广大人民的立场，到探求人类解放之路，再到最终建立一个没有压迫、没有剥削、人人平等自由的理想社会，这些都是人之共识、共需。所以，这种学说被奉为信仰，源自它的理论自觉，成于它的科学公义，赢在人类解放的实践力量。马克思主义信仰给人类提供了科学的"清醒剂"，即理性认识现实世界的表面和谐之后还有什么，现世社会的改进是否合乎人民福祉，世界历史未来指向何以可能可行。"马克思的整个世界观不是教义，而是方法。它提供的不是现成的教条，而是进一步研究的出发点和提供这种研究使用的方法。"① 从这个意义上，对全世界受压迫人民而言，它既是批判武器，又是一种认识世界、改造世界的方法论；从无产阶级的解放实践看，它主张与各国实际相结合，彰显的是其解题功能，因此这种信仰绝不会局限于共产党人内部，它因与

---

① 马克思恩格斯选集：第 4 卷 [M]. 北京：人民出版社，2012：664.

民共在的道义为大众所青睐，信之仰之，理有所至，势所必然。

再次，马克思主义信仰立足历史进程为人类谋大势，在实践比对中展现真理魅力。马克思主义带来的信仰不是空想者的重复，而是现实经济难题的科学证明。这种科学证明通过历史发展规律的实证性来进行，以《资本论》为代表的新政治经济学论证支撑，以辩证法和唯物主义为指导，重新审视人类历史进程。唯物史观的天才发现，道破了社会形态更替与人的全面发展互促相成的天机，尤其是运用唯物史观剖析资本主义现实而形成的"两个必然"理论，不但再现了基本社会形态上升性演进的必然逻辑，而且科学指出了社会发展的动力之源就在于生产力。生产力的这种决定力量既促成了社会领域的变革，又是人自觉追求需要满足和个性自由的过程。于是在社会历史发展规律这一主线上，最终社会发展目标与个人终极关怀交合于真实的共同体社会。当人们深刻领悟马克思主义理论的精髓所在，便会自然而然地肩负起作为历史主体的责任，致力于改造现实世界的伟大使命。他们将以革命性的实践行动为武器，顺应历史发展的潮流，凭借积极主动的创造精神，推动历史进程与人类社会理想愿景的和谐统一。在这一过程中，一种源自内心深处的主体信仰将油然而生，成为他们不懈奋斗的强大精神支柱。

马克思主义信仰发端于人的现实生活样态及其美好生活追求，它始终强调人类"实然到应然"的发展使命，强调"自由解放"超越中人的实践力量，在社会历史发展中，将不断创造新历史，将理想愿景不断对象化为现实。所以马克思主义信仰之真，在于其倡导的是一种对现实不完美的批判革新运动，在不断趋于自由王国的过程中，居于中心的是人，是不断超越物质世界的束缚，寻求物质与精神双重解放的主体的、全面的、自由的人。从这个意义上说，马克思主义信仰当然不只是与共产党人有关，它更关乎人类福祉，它比任何宗教都尊重人性、合乎人性，因为其以全人类解放为己任,这就从根本上回答了"人类为什么需要马克思主义""马克思主义信仰为什么行"这一时代热点问题。

二、儒学的内涵及其魅力探析

提起"儒学",人们总是将其同"孔孟之道"联系在一起。这至少透露出一个信息,那就是儒学之源在孔或者儒成为学始于孔,儒学与时代不断互动创新传承,成就了经久不衰的孔孟之道,更为关键的是,这个"道"因为孔孟的诠释和传播,越来越由一家之言扩展为中华文明的主干,其中必有其特殊之处。所以,非常有必要从内涵本位的角度,认清儒学的学术意蕴,明晰其中的思想魅力。

(一)儒学及其相关概念辨析

1. 儒学

儒学亦称儒家学说,起源于东周春秋时期,自汉朝汉武帝时期起,成为中国社会的正统思想。任何一种学说的历史,都是承袭与演变的统一。从孔子算起,儒学绵延至今已有两千五百余年的历史。儒学之起源,史无定论。或为术士说,或为殷遗民说,或为保师说,不一而足。在《汉书·艺文志》中,汉朝的班固记载道:儒家这一学派,其源头可追溯至司徒之职,旨在辅佐君王、调和阴阳、阐明教化。儒学群体深研六经(包括《诗经》《尚书》《礼记》《乐经》《易经》及《春秋》)的广博精深,深切关注并践行仁义之道。儒家学者尊奉尧、舜为远古圣王典范,效法周文王、武王之治世功绩,更将孔子视为宗师,以其教诲为尊,从而在思想体系上达到了极高的境界。正因如此,儒学在漫长的历史进程中,逐渐演变成为承载与传播中国古典文化精髓的核心力量。它不仅保存了丰富的历史文化遗产,还促进了这些文化的广泛传播与深远影响。同时,儒学的政治哲学与伦理道德观念，深刻影响了后世封建社会的治理结构与价值观念，成为历代统治者不可或缺的治国理政思想资源。

在当今时代，儒学正逐步展现出一种复兴的态势，这不仅彰显了儒学跨越时空的强韧生命力，更是体现了社会在经历深刻变迁后，对于传统文化智慧与道德伦理的重新审视与迫切需求。这种复兴不仅是儒学自身价值的再现，也是社会历史进程中对文化根源与精神支撑寻求的必然结果。儒学主张以仁爱、礼义、忠信为核心，追求和谐、正义和人类共同利益，提倡修身齐家治国平天下。儒学对中国社会产生了深远的影响，是中国传统文化的重要组成部分。儒学作为历史中的思想形态，是从方术之士的职业身份中分离出来形成的。儒者们在深入总结历史经验的基础上，提炼、抽象并概括了上古三代（或称为"三世"）的经典智慧，这些学说在历史的长河中不断经历传承与演进，逐渐形成了系统化、体系化的儒学体系，这一体系深远地影响了整个封建社会的思想、文化与制度。因此，儒学可视为对儒家学说及其发展成果的高度概括与总结，它根植于儒家，却又超越了单一时代的局限。值得注意的是，尽管儒学作为传统社会意识形态的核心，其核心价值观念在不同时代具有相对稳定性和连续性，但各个时期的儒家学说在具体内容上却呈现出多样性和差异性。这些差异反映了儒家思想在适应不同社会历史条件时的灵活性与发展性，同时也展示了儒家学者们在传承与创新之间寻求平衡的努力与智慧。当然，它在很多情况下侧重于"学问"或者说"学"的层面和典籍的呈现。在某种意义上，文化形态的儒学塑造了中华民族的精神和品格，几乎构成了中华文明历史发展过程中华夏民族的文化底色，深刻地影响、渗透到每一个华夏子孙的日用伦常，也成为中华传统文化的基础和主干之一。随着儒学在当今时代逐渐趋热，理论学术领域内，儒学开始以多样化的形态和名称呈现，例如政治儒学、心性儒学、制度儒学、生活儒学以及社会儒学等。尽管它们都挂着儒学的标签，但实际上仅聚焦于儒学思想体系中某一特定方面。故而，虽然儒学诸种形态有争奇斗艳之姿，但从内容实质来看，或是对历史上儒学既成形态的再解释，抑或是为对儒学未来发展之思考。所以，理解儒学，需要回到儒学自身的历史语境，从其原初形态把握其核心理念。

2. 儒教

需要注意的是，中国自古就有儒教的概念，从广泛的意义上说，"儒教"之说由来已久，但"儒教"之"教"字的含义历来并不相同。大体上有三个向度意蕴。一是早期儒家认为"教"就是教育之内容和方法。也就是《中庸》所强调的"修道之谓教"和孟子所说"教亦多术矣"，是儒家的教化之道之意。在《史记·游侠列传》中说："鲁人以儒教。"其意即为鲁国以儒教化百姓，这时的儒教之教即取教化之意。二是魏晋时期佛、道有与儒鼎足之势，故有儒、道、释"三教"之称。此"教"字，是指学说思想体系。以后在与佛教、道教的文化冲突中，儒教已被视为三教之首。三是从民俗学的角度上讲，在中国民间早已视为常识的儒教，确实在历史上真实存在，其以从祭祀到科仪到修行一应俱全地拥有着完整的类似宗教的体系。民间儒教的生态是复杂的，耐人寻味的，同时其中有着复杂的神系崇拜流变、重要的民俗和非物质文化遗产等，对于民俗学演变、神话学研究有着重要的积极意义。后来随着康有为等人提倡将"孔教"确立为国家宗教，其意图在于使孔教与佛教、基督教并驾齐驱，形成三足鼎立之势。值得注意的是，康有为与谭嗣同所提出的"孔教"观念，与后来人们对儒教的理解存在明显区别。他们所指的孔教，是作为一种广义上的"中国之教"而存在的，它不仅限于儒家理论，而是广泛包容了儒家、道家及诸子百家等众多学术派别，构成了整个中国文化的综合体系。选择"孔教"这一称谓，其背后蕴含了深远的历史文化背景考量。在当时的历史背景下，中国并未发展出类似西方的宗教架构，亦缺乏相应的哲学分类。面对西方文化的强烈冲击，康有为等先贤深感需构建一个更为广阔且具包容性的文化认同体系，以应对这一挑战。而在当时能够代表中国文化的只能是孔子之学。后来这一思想之流在宗教气氛浓厚的香港继续发展，陈焕章及其追随者，深受康有为孔教思想的影响，致力于将孔教进一步宗教化，为其构建了完整的宗教形式与体系，使得孔教不仅在香港地区被正式认可为六大宗教之一，更成了孔子儒学在宗教与制度层面上的重要表现形式。这一现象不仅体现了对儒家思想传统的深刻挖掘与现代表达，也展示了文化适应性与创新性的力量。

与此同时，在全球范围内，国际孔教的概念逐渐兴起，它与香港孔教共享着浓厚的宗教色彩，成了连接全球华人的精神纽带。对于遍布世界各地的华人而言，作为炎黄子孙的深厚根脉意识促使他们在面对全球化与宗教多元化的背景下，更加珍视自己的文化根源。因此，许多海外华人自发地将中国传统文化视为精神家园，将孔子及其学说视为信仰的核心，通过宗教化的方式——将孔子与孔学赋予宗教的意涵，并伴随着丰富多彩的祭拜仪式——形成了独具特色的国际孔教现象。这不仅是对个人信仰的坚守，也是对中华民族文化身份的一种认同与弘扬。[①]其实，可以说关于儒教是否为宗教的讨论层出不穷，关于儒学宗教性问题的探讨与争议，实际上源自各自独特的理论立场与出发点，其立场与出发点均建立在各自深厚的理论预设之上。这些理论基础与预设条件，展现了不同学者对孔子思想及其儒学体系多元化解读与阐释的特征。换言之，每个人在讨论儒学宗教性时，都是基于自己对孔子及儒学不同层面的认知与见解，从而形成了各自的观点与立场。我们大陆学界在1980年任

---

① 周红.儒学宗教性问题研究[D].哈尔滨：黑龙江大学，2010：9.

继愈先生于《中国社会科学》发表《论儒教的形成》,认为儒家是宗教,便又引起一轮不断地从各种定义上争论儒家是不是宗教的研究。依据现代学术的细致分类,我们可以将中国传统思想体系划分为两大类别:一类是带有宗教性质的"宗法性伦理宗教",另一类则是侧重于哲学思考的"儒学"。[①] 然而,就儒教在中国传统社会中的"教"这一称谓而言,其本质更偏向于教化之意,而非严格意义上的宗教实体。这里的"教"主要是指统治者运用儒学作为工具,对民众进行道德教化,旨在维护社会稳定与秩序,而非引导人们追求超越现实的彼岸世界。换言之,儒学本质上并非一种宗教,而是一种具有深刻影响力的意识形态,它虽然在某些方面展现出宗教性的特征,但这些特征主要是被统治者用来更有效地传播和普及儒学思想,以巩固其统治地位。统治者的目的并非将儒学本身转变为一种宗教形态,而是利用儒学中的宗教性元素来增强教化的效果,进而实现社会的和谐与秩序。因此,儒学的宗教性特征更多的是服务于其作为意识形态的功能,而非其本质属性。当然,普通大众所认可的儒教的宗教成分往往是通过一定的体验来确认的。这包括相互联系的内在和外在两方面的超越体现。内在方面就是儒家所倡导的心性修养的"超越"性类宗教体验,如《孟子》《中庸》的"诚"。《大学》中的"定、静、安、虑、得",都涉及一种类似宗教的个体体验与道德实践;外在方面就是儒家实施的三祭之礼带有明显的宗教性礼仪形式,所以也能使人们产生"与天地合其德,与日月合其明,与四时合其序,与鬼神合其吉凶"(《周易·文言传》)等外在性宗教认识。

3. 复兴儒学与儒学复兴

儒学在孔子时代并未成为显学,而只是诸子百家之一。在随后的中

[①] 张践.儒教与中国政治[J].文史哲,2004(3):13-19.

国历史上我们也清楚地看到了儒学的命运是起起伏伏的,总的来说是与时偕行、应时而变。所以,其后续的发展总会随着社会历史条件的变化而变化,自然就有了今天我们研究儒学历史所发现的:时而高歌猛进,时而濒于瓦解,时而奉为经典,时而被批驳否斥。故而就有了儒学发展史上的复兴儒学运动、复兴儒学主张、儒学复兴态势等思想景观。为此我们需要从内涵本意的角度,对这些范畴作一些区分认识。

首先,从儒学发展史的意义上看,儒学复兴是一个由一般学说上升为封建统治阶级主导意识形态的过程中,因为自身发展或者外力冲击而式微,最终重回主流意识形态的努力过程。历史告诉我们,孔子去世后,儒分为八。也就是说儒学之分化出现了各立门户的现象,实质上,儒学在后儒的继承发展上出现了认识分歧和各自的侧重。但是尽管有了支脉繁荣之势,其仍是百家争鸣中的一种声音。直至汉武帝时期,董仲舒建议"罢黜百家,独尊儒术",汉武帝将儒学定为官方哲学,标志着儒学从此彻底摆脱了来自黄老学派的打压,走上了复兴之路,当然这也是儒学历史上的第一次复兴。汉武帝时期的儒学复兴,以经学的形式出现,引阴阳五行学说入儒学,以神学路数发展儒学,使其由"学"变为"术",这固然迎合了封建统治之需,却也造成了儒学原始世俗精神的失落。[①]汉代儒学以经学文献的形态著称于世。其中,"古文经学"一派侧重于保存文献为主,从事章句训诂,提倡"实事求是",在文献梳理收集上作出了贡献;"今文经学"一派侧重于思想传承弘扬为主,提倡"经世致用",将古来口耳相传的微言大义发扬光大。魏晋时期玄学风盛,思想领域儒学与释老之学有融汇,也有被边缘化之势。此时儒学处于被冲击被去中心化的态势之中。

---

① 蒋国保.儒学三次复兴的当代启示[J].孔子研究,2013(3):4-16.

后至唐朝时期，儒、释、道三教各自独立发展，并在这一过程中相互争论和融合。儒教在这一时期明显感受到来自佛道二家的压力，面临着式微的挑战。为了应对这一形势，韩愈和柳宗元等儒学大师率先提出了复兴儒学的倡议。柳宗元主张援佛入儒，借鉴和吸收佛教的一些资源，用以统合儒释。韩愈则激烈地反对与排斥佛教，主张将佛教予以消灭，以此来复兴儒学。韩愈从理论层面重建儒学理论体系，进一步区分了儒家之"道"与佛教之"道"，还将《大学》中的"三纲领八条目"重点阐述，以此建构儒家的修养论来抵抗佛教的修养论。韩愈以儒家"道统"的继承人自居，试图构建儒家"道统"的传承体系，使中断的"道统"得以重续，排斥异端，恢复儒家思想的正统地位，与佛教的"法统"相对抗。他们抨击佛教的尝试与探索，促进了儒学理论的发展，增强了儒学与佛教相抗衡的能力。总之，这一系列复兴儒学的倡议旨在应对佛教和道教的发展对儒学正统地位的挑战，通过复兴儒学来增强其在社会和文化中的影响力。需要注意的是，唐代的儒学经历了一场复兴的思潮，其内在动因在于对儒家经典进行深度再诠释，旨在使儒学更加贴近社会实际，成为促进社会和谐与个人品德完善的强大力量。同时，这一运动在外在层面上，亦承载着以儒学为盾，抵御佛教与道教（时人常以"佛老二教"并称）广泛传播所带来的思想冲击的愿景。然而，遗憾的是，当时持有此等见解的人士并不多见，且他们的主张并未能获得主流社会的广泛认同与支持。复兴儒学的思想只是发端而已。

后来到宋代，中国儒学发展史上迎来了一个至关重要的转型时期，宋代的儒学者们看到了汉唐时期佛教与道教盛行，儒学相对式微的严峻挑战，毅然决然地投身于儒学的革新与重建之中。他们不仅在理论上实现了儒、佛、道三教的融会贯通，更在此基础上创立了以深究人心微妙之处及道德性命为核心的理学体系。这一创举不仅使儒学重新焕发了生机，更牢固地确立了其作为主流意识形态的地位，进而成为后续封建社会的官方哲学。特别是在北宋前期，一批具有前瞻性的儒学家深刻意识到，要实现儒学的真正转型，就必须摆脱对汉唐时期儒学传承注疏的简单沿袭，要紧密结合当时的社会现实，对儒家经典进行富有创新性的重新阐释。他们大力倡导并复兴先秦儒家那种关怀天下、积极入世的济世情怀，力求使儒学成为推动社会变革、改善现实状况的强大动力。所以，出现了孙复对传统的质疑、欧阳修对经典文献的疑虑，以及李觏对古代学说的深入讨论，他们共同催生了一场盛大的学术景象，这股力量推动了经学领域内的疑古思潮蔚然成风，并促使经学研究更加趋向于实践应用，即"经学致用"的理念成为广泛接受的潮流。"理学"就是儒学在两宋阶段的创造性转化和创新性发展。"周程张朱"以其卓越的理论贡献，成功地完成了这一历史使命，实现了又一次儒学思想的复兴。明代王阳明弘扬心学，继续以孔孟传人自居，以弘扬儒家价值观的道统为己任。宋明理学，作为儒学发展的新阶段（亦称新儒学），在经历佛教文化的深刻影响后，展现出了其卓越的包容性与创新性。它不仅全面吸纳并消化了佛教文化的精髓，还通过"出入佛老，而反求之六经"的路径——即在广泛接触并深刻理解佛教与道教思想后，回归并深入挖掘先秦孔孟儒学的核心价值，实现了对儒学传统的深刻反思与重构。这一过程极大地丰富和发展了儒学的理论体系，将其提升到了一个新的高度。宋明理学所取得的这一发展成果，不仅深刻地影响了中国本土，而且跨越了地域，对朝鲜半岛、日本及越南等东亚国家的文化发展起到了重要的推动作用。这些国家在不同程度上吸收和借鉴了宋明理学的思想精髓，促进了自身文化的繁荣与发展，进一步彰显了宋明理学作为东亚文化共同体的核心思想资源之一的重要地位。从影响地域的扩展来看，这也是新一轮儒学复兴的体现。

其次，从文化的学脉传承看，儒学复兴还有另一层面的含义，随着清王朝在中国近代史的风雨飘摇中轰然倒下，作为主流意识形态的儒学，在千年未有之大变局中，成为先进知识分子们反思中国落后的症结和根源。自近代以来，儒学遭受了来自西方文化与思想的强烈冲击，这股被形象地称为"欧风美雨"的浪潮，对儒学的传统地位构成了严峻挑战。尤为显著的是，五四运动时期，"打倒孔家店"的响亮口号响彻云霄，这一运动不仅是对封建旧文化的猛烈抨击，也让儒家文化一度陷入了生存危机之中。正是在这儒家文化面临断裂、传承受阻的艰难时刻，现代新儒学群体犹如一股清流，应运而生并迅速崛起。他们肩负着接续儒学命脉、重振儒家文化的历史使命，通过不懈努力，展现了学人们在儒学发展遭遇困境时的自觉行动与坚定信念。

这一群体的出现，不仅是对儒学传统的一种坚守与传承，更是对儒家文化现代化转型的积极探索与实践。这种在一边倒的否定语境中，还能坚持发展儒学的优秀内容的主张，主要是由现代新儒学派的一干人等来发起的。其中开山人物梁漱溟在其《东西方文化及其哲学》中明确提出"走孔家的路，过孔家的生活"的致思取向，在一片反孔的声浪中打出"新孔学"的旗号。1923年"科玄论战"中，张君劢在批判科学主义思潮的同时，积极倡导"新宋学之复活"，这一举措旨在从哲学方法论的高度，明确区分并构建中国现代科学主义与人文主义之间的清晰界限。这一努力，对于现代新儒家学派的形成与发展而言，构成了至关重要的一环。特别是在20世纪30至40年代，著名学者熊十力先生以其深厚的学术造诣和独到的思想见解，投身于儒家哲学本体论的重建工作之中。他巧妙地融合了佛教与儒学的精髓，将二者融会贯通，并最终归宗于《易经》这一古老而深邃的哲学经典。通过这一创造性的融合，熊十力先生成功创立了《新唯识论》，这一理论著作不仅具有鲜明的时代特色，更在儒家哲学领域内独树一帜，被誉为现代新儒学奠基之作。冯友兰先生通过出版包括《新理学》在内的"贞元六书",致力于将西方现代新实在论哲学与程朱理学的智慧相融合,构建了一个独特的哲学体系,并明确表示其哲学体系是"接着"程朱理学的传统继续讲述的。与此同时,贺麟先生通过发表《儒家思想的新开展》等著作,回顾并总结了近代特别是五四运动以来"新儒家思想"与"新儒家运动"的发展历程,积极倡导并推动了这一思潮的深入发展,标志着当代新儒家学派在理论上逐渐走向成熟。

进入 50 年代后,由于历史原因,当代新儒家的主要活动阵地转移到了港台及海外地区。1958 年元旦,牟宗三、徐复观、张君劢、唐君毅等学者联名发表了《为中国文化敬告世界人士宣言》,系统地阐述了当代新儒家的核心思想及未来努力方向,标志着新儒学思潮迈入了一个崭新的发展阶段。在这一时期,唐君毅、牟宗三等学者在哲学领域进行了卓越的创造,而徐复观、钱穆等学者则在思想史研究方面作出了重要贡献。他们的研究与实践均围绕着挖掘儒家思想的精神价值、探索儒家思想的现代转化这一核心目标展开,不仅在理论构建上达到了前所未有的圆融与精微,更在多个方面超越了前人的成就。具体而言,唐君毅的《中国文化之精神价值》《生命存在与心灵境界》,牟宗三的《心体与性体》《现象与物自身》,以及徐复观的《两汉思想史》等著作,均是该时期新儒学发展的重要里程碑。这些著作不仅深入探讨了儒家思想的本质与精髓,还提出了许多具有前瞻性和创新性的观点,为新儒学的发展注入了新的活力。此外,当代新儒家还明确提出了"保内圣,开外王"的思想纲领,即在保持儒家思想内在精神纯洁性的同时,积极开拓其在现代社会中的实践应用与影响力。这一思想纲领的提出,不仅体现了当代新儒家对于儒家思想传承与发展的深刻思考,也为新儒学在未来社会的发展指明了方向。

最典型的儒学复兴现象是伴随着 20 世纪 70 年代东亚经济奇迹而热

起来的一系列主张。70年代之后，儒学复兴的论点首次由海外华裔学者群体，包括陈荣捷、余英时、杜维明及成中英等人提出，作为对西方文化挑战的一种创造性反馈。首要的是，儒学的复兴被视为中华民族整体复兴的一部分；其次，它意味着儒学需实现充分的现代化转型；再者，儒学复兴的层面应严格限定于学术文化，而非政治或意识形态范畴。儒学复兴的显著标志有三：一是涌现出具有代表性的儒学大师；二是实现大众儒学，或称世俗儒学的广泛复兴与普及；三是获得全球国际社会的广泛认可。儒学复兴的根本路径，在于儒学与西方学术、马克思主义之间的相互借鉴与融合。[①] 这些论述均是从一种民族文化的视角进行的深入拓展。

自20世纪80年代起，杜维明、蔡仁厚、刘述先等作为当代新儒学的杰出代表，纷纷登上国际学术的广阔舞台，成为新儒学传承与创新的中坚力量。在这一代新儒家的视野中，儒学的复兴并非简单地回归传统，而是旨在构建一种既根植于儒家深厚底蕴，又独具现代特色的儒学本体论。这种新型的理论体系，旨在使儒学更加贴近并适应现代社会的实际需求与生活方式，从而推动儒学在新时代背景下实现其伟大复兴。此"儒学复兴"论在文化层面倡导以儒家思想为核心与基础，同时汲取西方思想资源，旨在促进中国传统文化实现现代化的创新性转变。该理论反对将西方模式视为现代化的唯一路径，这一点与中国马克思主义者的立场颇为相似。然而，两者之间的根本差异在于，它们各自以何种文化为根基，以及对于文化在现代化进程中角色的不同看法。

最后，从当代中国文化建设的角度看，儒学在随着改革开放的深入发展中又走出了新一轮复兴发展的势头，形成了马克思主义指导下的文化发展新态势，儒学复兴成为一种氛围和良好的现象。具体来看，自

---

① 姜林祥.儒学复兴新论——兼谈中国文化发展的路向[J].齐鲁学刊，2006（1）：7-12.

20世纪80年代起,中国大陆见证了儒学逐步复兴的显著趋势。此进程起始于80年代的"文化热潮",继而于90年代发展成为"国学热潮",这一趋势延续至21世纪,与民族及文化的全面复兴浪潮紧密相连,相互促进,共同推动了"儒学热"的日益高涨。

儒学复兴的现象不仅仅局限于学术界的深入探讨与研究。在这一背景下,大量儒学典籍得到了系统性的整理与出版,使得古老的智慧得以以崭新的面貌呈现给世人。这些典籍的重新问世,不仅为学者们提供了丰富的研究资料,也促进了儒学思想在更广泛的社会层面上的传播与影响。此外,儒学复兴还体现在社会各个领域的积极响应与实践中。而且在政府和社会层面,人们对儒学也逐步加深了认识。所以,从文化发展格局和人民群众的文化需要来看,儒学在复兴大潮中不断得到民众和官方的认可,进而形成了儒学复兴的场域。但是,在这种文化热国学热的潮流中,也是鱼龙混杂,出现了复兴儒学或复兴儒教的观点,把马克思主义与儒学对立为两种意识形态的斗争,20世纪80年代末就有所表露,到90年代就不少见了。一般学界认为,代表性人物有蒋庆、陈明、康晓光、盛洪等自称大陆新儒家的学者,他们基本上持比较激进的儒化观点,主张"重建王道政治""以仁政儒化中国""立儒教为国教"等思想。尤为显著的是,1989年,蒋庆在台湾《鹅湖》期刊上发表了《中国大陆儒学复兴的现实意义及面临挑战》一文。在文中他提出,在应对马克思主义与儒学的关联时,应采取"尊儒抑马"的立场,并主张中国现当代的思想导向应根植于儒学。这一观点显然是将马克思主义错误地归类为中国外来的西方意识形态。尽管这些思想以复兴儒学为名,但是我们能清楚看出其"以孔孟之道替代马克思主义"的意识形态复古论的本质。这也注定了其恢复儒学崇高地位的思想背后带着别的目的。儒学复兴是在历史发展潮流中向前进,而不是要复古回流。他们这种回到传统儒家典籍、概念和命题之中找资源再加以杂糅发挥引申的做法，注定将被历史的洪流所淘汰。

总之，我们如何从学术的角度来把握儒学复兴问题，需要根据现行现象或者具体的内容及其立场实质来灵活处之，而绝不能停留于其字面意思。因为现实生活中的复兴就其目标指向来看，既可以理解为重回以前的辉煌荣光，也可以理解为其内蕴的价值内核的再生发。更重要的是，复兴需要对其自身非优良传统进行扬弃。作为中国传统文化的代表，儒学尤其是要在复兴态势中注意这种扬弃。蔡尚思先生曾指出："中国传统文化也是一分为二的，一为优良传统，二为非优良的传统。有人把'传统'和'优良'等同起来，以为一切传统都是优良的，未免太荒谬了。"[①]其实，这正是我们面对传统的正确态度，同样对待儒学也需采取这种具体分析的做法，一分为二是最起码的方法要求。尤其是要做到指向未来的创造性发展，这就需要反躬自省并以此为基础去与时俱进地发展这种文化传统的合理内核为我所用。也就是说，儒学复兴并不是原有内容规定性的重复和扩大，而是不断地产生新的规定性，以发展促流传和保持的价值合理性，以此上升为发展史进步的总趋势。

每一代文化创造的主体，都会将传统元素融入自身的现实活动中，通过不断的实践，使传统得以改良，进而提升其至更高层次。[②]传统的世代相传，就是把前辈的创获保存性地传给后人。黑格尔对此有清醒的认识，他指出此传统并非仅仅扮演着一个守护者的角色，仅仅负责忠实地保存所接受的一切，然后一成不变地传递给后代。相反，它并非一尊静止的石雕，而是充满活力、生机盎然的。"有如一道洪流，离开它的

---

① 复旦大学历史系.中国传统文化的再估计[M].上海：上海人民出版社，1987：44.
② 常思敏.传统与现实生活[J].哲学研究，1995（2）：3-9.

源头愈远，它就膨胀得愈大。"① 这就是因为文化的生命不但在于传承，还在于指向现实的活动。在文化传承的序列中，要准确辨别其精髓与糟粕，无疑需依赖理性的思维力量及其批判力分析，但更要通过实践检验。实践是主观见之于客观的过程，此过程是将文化传统持续地进行对象化处理，其中，实践起到了辩证批判的作用，通过去伪存真，实现了对传统的扬弃。最终使得文化传统的思想精华得以保存。

在当今思想领域的多元格局中，儒学复兴作为一种显著思潮，其内部并非单一同质，而是交织着多样化的倾向与力量，这些力量间既存在合作也伴有冲突，且各自处于动态发展之中。面对如此复杂局面，主流意识形态需采取灵活多变的策略与手段，积极团结那些致力于社会和谐与稳定的儒学力量，同时坚决抵制任何可能破坏社会结构、引发动荡的极端倾向。在处理具体问题时，我们不仅要具备迅速响应、精准施策的能力，还需具备深远的洞察力，能够预见并应对思潮的长期演变趋势。儒学复兴中蕴含的积极元素，如强调道德伦理、促进社会和谐等，值得肯定与弘扬；然而，亦不可忽视其可能带来的挑战，特别是那些试图剧烈改变社会结构、威胁社会稳定的消极因素及极端势力的活跃表现。鉴于儒学复兴思潮近年来持续升温的趋势，我们绝不能因马克思主义在中国指导思想地位的稳固而自满懈怠，忽视或低估这一思潮可能带来的潜在影响。因此，清醒地认识到问题所在、并保持密切的关注是应对问题的基本前提。②

（二）儒学魅力探幽

孔子所开创的儒学，是中国历史上时间最长、影响最大的思想学派，

---

① [德]黑格尔.哲学史讲演录：第1卷[M].贺麟、王太庆译，北京：商务印书馆，1978：8.
② 刘东超.儒学与我国主流意识形态的建设[J].思想理论教育导刊，2011（11）：54-59.

历来以思想文化方式对中国乃至世界文明产生着重大的影响。"从儒家经典中寻找解决现实难题的办法"的观点，逐渐被越来越多的中外有识之士所接受。阅读过儒家经典《论语》的人，都能体会出孔夫子质朴话语中震撼人心的力量。这自然与圣人的伟大人格力量和智慧有关，但更能发现：儒学作为一个思想体系，历经数千年成为中华文化之主流的理论魅力、思想穿透力和文化生命力。习近平总书记在纪念孔子诞辰2565周年讲话中专门指出，儒学的三方面特点奠定其在中华文化中特有的位置：一是儒学和中国史上的其他学说既相互竞争又相互借鉴，虽然其长居主导地位，但始终和其他学说处于和而不同的局面之中。二是儒学和中国史上的其他学说都是顺应中国社会发展和时代要求而不断发展更新的，因而有生命力长久的现实。三是儒学和中国史上的其他学说都坚持经世致用原则，将针对个人与社会的教育引导和国家治理相融合，使之相辅相成，彼此促进。① 从其内容本真和理念实质来看，儒学是"仁学"，也是人学。儒学能超越诸子百家，在思想文化领域中渐趋经典，成为东方文化的经学，就在于其将中国人的人伦物理解释清楚，将世人应当如何为人、为家、为国、为天下的意旨表述得实在近情近理意思明畅。《四库全书总目·经部总叙》中说："经者，非他，即天下之公理而已。"也就是说儒学成为经学，关键在它教导的内容，是不受时间、空间制约，都能得到世人认同的道理。适合最大多数人民日常之用，合理而平凡，易知而易行，简言之"顺乎天理，应乎人情"。

儒学之所以成为中华优秀传统文化的代表和民族文化精髓，是因

---

① 习近平. 在纪念孔子诞辰2565周年（国际学术研讨会暨国际儒学联合会第五届会员大会开幕会上的讲话）[N]. 光明日报，2014-09-24.

为它在两千多年的认识实践中，展现出了富有哲理的深刻思想资源和解决当时社会难题的功用价值，它以文化基因传承的形式回答了民族文化"从哪里来"的问题，也以百姓日用而不觉的现实价值启发着传统文化"向何处去"的问题。可以说，儒学以一种中华民族特有的价值信念与民族精神铺染了我们中国人的生命历程。因此，我们需要回到儒学理论的本真去发现其魅力所在，找到其在历史中居于重要位置的缘由，从而寻找出建构中国人精神家园的现实路径启示和提升主流信仰建设的借鉴资源。

儒学的魅力不是自封的，而是历史形成的。当然这不单单在于它以现实性的仁爱原则和崇德礼制满足了人们对"有序社会"的需求，并以一种客观"文化"形态逐渐成为民族精神的内核，在基于心性修养的伦理德性追求中化民成俗，形成一种普世的社会规范。当然，在现实封建统治的需要之中，儒学也日益成为封建王朝用来管理百姓、巩固自己权位的"规矩代表"。但是，其中最主要的是在于它的理想性气质：世界大同的理想，在孔子那里是最为尊崇的"三代盛世""奸谋闭而不兴""盗窃乱贼不作"，人们天下为公，讲信修睦，长幼有序，外户不闭。这样的理想"大同"之境，需要从个人孝悌修行开始，或者从意诚心正开始，人人修身，个个仁爱，教化大行，人们按照自己的社会角色尽己修己尽责。推己及人，由家及国，从而在仁政礼治中达到治国平天下的伟大目标。这种现实性与理想性的统一是儒学来把握为人之学、入世之道、治国之要的价值准则，也是其能打通修身到平天下的逻辑原则。因为重视修身，就是突出人在社会立足的基础，所谓"下学而上达"。

儒学尚学入世，鼓励追求自强不息并不断超越自己，人的可能性与潜在性是可以不断被激发与发挥的。正如《大学》所言："自天子以至于庶人，壹是皆以修身为本"。人的修身立本，才是自我境界之基，才能影响他人，贡献社会，也即"修身、齐家、治国、平天下"的内在推演逻辑。所以，在明晰了人人可以成圣贤的"道"之后，还需要继续探寻与持守这种古圣先贤的榜样力量，并在日常实践活动中的学习和探索而不断确立和巩固。从一定意义上说，儒学，作为一门深刻的"人本之学"，其核心在于传授为人之道，涵盖了修养个人品德、追求理想人格的路径，以及如何在人际交往中展现善意、促进和谐共处的方法，更延伸至国家治理层面，旨在实现社会的长期稳定与繁荣。这门学问承载着我们古代先贤对宇宙奥秘、社会结构、人生意义的深邃洞察与智慧结晶，其中蕴含着大量值得我们以批判性眼光审视、继承并创造性地应用于当代社会的思想精髓。这些思想精华，不仅是历史的宝贵遗产，更是推动社会进步与个人成长的重要精神资源。

儒学之所以魅力独到不是外力使然，而是内蕴的教化之道赋予的，其首开私学教育之先河，主张"有教无类""因材施教"，其以执着的教化精神，称世于今。可以说，尽管儒学在整个思想史中被褒贬不一，但是，对于孔子及儒学在教育和整理古代文献并进行批判继承方面的贡献，学术界、思想界是肯定认可的。儒学在学习、在思想、在温故知新、在诲人不倦等方面的德治教育推崇，是使其魅力永存的重要支撑。对于个人来说，教化是为了道之以德成为君子，这不仅要在现代意义上做个好人，其极致必要下学上达，以彻底地实现君子人格理想之挺立。对于社会来说，教化旨在化民成俗，不仅是为改良社会风气而化，更是找到安顿日常生活的仪轨。所以，教化是孔子创建儒学之初心，随后将其践行为"明知不可为而为之"的探讨、推广甚至希冀为君王受纳之生活日常。儒学本身就是为了理想社会之范型而力主克己复礼，用于恢复西周时期民俗制度而来的，这种理想目标和理论建构需要一种全民性传播。不能仅仅局限于个别人，而是要把儒家扎根在每一个老百姓的心中。所以，这就是儒学作为一个入世的显学和诸子百家截然不同的地方。

质言之，儒学发展到今天，已然成了一种深入人心的教化哲学方法论和国人民族精神，其根本关切不是要以一套固定的知识理论形式来从根本上安顿人生价值，而是提供给国人一种为己之学修身成人的积极入世的现实追求和人生信仰。因此，儒学之教化是达乎国人人生信仰的基本心理状态，其魅力价值就在于提供了人生价值和意义实现的超越性路径。就本质上说，儒学所推崇的教化教育，是注重心性修养、偏重伦理道德形塑的教育，适应于自给自足的自然经济社会，以"礼义"之外范、"仁爱"之内性和"伦常"之前在，建构起一个与此相应的"家国同构"的宗法社会和一种由己及他的等级差序结构，用以维系封建社会的"三纲五常"中的人的关系依赖。① 可以说，这是一种高度强调现实效用与功利目标的"入世"伦理道德教育体系，它根植于对现实世界深刻理解的基础，致力于培养个体具备将所学应用于解决实际问题的能力，从而形成了注重实效、追求"经世致用"的教育传统。

同时，还要注意的一点就是，从文化社会学角度看，儒学的教育在当时的封建社会条件下还兼具了建构社会伦理道德体系的功能。它是一种区别于西方"个人中心和自我依赖"的"情境中心和相互依赖"体系，平实地执着于人的"日常生活"，在血缘宗法群体中形成亲亲尊尊的伦理道德教育传统。根植于深厚的个人心性修养之上，强调通过诚意、正心、格物、致知的内在修炼过程，达到"尽心、知性、知天"的至高境界。这一体系巧妙地体现传统宗法秩序的"人道"与"人伦"观念，与宇宙

---

① 阮纪正. 儒家文化传统与当代道德建构 [J]. 哲学研究，1996（4）：38-45.

自然的"天道""天伦"相类比，赋予其超越性的意义。在此基础上，进一步推导出修身、齐家、治国、平天下的宏大路径，将个人的道德修养与家庭、国家乃至天下的治理紧密相连，形成了一套系统而全面的政治与社会道德规范体系。它以教育传播形成了整个社会由"内圣外王""忠君孝亲""光宗耀祖"所形成的向心力、吸引力和亲和力。并以内在的"仁""德"为核心，以外在的"礼""义"为规范，用仁义道德架构了社会的"人伦"关系网，由"仁爱"推演到"信义"，由"孝亲"引申到"忠君"，表现了教化推动成人之学进而"支配社会"的"大一统"状态，呈现出儒学伦理政治化和政治伦理化的双向渗透，也就奠定其演化为封建社会主导意识形态的地位。其在意识形态方面的功能已经不适应今天社会的发展需要，但是其本身所内涵强调德教为先、学行一致、知行统一的教育理念以及有教无类、因材施教、循序渐进、温故知新、学思结合、教学相长等教育方法，不但是对教育和认识发生发展规律的运用，而且值得今天的德育工作借鉴和开新。

可以说，儒学，作为一种深邃的生命哲学与自我修养的学问，旨在引导人们超越物质的束缚，追求与天道合一的崇高境界，而非沉溺于世俗之物欲。孔子在《论语·为政》中提出的"君子不器"，便是强调真正的君子不应像器具那样被限定于某一特定用途，而应拥有更广阔的视野与追求，实现个人潜能的全面发展。进一步地看，孔子在《论语·宪问》中阐述"不怨天，不尤人，君子下学而上达，知我者其天乎"，表达了一种积极向上、自我超越的人生态度。君子在面对困境与挑战时，不怨天尤人，而是通过不断学习与自我提升，从世俗的学问中领悟更高层次的道理，最终达到与天地同频共振的境界。这种精神追求，正是儒学所倡导的儒学的价值体系与思维方式，正是通过这些深刻的教诲与智慧，通过教化与传播，来让人们得以应对个人成长中的迷茫与挑战，以及社会和谐中的种种问题。它不仅是一种知识体系，更是一种育德智慧，引导人们在复杂多变的世界中，保持内心的平和与坚定，追求个人与社会的共同进步与发展。罗素就曾说过"中国人摸索出来的生活方式已沿袭数千年，若能够被全世界采纳，地球上肯定会比现在有更多的欢乐祥和。"[1]这种肯定性判断认识只是从中国人生命状态的表象得出的结论，其中真实的内在理据还需要在考察中国人的德性之道后，通过其学以成人的儒性追求和教化践行来加以实践检验。

儒学的魅力不是以文采辞藻来体现，而是以切合人事、文明实用的方法论风貌来构筑起的朴素可亲的和合哲学。郭沫若曾对儒学中孔子的教育思想、无神论思想给予高度赞扬，并从哲学的角度，将儒学理解为一种人文主义的实学，"孔子大体上是一位注重实际的主张人文主义的人，他不大驰骋幻想，凡事想脚踏实地去做"。[2]他指出，儒学从产生的那天开始就不是独立存在的，总是与一定的社会经济制度、政治制度相呼应，它是一定时期社会经济、政治在意识形态领域里的综合反映，必然要建立在一定的社会经济基础之上。虽然它作为一种文化是不能决定一切的，但它具有很强的相对独立性，既能够主动顺应社会经济、政治及统治阶级的发展需求，又能够与社会发展产生相互作用，从而更好地影响时代经济、政治发展。故而，郭沫若评价道："孔子的基本立场是顺应着当时的社会变革的潮流的。"[3]也就是说，儒学自其创立之初，便基本上立足于维护民众利益，积极探寻运用文化力量增进民众福祉的途径。儒学在对待传统时也采取了一种既整理接纳又批判改造的态度，

---

[1] [英]伯特兰·罗素.中国问题[M].秦悦译,上海：学林出版社,1996：7.
[2] 郭沫若.十批判书[M].科学出版社1956：71.
[3] 郭沫若.十批判书[M].科学出版社1956：122.

旨在剔除其糟粕，保留精华，并试图构建一个新的文化体系，以此作为新兴封建社会发展与稳定的基石和纽带。所以，这种实学传统在儒学发展中不断地被升华为经世致用的理想主义，不但使所学之人积极力行儒学，而且起到其对理想社会的规范引导作用。

对于儒学我们不能像历代王朝那样只是简单看重其论证等级制度的合理性、维护既定社会秩序的政治职能，而是要吸取其中治国理政、道德教化的哲学智慧和伦理取向，发掘它塑造中华民族特性的特殊功能，尤其是在文化自觉的延续创新中找出中华文化自信的基点和优势。儒学的核心精神，最早可追溯至孔子所倡导的"有教无类"理念，这一理念强调了教育的普及性和平等性，它以一种贴近生活、服务民众的实践哲学的面目成为广大民众的生活指南针和行为准则系统，而不是仅仅局限于少数哲学家、思想家、历史学家的专属领域或奢侈品。故其虽发端于私学传统，但在发展中逐渐由人人可学、人人可行之学越来越成为知识阶层的专门之学。当然，儒学的核心价值观念与生活方式在民众之间的代代相传，并非主要依赖于抽象的理论说教，而是更多地通过世世代代的行为模仿与实践传承下来的。这种传承方式使得儒学的精神内涵深深嵌入人们的日常生活之中，成为一种自然而然的行为习惯和生活方式。根植于中国民众生活，不断生长为后来的"日用而不觉"的传统。作为和合哲学方法论的儒学，最初是围绕"仁"及"中庸"展开的文化活动，一直是积极、灵活且致力于"社会秩序维护"的，在具体的治国理政和处事辩难的实践行动中，"过犹不及"的"中庸"思想是内涵质朴和文采兼顾的灵活性方法论。其在社会生活领域倡导"博爱、厚生、公平、正义、诚实、守信、革故、鼎新、文明、和谐、法治"等思想道德规范，仍然是建设中国特色社会主义不可或缺的价值理念和高尚精神。另外，儒学深厚的和谐意识、人本意识、忧患意识、道德意识和力行意识，对中国社会的民族性格和民族精神的形成有着深远的影响。历史经验表明，中华民族和中国人民在修齐治平、尊时守位、知常达变、开物成务、建功立业过程中培育和形成的讲仁爱、重民本、守诚信、崇正义、尚和合、求大同等理念，可以为人们认识和改造世界提供有益启发，可以为当今治国理政提供有益借鉴，这些在很大的程度上体现了中华古典文明的优势传统。

三、文化视域里的马克思主义与儒学关系的历史回望

从文化的视域我们清楚地知道马克思主义是外来西方文化的一支，而我们的儒学在经历了两千多年的发展后，已经不是一种简单的文化思想理论，从产生开始，儒学经历了在中华大地的起起伏伏，绝大多数的时空上它由一种文化学说思想体系上升为封建统治阶级的意识形态和御用治国之学。所以，在文化史中谈论马克思主义与儒学的关系，需要从马克思主义与儒学的相遇时空谈起。但是，这种关系的历史回望，需要一个基点或者立足点，那就是今天的中国时空境遇。对二者关系的探讨与回顾旨在为当今我国思想文化的发展及现代文明的构建开辟道路，体现了马克思主义与中华优秀传统文化融合的必然性与应然趋势。在此，马克思主义占据我国社会主义建设指导思想的核心地位，而儒学则构成中华传统文化的主体框架。巧妙处理这两者之间的关系，是开启中国现代思想文化发展新篇章的开新之钥。今天的新局面是整个20世纪中国思想文化领域激辩纷争历史的反映。某种程度上说，二者于近代中国史上的碰撞和冲突，造就了中国社会主义发展的特色范式和创新路径。从不同的方面来观瞻马儒的这种关系，都将会是一个条分缕析与复杂关系并存的大工程，它不是单纯的学术层面问题梳理，更不是一个历史考证问题，而是要在我国社会主义建设尤其是现代化

发展新阶段上如何使长期存在的理论与实践相统一的问题得到有效解决，是当下的重要议题。马克思主义与儒学之间关系的凸显，其根源深深扎根于马克思主义引入中国及其后在中国本土化的历史进程与时代需求之中。考察马克思主义在中国如何逐步取得思想引领地位的过程，不难发现，这一过程既构建了中国马克思主义独特的"理论框架"，也铺展了其"历史演进"的壮丽画卷，而这两者均置身于复杂多变的中西方文化交融与冲突的背景之下，尤其是马克思主义与中国深厚传统文化的融合，特别是其与儒家思想的深入互动与对话。鉴于此，将这一关系视为已获确认的文化现象，并从理论层面对其历史与现状进行深入剖析，是全面准确理解并发展马克思主义的重要学术使命与先决条件。[①] 自2013年11月至2014年9月，习近平总书记三次深入阐述儒家文化，这一系列重要论述标志着中国共产党对儒学的态度实现了根本性的转变，彰显出党在新时代背景下的高度文化自信与文化自觉。此转变不仅彰显了对中华优秀传统文化深切的认同与尊崇，也预示着在推进马克思主义本土化的过程中，儒学作为中国传统文化的关键构成元素，将被赋予符合新时代的意义与价值。在此背景下，深入认识与准确把握马克思主义与儒学之间的关系，成了一个亟待解决的重要课题。这既是亟须进一步解放思想的问题领域，也是开辟未来中华民族现代文明的题中之义。

历史地看，马克思主义与儒学的关系一般要从中国时空的视域来探讨。但是，作为两种思想文化，其实马克思主义与儒学发生关系不一定要从马克思主义在中国开始传播谈起，尽管我们知道，只有在中国时空中马克思主义才实实在在地与儒学相遇，并遭遇到以儒学为代

---

① 贾红莲. 马克思主义与儒学关系研究的现状 [J]. 求是学刊，2003（4）：17-22.

表的中国文化的争讼攻诘。在此,我们先从关系发生学的角度看,儒学作为一种远远早于马克思主义的思想,其思想内容、思维方式及哲学范式会不会漂洋过海影响到马克思主义呢?持这一思路或认识观点的是英国著名科学史家李约瑟,他指出:"辩证唯物主义渊源于中国,由耶稣会士介绍到西欧,经过马克思主义者们一番科学化后,又回到了中国。"① "现代中国知识分子之所以会共同接受共产主义的思想……从某种意义上说,这种哲学思想正是他们自己所产生的。"② 这个结论的缘由其实是16世纪到19世纪的中西文化关系的判断,当然是东学西渐的结果。只不过此认识没有被人关注到而已,今天来看,李约瑟的这些判断,就是对儒学传统特别是宋明理学在欧洲传播进而影响到欧洲哲学的一个概括。当然,我们知道马克思主义唯物辩证法的来源之一就是德国古典哲学,所以,该论述的问题意识就在于指出了马克思主义和儒学在思想渊源上的某种相连性。李约瑟的这一认识是极为难能可贵的。

另外,还有一种认识思路,也是大家探讨马儒关系走向共性的视角,认为马克思主义来到中国,其必然要与本土文化发生关系。这个历史可以追溯至五四运动前。最早出现在中国的马克思主义书面资料是1899年3月的《万国公报》上刊出的《社会进化》一书的前三章,系由英国传教士李提摩太节选并翻译为《大同学》,蔡尔康为此撰写文章进行了推介,文中首次提及了马克思及其学说。③ 1902年,梁启超在《新民丛报》上发表文章,提及"社会主义的领袖麦喀士(马克思)"。

---

① 张允熠.中国文化与马克思主义[M].北京:人民出版社,2015:120.
② [英]李约瑟.四海之内[M].劳陇译,上海:三联书店,1987:61-67.
③ 黄爱平、黄兴涛主编.西学与清代文化[M].北京:中华书局,2008:752-753.

至 1906 年，朱执信在《民报》上发表《德意志革命家小传》，详细介绍了马克思与恩格斯的生平事迹及《共产党宣言》的主要内容，并对《资本论》进行了评述。[①]1912 年 10 月，孙中山先生在上海的一次演说中，提及并赞誉了马克思的《资本论》。[②]综上所述，在五四运动之前，马克思主义已在中国开始了初步的传播。当然其内涵与价值并未得到全面而准确地阐释与深入理解，也未能引起社会各界的广泛重视。这一时期，马克思、恩格斯及其学说更多的是被视为众多西方进步思潮中的一部分，其深远意义与革命性潜力尚未被充分发掘。然而，随着中国社会的深刻变化与思想界的激烈碰撞，特别是中国共产党的诞生，这一状况发生了根本性的转变。中国共产党的成立，标志着中国先进分子开始从思想根源上深刻反思并探索国家与民族的出路，而马克思主义则在这一过程中逐渐凸显出其独特的指导地位与价值。马克思主义这一进步学说如何转变中国人的固有思维模式及传统观念，进而革新旧中国，解答"中国未来发展方向"的难题，直接触发了中国思想界关于马克思主义、西方思想潮流与以儒学为核心的中国传统文化如何有效融合的广泛争论。

从五四运动开始，再加上俄国十月革命的影响，许多有识之士开始认识到儒学对中国发展的负面影响，在西化论热潮中，不断展开对儒学的批判和否定。以李大钊、陈独秀为代表的早期共产党人对儒家传统的批判否定曾发挥举足轻重的作用，他们探讨马克思主义与儒学关系的核心议题，聚焦于如何推动中国的现代化进程。马克思主义在批儒崇西的思想文化论战中，逐渐显露出其独特的理论魅力。从中国

---

① 朱执信集 [M].北京：中华书局，1979：10-17.
② 孙中山全集：第 2 卷 [M].北京：中华书局，1982：506-516.

共产党诞生开始，马克思主义与儒学之间在意识形态上的对立关系越来越明晰，当然，也有值得注意的一个节点是：1925年，郭沫若以非凡的文学才情、丰富的创意想象及幽默风趣的笔触，创作了《马克思进文庙》这一独特作品。该作品通过虚构马克思与孔子跨越时空的对话场景，不仅展现了两位思想巨匠间的智慧碰撞，更为精妙的是传递出一种思想讯息——表明马克思主义所推崇的科学社会主义与儒家文化里的大同社会愿景之间，存在着某种深层次的相融与共鸣。这种文学化的表达方式，不仅丰富了文化交流的维度，也预示了马克思主义与中国传统文化融合的可能性。《马克思进文庙》不仅是郭沫若文学创作上的一次大胆尝试，更是他初步运用唯物史观探索中国古代社会的一次实践。或许正是在深入研究马克思主义理论，特别是其历史唯物主义观点后，对中国传统文化特别是儒家思想进行新视角审视的结果。因此，将这部作品置于马克思主义与儒学关系的历史脉络中审视，其意义远远超出了文学创作的范畴，它标志着郭沫若作为一位先驱者，已经敏锐地洞察到了两者结合的潜在价值。

中华人民共和国的诞生，正是马克思主义在中国越来越成为一种思想武器和新社会路径的结果。在新民主主义革命时期，马克思主义不仅扮演了思想武器的角色，而且在中国革命实践中不断融合，催生了马克思主义中国化的首个飞跃性成就——毛泽东思想。值得注意的是，毛泽东在马克思主义与儒学关系的处理上作出了卓越贡献。一方面，他承继了李大钊推动马克思主义"中国化"的特色，进一步将马克思主义的普遍原理与中国革命的具体实践及中国传统文化相融合。在20世纪30年代中期，他陆续发表了《实践论》《矛盾论》和《论持久战》等具有里程碑意义的作品，通过实践验证了马克思主义与以儒学为代表的传统文化相结合的可行性、合理性及历史必然性。尤其是《实践论》一书，运用马克思主义的认识论和实践观，深刻剖析并解决了中国传统哲学中的知行合一问题，实质上是将中国优秀的传统文化融入马克思主义的认识论和实践精神之中。另一方面，他明确提出了"实现马克思主义的中国化"和"使马克思主义在中国具体化"的时代课题与历史使命，从而正式拉开了马克思主义哲学中国化与传统文化现代化的序幕。1938年10月，在中国共产党第六届中央委员会第六次全体会议上，毛泽东在《论新阶段》的政治报告中正式提出了这一时代课题与历史使命。他强调，当今的中国是历史中国的发展延续，作为马克思主义的历史主义者，我们不应割裂历史。从孔子到孙中山，我们都应进行总结，并继承这份宝贵的遗产，这对指导当前的伟大运动具有重要意义。他指出，要使马克思主义在中国具体化，使其在每个方面的表现都带有鲜明的中国特色，即根据中国的实际情况来运用它，这是全党急需认识并亟待解决的问题。这些论述传递了三个关键信息：首先，马克思主义中国化要求我们深入研究自身的思想文化遗产；其次，我们应充分运用马克思主义的历史观来对待我们的文化遗产；最后，在马克思主义中国化的视角下，思想文化的研究应服务于中国革命和现代化建设，并从中吸取智慧与方法。

  总体来看，在中华人民共和国成立前这段时间，马克思主义与儒学的关系由并存逐渐走向了对立，儒学道统思想在辛亥革命后其主导意识形态的地位摇摇欲坠，儒学处在西化派思想和马克思主义理论的对峙中，不断走向式微。中华人民共和国成立后到改革开放前这段时间，马克思主义被确立为我们的指导思想和主流意识形态，在思想领域就出现了一边倒的批判儒学传统的状态。然而，在这一时期，国外学界对于马克思主义与中国文化，特别是马克思主义与儒学的研究另开新貌。1969年，德国汉学家皮特·奥皮茨发表了著作《从儒学到共产主义》，紧接着于1974年，他又推出了《龙的子孙：探索由孔子至共产主义的中国轨迹》等书籍。这些著作深刻剖析了中国人接纳马克思主义的文化根基与思想起源，并阐明新中国的早期马克思主义者由儒学向共产主义转变的过程中，经历了一个自然而然的文化心理变迁。① 在同一时期内，探讨马克思主义与儒学关联的研究中，美籍华裔学者窦宗仪的《儒学与马克思主义：两种认识论的比较研究》堪称典范。该书英文原版于1977年面世，而中文译本则由刘成有承担，1993年由兰州大学出版社出版。此部力作汇聚了作者超过二十年的深思熟虑与探索，是国内外学术界首部专注于马克思主义与儒学关系研究的学术专著，其学术价值具有开创性意义。②

改革开放政策的实施，标志着中国摆脱了"文化大革命"的阴影。在这一时期，中国经济急需振兴，而文化发展却陷入了荒芜之地。传统文化遭受重创，西方文化长期被隔绝，同时，马克思主义文化也显现出日益僵化的态势。随着改革开放在经济政治领域的推进，我国思想文化领域也很快打破原先的封闭僵化状态，在反思"文革"错误中围绕中国文化的出路的探讨逐渐活跃起来。伴随着开放过程外来西方思想的引入，20世纪80年代学界开始形成"文化热"以及相关论争，可以说，"文化热"现象的产生，是思想解放、变革诉求与学术省思三者相互作用的产物。在此"文化热"浪潮中，对西方学术的热烈追捧，与20世纪初先辈们倡导的"开阔视野看世界"及革新传统文化的愿景相契合，构成了新时期"文化热"中一个特别显著的特征。西方各种思想流派如走马灯般更迭其"理论旗帜"，根植于对"文化大革命"

---

① 张允熠、张弛.西方学者对马克思主义哲学中国化文化背景的研究[J].学术界,2007(6):24-35.

② 胡栋材.近百年马克思主义与儒学关系问题研究及其反思[J].文化软实力研究,2018(1):12-29.

的深刻批判与反省,人们力图通过全面翻译介绍与重新评估西方文化,在中西文化的对比与吸纳过程中,构筑起中国现代新文化的体系框架。其必然要重新评价中国传统文化,反思传统文化与现代化的关系。"文化热"推动了对马克思主义、西方文化与儒学之间关系的反思,并逐渐使这种关系研究走向显题化、专门化。特别是儒家思想文化的研究呈现多样化的兴盛趋势。比较有代表性的有,1980年,李泽厚发表了题为《重新评估孔子》的著作,聚焦于孔子及其儒学思想;庞朴则以《"中庸"评议》一文作为回应。随后,在1981年,任继愈发表了《儒教形成探析》,并于次年推出了《儒教再审视》。到了1986年,侯外庐的《孔子研究探微》与蔡尚思的《孔子思想体系类型考》相继问世。此外,1987年匡亚明发表了《实事求是评价孔子的方法论》,而1988年萧萐父则贡献了《传统、儒家与伦理异化探讨》一文。这一系列学术界的关注与研究热潮,标志着马克思主义与儒学关系的研究进入了一个新的发展阶段。①

到20世纪90年代,国内学界关于马儒关系研究基本分为三方向观点,即对立说、并存说和融合说。"对立观点"主要由李一氓与司马孺倡导,而"并存理论"的代表人物包括金景芳、吴光等。至于探讨两者之间复杂关系的"融合论",则涵盖了张岱年与方克立的"综合创新理论"、冯契的"智慧学说"、汤一介的"文化创新理论",以及李泽厚的"西体中用"观点。②随着我国社会日益展现出开放与包容的发展态势,"对立观点"逐渐衰退,仅偶有零星论述;"并存理论"亦未有新的见解推

---

① 胡栋材.近百年马克思主义与儒学关系问题研究及其反思[J].文化软实力研究,2018(1):12-29.
② 王杰、冯建辉."马克思主义与儒学的关系"研究综述[J].中共中央党校学报,2008(6):44-48.

进。相比之下,"融合论"逐渐获得了广泛的认同。学术界涌现出杜维明、刘述先、方克立等知名学者,他们跨越文化界限,探讨马克思主义、儒学及西方现代文化的新趋势,从而形成了一个充满活力的"三方互动"学术社群,在很大程度上促成了新时期马克思主义主导下的思想文化互动新局面。

进入21世纪以来,马克思主义与儒学关系问题如张岱年先生所洞见渐成热点议题,如何促进马克思主义与中国传统文化(以儒学为代表)的融合与创新性发展,在一定程度上成为新时代发展的崭新课题。学界近十年来的研究表明,在当代中国文化建设的广阔舞台上,马克思主义与儒学的关系成了不可忽视的核心议题。这一关系并非基于不同点的深化研究,而是展现出深刻的相通性与互补性,共同构成了文化繁荣与发展的重要基石。社会各界已普遍认识到,马克思主义的中国化进程,必须持续深化其与以儒家思想为主导的中国传统文化的融合,此举不仅是理论创新的内在需求,也是实践探索的必由之路。同时,社会主义核心价值观的构建,也被视为吸收儒家思想精华的重要过程。儒家文化所倡导的仁爱、礼义、诚信等价值观念,与社会主义核心价值观中的某些核心理念不谋而合,为涵养及实践社会主义核心价值观,提供了充裕的文化根基与思想素材。

基于这一共识,当前中国的文化建设被赋予了崭新的使命与导向,它强调在坚守马克思主义科学理论指引的同时,必须深植于民族文化的丰饶土壤里,汲取儒家等传统文化之精髓,推动文化的创新性转化与发展,从而构建出既具有中国特色、时代特征,又富含人文关怀的社会主义先进文化。这不但有益于马克思主义与儒学关系问题研究的开展,而且有助于"中西马"三方在学术上的继续交流与互动。① 目前这种文化间互动交流已经成为常态，但是，思想文化的论争和互动的方向是不可逆转的——马克思主义必将继续作为中国社会的指导思想和主流文化形态，面向中华民族伟大复兴，不断综合创新吸收古今中外一切文化成果，以中华民族现代文明完成中国现代化建设事业的文化转型和人类文明新形态的创造。

---

① 李翔海.新世纪以来的中国哲学研究[N].光明日报·理论版，2013年12月24日第11版。

03 马克思主义与儒学关系的理论审思

马克思主义与儒学的关系探究，在新时代的中国时空，虽然仍是一个理论热点问题，但是，其探究的重心已经发生变化，已经由原来的意识形态之辩、体用之争发展为指导思想与主流社会信仰如何提升的文化土壤问题或者两者在未来维度的结合、会通、融合问题。关于二者的这种深度结合与创新发展，无论是在国内学术界还是在国际论域，都在如火如荼地拓展与争论中与时俱进着。可以说，经过中国发展实践的检验，面对民族复兴与现代化发展前景，从未来新的文明形态发展来思考马克思主义与儒学为代表的中华优秀传统文化之间的关系，需要我们立足时代方位和现代信仰建设任务，深入研究既有成果，反思历史经验，在推进马克思主义中国化时代化发展的向度上，作出应有的学术贡献。

一、时间维度的审思：从各自的时代性超越出来，面向未来的时代化对话互动

从时间维度考量问题，更多的是看理论的时代化历程何以在长时段上为中华民族伟大复兴的实现发挥其应有的功用，而不管其以前发生的情况。因为当前的中国是历史中国的延续，中国当前的发展根基与遗传密码，无疑植根于我们的文化积淀、精神信念及民族传承之中，然而，中国发展进程中所面临的核心挑战，在于如何有效达成未来中国的宏伟目标。所以，何以中国？中华五千年的文化传统早已表明，何以新时代中国？何以中国引领时代？还需要从当前中国的信仰指引和精神凝聚中创造发掘源源不断的力量，更需要在时代化大潮中形成马克思主义中国化理论创新的标识性自主性体系建构，这是对中华民族现代文明如何在伟大复兴中迸发新形态新高度的理性回应，也是一个在时间维度上将马克思主义与儒学推向时代化的新要求新任务。

从当代社会主流信仰的视角回看马克思主义与儒学关系的历史之争，我们确实需要看到两者的时代性特点，儒学和马克思主义尽管时间相隔2500多年，其各自的时代背景和阶级立场决定了其内容的侧重点和关切对象是不一样的。梁启超说过："信仰是神圣，信仰在一个人为一个人的元气，在一个社会为一个社会的元气。"[①]当然，两者发挥这种"元气"的作用也各异。对于自改革开放以来社会转型中的中国来说，"信仰"议题持续成为社会各界广泛关注的焦点，其深远意义远超越了单纯的"民间话题"范畴，亦非仅限于个体层面的精神取向与选择。它深刻地触及并影响着整个社会的精神风貌、价值导向及文化根基，是一个关乎整个社会架构与民族灵魂的"重大社会问题"。在这个层面上，信仰不仅是

---

① 蔡尚思.中国现代思想史简编：第2卷[M].杭州：浙江人民出版社，1982：273.

个人的心灵灯塔,更是凝聚社会共识、引领民族前行的精神旗帜。中国的"社会转型",并不是一种盲目的、非自觉的行为,而是以特定的价值观念为"理念"或"精神"引导的,在这种"发展理念"或"文化精神"中居于统摄核心位置的不是别的,而是信仰。而这种信仰的变迁或者波动并非空穴来风,而是历史中国的延续。因为信仰的土壤是文化,文化的本质是思想的累积、传播和创造。所以,近代以来中国思想界的文化话题总离不开古今中西话题,但是若从思想的渊承历史来看,中国文化精神的信仰追求与马克思主义信仰之间的关系是明确的,即"马克思主义吸收了中国文化又影响了中国文化",在这种文化间的影响中,完成了中国人精神上由被动向主动的转变,也使社会主流信仰以变迁的形态将其两者联系了起来。但就两种学说的信仰旨趣来看,均以"现实的人"为逻辑起点和落脚点,重点探讨人何以生存、何以发展、何以实现美好生活及其意义世界的学问,其理想目标有着一致性。

儒学形成于近 2600 年前的华夏农耕文明境遇,马克思主义则是对工业时代的欧洲资本主义社会文明的反叛。这是时代带给他们的差异,可是,关于人类未来的美好生活梦想,在漫长的历史演进与深厚的文化积淀过程中,它们逐渐孕育出了一系列虽表述各异却蕴含共同理想与追求的核心理念。以儒学为例,它构想了一个理想化的未来社会蓝图——"大道之行也,天下为公",这一愿景具体描绘了一个名为"大同世界"的理想国度。在这个世界中,财产不再为私人独占,而是成为社会的共同财富;人与人之间实现了真正的平等,无论贵贱贫富,皆能和谐共处;社会整体洋溢着和谐与安宁的氛围,达到了前所未有的大同之境。我们在奔赴大同的道路上,还要经过中国人民始终向往并致力于构建的一个基础稳固、和谐有序的小康社会,其中社会治理高效有序,国家繁荣昌盛,人民安居乐业,这一愿景长久以来都是中华民族共同追求的理想目标。而人类文明在19世纪取得的最先进思想文化成果——马克思主义，它首次站在人民的立场上，深刻探索了人类追求自由与解放的道路，以科学的理论为基石，为实现一个无压迫、无剥削，确保人人平等与自由的理想社会蓝图，该成果明确了前行的方向与目标。它不仅创造性地揭示了人类社会发展的内在规律，更在人类历史上首次构建了旨在实现人民自我解放的完整思想体系。这一体系的诞生，深刻植根于人民群众之中，彰显了其强大的生命力和广泛的群众基础，并指明了依靠人民推动历史前进的人间正道。同样为中国人民和世界无产阶级指出了人类社会从必然王国走向自由王国的光明大道，为人类自由而全面的发展探索出了一条社会主义道路，它充分体现了经济生产的繁荣富庶、社会公平正义的坚守、人的全面发展的追求以及共同富裕目标的实现路径，这正是马克思主义—社会主义理论科学性与真理性的生动体现。那些深谙优秀传统文化精髓的先进中国人，凭借卓越的智慧与勇气，将马克思主义理论的核心要义有效吸纳，并将其融入中国社会发展的具体实践当中，不但成功实现了理论的本土化创新，更引领了中国革命、建设和改革开放事业不断取得辉煌胜利，书写了人类发展史上的壮丽篇章。这都得益于马克思主义信仰与儒学所彰显出来的国人理想的相通性，也是一个从时代性超越出来面向时代化最好的证明。这又从中国社会主义初级阶段发展实践角度，鼓舞、激励中国人民立足传统文化心理实践来主动建设社会主义新思想和科学信仰。

　　这种时间维度的理论思考，需要我们认清基本的理论态势，当前的中国发展是马克思主义发展史上崭新的一页，探讨当前中国思想领域马克思主义与儒学共存的状态及其相互关系，应该在何种语境和范围中展开，这是理论研究的前提之思，另外必须承认当下儒学复兴场域从表象层面正在趋热，而马克思主义信仰作为中国社会的主流信仰在意识形态领域中居于主导地位，发挥着指导思想的作用。所以，从文化土壤和思想传统的视角看马克思主义与儒学的关系，就要跳出原先的对立思维，寻找问题的共性或者理论契合性。这本身就是一个思想认识转换的理论突破性问题。正如张岱年先生讲过，研究马克思主义与儒学之间的关系，是十分重大且不可回避的，而且依然存在着相当的研究难度。[①] 更为紧迫的是，从社会信仰建设的角度来反思马儒关系，以提升社会思想领域马克思主义信仰建设的实效性，已然成为当代中国思想理论界的重大时代任务。所以，马儒关系问题研究应该走向会通融合互动研究，这是时代化的任务所在，在当代中国跳出文化身份的认识，推动马克思主义的时代化进程，并在此过程中促进本土化的创新性发展，既是中国特色社会主义现代化建设实践中涌现的关键议题，也是该理论体系时代化发展所必需的创新要求，更是从信仰建设角度扫除文化偏见主导本土文化新发展、创造中华民族现代文明的新课题。

历史和实践早已证明，中国的大踏步发展，从落后于时代、赶上时代再到引领时代，完全得益于马克思主义行、中国化时代化的马克思主义行。时至今日，在中华民族伟大复兴不可逆转的时代背景下，马克思主义与儒学的关系由一个学术问题转化为一个实际问题。也就是说，无论是从思想理论还是从信仰实践的维度看，马克思主义与儒学都有一个时代化发展的路向，不同的是马克思主义时代化的最新成果是实现思想把握时代的精神创造，是马克思主义信仰的把握世界方式的延续和创新，它需要立足中国大地来继续实现对世界文明成果的吸收借鉴综合创新，儒学作为中华优秀传统文化的主干，当然需要在时代发展的需要中，以自身的创造性转化和创新性发展为马克思主义信仰助力。因为文明发展

---

① 马军海. 反思马克思主义与儒学的关系 [J]. 理论与现代化，2014（5）：107-111.

到今天，我们仍然处在马克思主义指明的时代。这个时代借助单纯的儒学理论来完成中国的现代化，完全不可想象。复兴中华民族之伟业，构成了中国近代史上无数志士仁人及先进中国人的梦寐以求之愿景。历史实践早已证明，实现伟大复兴不但需要一种先进思想的指导，更需要实实在在的生产力发展的推动。所以，在迈向新时代复兴的征途中，正确指引源自马克思主义信仰，不可或缺的是中国特色社会主义发展所奠定的物质基础，同时，还需依托建立在中国特色社会主义新时代经济基石之上的制度架构与文化上层建筑的坚实保障。也就是说，在大的复兴背景下，考量马克思主义与儒学的关系，更应该从时代化的维度来分析二者在复兴过程中的功用和位置。尤其是从社会主流信仰建构的角度，来找准复兴的方向和精神动力，并将它们激发出来。

二、空间维度的审思：在中国化的过程中二者思想力量的互补性

从空间维度看，马克思主义与儒学在新时代的互动关系可以体现在多个方面，这种互动不仅是在理论层面的交融，更是在实践中的相互促进与共同发展。

首先，在新时代中国场域空间，作为指导思想，马克思主义的主导地位和科学本质仍然是着眼于当前的主要问题和任务，着眼于中华民族伟大复兴需要，继续发挥引领时代的思想伟力。这就要求马克思主义理论更加具有中国化的特质，也就是说，马克思主义需要继续从儒学有益的思想资源中寻求交流互鉴，以发挥其在民本立场、社会和谐、人的自由全面发展等方面的理想牵引优势。同时，儒学在传统文化热潮中走向复兴，其在两千多年的发展中所形成的国民心理性格也在与马克思主义的互动中实现现代化转型，通过剔除封建糟粕，保留具有普遍意义的精华部分，其更加符合现代社会的发展需求，更加成为马克思主义中国化时代化发展的文化底

蕴，越来越彰显出马克思主义信仰的中国气派，从而实现了从中国时空到世界舞台的信仰旗帜的高擎和底气。马克思主义与儒学的互动有助于增强中华民族的文化自信。儒学作为中国传统文化的重要组成部分，承载着中华民族的精神追求和价值观念。通过与马克思主义的融合与发展，儒学在新时代焕发出新的生机与活力，为中华民族的文化自信提供了坚实的基础。同时，作为一种科学的世界观与方法论体系，马克思主义为中华优秀传统文化的承继与发展贡献了科学的指导方针及方法论基石。这种文化自信还需要一种学术自觉来推进两者的深度发展。这在学术研究领域使得马克思主义与儒学的深度互动成为可能和必需。与此同时，中国特色社会主义理论体系的建构和完善，中国化马克思主义在相关学科领域的拓展，中国特色哲学社会科学学科体系、学术体系、话语体系的构建，不但反映了现代中华民族的思维能力、精神品格及文明素质，而且体现了新时代中国的综合国力和国际影响力。作为解读中国自主实践、展现中华民族本色、彰显新时代特色的话语集合，都需要在继承马克思主义经典话语、中华优秀传统文化话语中对接新时代中国实际、致力于中华民族伟大复兴，并着眼于满足人民日益增长的美好生活需要，这构成了中国特色社会主义理论话语体系主体性构建的核心要点。这种主体性是立足中国大地的，同时也是面向世界的。所以，从理论创造和学术创新的空间影响力来看，马克思主义与儒学研究两者之间的关系，不是就国内思想领域的静态关系描述，而是对它们之间联系和相互影响关系的动态把握，是从更广泛范围内的主流信仰传播与影响视角上探析两者的思想力量互补的空间以及学术创新支撑。

其次，在新时代中国场域空间，马克思主义与儒学的关系探讨更多地体现于实践功用方面。二者的关系从最初的体用之争，一直到今天的互动融合，都是在中国革命、建设的实践中明晰起来的。从最初的宏大叙事何以解决中国出路问题，到今天的中国现代化文明何以快速实现问题，可以说，当下中国发展的具体而微的方方面面，越来越需要二者以一种互渗结合的方式发挥对新时代发展的助推作用。具体从社会治理实践层面看，马克思主义与儒学的互动为新时代中国的空间治理提供创新社会治理模式的新思路。儒家思想中的"仁爱""礼治"等理念与马克思主义的群众观、社会建设理论相结合，有助于构建更加和谐、稳定的社会关系。同时，马克思主义的社会治理理念也为儒学的现代应用提供了指导方向，使得儒学能够在现代社会中发挥更大的作用。

从全球视野看，马克思主义与儒学的互动不仅局限于中国国内，而且具有广泛的国际意义。随着全球化的深入发展，不同文化之间的交流与融合成为时代潮流。马克思主义与儒学的互动成果可以为全球治理提供中国智慧和中国方案，促进人类文明的共同进步与发展。在多领域合作方面，马克思主义与儒学的互动可以推动教育、文化、科技等多个领域的深化合作。例如，在教育领域推广儒家经典与马克思主义理论的融合教学；在文化领域加强儒家文化与马克思主义文化的国际传播与交流；在科技领域探索儒家智慧与现代科技的结合应用等。这些合作将有助于促进不同领域之间的交叉融合与创新发展。

综上所述，从空间维度看，马克思主义与儒学在新时代的互动关系体现在理论层面的交融、实践层面的相互促进以及空间维度的拓展等多个方面。这种互动不仅有助于推动两种思想体系的共同发展与创新，也有助于增强中华民族的文化自信和国际影响力。

三、从结合的维度思考两种思想在新时代融通的可能性

从我们党的百年奋斗历史经验来看，时代化和中国化的马克思主义早已作为观察和解决中国发展过程中出现的问题的工具，是中国共产党从中国实际出发，洞察时代大势，把握历史主动，创造中国奇迹的法宝。

同时也是"坚持把马克思主义基本原理同中国具体实际相结合、同中华优秀传统文化相结合"的历史实践过程，其本质来源于理论与实际相结合的实践应用原则，更是理论创新和实践创新的光辉范本。这些都决定了我们必须从原先的马克思主义与儒学的争论思维中跳出来，以结合的思维来综合思考新时代伟大事业何以推进的问题，发现其中围绕实现伟大梦想抓好党的建设伟大工程的凝聚力战略，用好思想武装团结带领人民进行新时代条件下的伟大斗争，从而形成一个基于马克思主义信仰的意识形态推动力，也是党和国家围绕思想观念和精神理路在深层次上的接续创新。这种现实生活中的文化结合需求和国家层面的意识形态引领力创新为结合视角开创了新空间，也有助于正确认识马儒关系的时代定位以及正确处理它们与现实的关系。

其实，现实生活中对于二者关系，确实存在持对立说的观点，但是这种对立论存在明显的立场区别。一种是传统马克思主义的立场，采取彻底批判儒学的态度。这可以说从五四时期一直延续至今，都有这样的声音存在，但是随着实践的发展，如果以中国发展实绩来看待二者的新时空关系，对立说是带有绝对化的极"左"色彩的观点，持此类观点的毕竟是少数。另一种观点倾向于捍卫儒家文化的正统性，宣扬儒学具备复兴中国的潜力，并倡导其应取代马克思主义的指导思想地位，此观点在海外颇为盛行。大陆学者中也有人认为，儒家文化是中华民族的安身立命之基。然而，近代以来百年社会剧烈变革否定了这一传统认识，马克思主义逐渐在实践中被确立为主导信仰，这导致我们的民族生命、民族精神渐失，也阻碍着我国走向现代化的步伐。故而，当前中国大陆面临的首要挑战，在于重振儒学在历史上曾享有的崇高地位。[①]这一观

---

① 蒋庆.中国大陆复兴儒学的现实意义及其面临的问题[J].鹅湖，1989，第170、172期.

点也是儒学激进主义和文化保守主义的体现,尽管人数不多,但是影响面不小。

其实就未来发展现实来看,多元文化共存彼此竞争的格局是大趋势,儒学再博大厚重也仅是一元,而且是多中之一。在未来的多元文化格局中,它将与马克思主义并存,共同发挥作用。况且这种并存论只是一种静态描述,从发展看,二者必然要面临"结合""配合""批判继承"或"合则两利、离则两伤"的发展态势,这就需要在探寻二者之间的一致性或者相通性方面,做出更大的文化理论创新。众多学术界成员视马克思主义为其理论架构的基础,他们广泛认同马克思主义与儒学作为两种迥异的文化系统,在本质上存在着明显的区别。然而,这些学者也积极肯定儒学作为中国传统文化的核心价值,认为其中蕴含着诸多优秀元素,这些元素能够为马克思主义所吸纳,进而共同塑造出富有中国特色的社会主义新文化、新文明。明智之士明确指出,马克思主义在中国的本土化过程,实质上是理论与实践相互交织、相辅相成的发展过程:一方面,它作为科学的理论体系,必须紧密贴合中国革命与建设的具体实践,实现理论与实践的深度融合;另一方面,作为一个外来的思想成就,它还需与中华民族悠久且深厚的优秀传统文化达成无缝融合,促成东西方文化的交融互鉴。这两个方面的结合相辅相成,共同推动着马克思主义的中国化进程不断向前发展。在实践层面,这种双轨结合的策略结出了累累硕果,不仅指导中国革命取得了辉煌成就,而且为中国特色社会主义的建设之路打下了坚实基础。而在理论层面,此历程促成了马克思主义的中国化产物,包括毛泽东思想、邓小平理论,以及中国特色社会主义理论体系。

当前,学术界普遍认可的是,以儒学为核心的中国传统文化为马克思主义在中国的扎根与发展提供了肥沃的土壤。然而,仅限于此认识点还远远不够。因为马克思主义成长于中国的独特文化环境，不可避免地与中国传统文化发生深刻的交互作用，这种作用不仅限于表面的融合，而是深入理论结构的内部，成为马克思主义中国化进程中不可或缺的一部分。因此，我们迫切需要深化对马克思主义与中国传统文化相结合的研究，特别是在其结构、形式、过程及规律等层面进行细致入微的探究。这种研究不仅有助于我们更清晰地理解马克思主义如何在中国这片土地上实现本土化、时代化，还能够揭示出中国传统文化在现代化进程中如何通过与马克思主义的对话与融合，焕发出新的生机与活力。

首先，马克思主义与儒学的结合的前提是要正确认识儒马的关系定位。在今天的视野中结合已是事实，着眼于未来我国社会主流信仰的建设来看，儒学信仰在近代中国历史的变迁中，不但在实践中被马克思主义信仰力量所征服，而且在与马克思主义良性互动的过程中，已逐渐厘清其内容层次的分化和批判继承的价值体系。所以，从结合的维度思考两种思想在新时代的融通可能性，是一个现实性很强的课题。

一方面，文化的结合不是生硬的嫁接，而是要在充分寻求共同性基础上的结合。两种源自截然不同背景的思潮，在近现代中国的历史舞台上相遇并交织出复杂而深刻的联系，其背后蕴含着一个极其核心的动力源泉——那就是近现代以来中华民族对于民族解放、国家强盛以及人民幸福生活的迫切要求。正是这样的历史使命与时代呼唤，构筑了马克思主义与儒学在当代中国的共同视野，即"家国命运"的担当与"百姓福祉"的关怀。明确并承认这一共同聚焦点，对于促进两者之间的良性互动具有至关重要的意义。它不仅为两者提供了对话与融合的平台，更使得它们能够在中国社会的大环境中携手并进，共同肩负起推动社会进步、实现民族复兴的伟大使命。在这样的共同使命引领下，两者能够超越原有的理论界限，寻求更加广泛而深入的合作，共同探索符合中国国情的发展道路，为人民群众创造更加美好的生活。也就是说，共同的目标性可以带来民众普遍心理追求的一种甚大的力量，使之能够克服在理想成为现实之前的难度及其可能的障碍、矛盾和冲突。

另一方面，文化的结合不是简单的加法，而是互相取长补短、相互激发新生长点的过程，最关键的就是充分吸取对方的优长之处。原则上来看，每种能够长期发挥历史作用的思想，均有其自身优长和独到魅力，儒学亦然。所以，我们必须从三个方面认清儒学及其复兴的基本事实：第一，儒学作为主导意识形态的时代已是历史；第二，儒学经典具有比较典型的前现代的时代性特征；第三，传统文化洪流中的儒学自然具有能够为当代人服务的成果资源和积极因素。这些是我们必须要肯定的事实。故而，在中国当代思想架构中马克思主义是当仁不让的"主导意识"，儒学为代表的传统文化的支援补充定位由历史发展进步使然。其和马克思主义之间的比较定位因二者在历史和现实的功能而形成。

对于马克思主义的定位，关键在于我们必须深刻认识到，马克思主义对中华民族所作出的历史贡献是无可估量的，这不仅体现在其强大的理论建构力与深邃的解释能力上，更在于它持续发挥着引领社会思潮的主导作用，并对社会发展产生了深远影响。对于马克思主义与儒学的关系而言，两者的融合与互鉴展现了思想领域的一次深刻对话。无疑，马克思主义在反抗社会不公、追求未来理想社会蓝图以及确认现实世界的本质等方面所展现的坚定立场与深邃思考，不仅与儒学的精神内核相契合，而且得到了儒学的积极认同与接纳。同样，儒学对于道德修养的深入研究与实践探索，为马克思主义提供了宝贵的文化资源与精神财富，丰富了其关于人的全面发展和社会道德建设的理论内涵。

更值得注意的是，马克思主义与儒学之间存在着众多能够相互理解和接受的观念与价值观，这些共通之处构成了两者对话与交流的坚实基础。从更广阔的视角来看，在人类丰富多彩的传统文化宝库中，儒学与马克思主义之间的共通性和相通性显得尤为突出，它们共同为人类社会的进步与发展贡献着智慧与力量。因此，二者从对方那里获得己方可以接受的观念并非难事。①实际上，当前阶段，马克思主义与儒学复兴之间的这种积极互动是明确且真实的。大多数秉持马克思主义观念的人士与倡导儒学复兴的学者，均展现出开放的态度，他们能够耐心倾听对方的观点，深入理解并相互尊重，同时展现出真诚地学习和吸纳对方优点的意愿。从逻辑层面分析，这种相互赞同与积极互动的做法，能够极大地拓宽个人的认知边界，丰富知识储备，并强化各自的理论体系。它不仅是一种学术上的交流，更是促进双方共同进步、增强理论生命力的有效途径。因此，这样的互动对双方而言，无疑是一件双赢且极为有益的事情。以"互动"推进学术上的尊重开放之风，应当成为当代社会的基本学术态度和学养。所以，在当前时代背景下，若缺乏宽容、会通与良性互动的视角去调整马克思主义与儒学之间的关系，很可能在社会现实中引发矛盾与冲突的外溢连锁风险。故而，以理智且清醒的态度来应对这两者之间的关系，不仅具备深远的现实意义，还带有强烈的迫切性。②

其次，从会通的广阔视野来看，马克思主义与儒学之间存在着不容忽视的亲和性。尽管它们属于不同的文化体系，但众多学者已达成共识，即二者在思想内容与精神气质上确有某些共通之处。正是这些共通点，这使得马克思主义在中国广泛传播并迅速被接受成为可能，同时也促成了具有中国特色的马克思主义这一独特理论形态的产生。值得注意的是，当我们探讨马克思主义与儒学的相通之处时，并非在断言它们是同质的

---

① 刘东超. 儒学与我国主流意识形态的建设[J]. 思想理论教育导刊，2011（11）：54-59.
② 刘东超. 儒学与我国主流意识形态的建设[J]. 思想理论教育导刊，2011（11）：54-59.

文化。正如张允熠所强调的，在审视二者关系时，应首先明确它们之间的"异"——即它们代表了两种本质相异的异质文化，具有根本性的区别。基于这一认识，我们进一步探索其"共通点"。马克思主义与儒学之间的相通性，为这两种异质文化构建了一种天然的亲近关系。① 这个"同"就是在宇宙观念、认知方式、人性理论、历史视角及最终追求等层面上，两者展现出共通性与契合度。此等天然的相互吸引力，根源于马克思主义与儒学之间深厚的"学脉渊承"关系。② 它们虽然诞生于不同的时空背景，但都在各自的发展过程中汲取了人类文明的精华，形成了独特而深刻的思想体系。正是这种跨越时空的学术传承与思想共鸣，为两者之间的对话与交流铺设了桥梁。

可以说，儒学为中华民族提供了一系列深入人心、感同身受的语言符号，包括"仁义""诚信""忠孝""廉耻""君子""圣贤""良知""正气"等。当主流意识形态在传播与宣扬时，若能巧妙地融入并运用这些蕴含文化共鸣的语言符号，将极大提升其说服力与认同度。然而，值得注意的是，如何将古代的语言符号与现代社会语境相结合，进行恰当的加工与转换，是一个值得深入研究与细致探讨的课题。经由这一系列转化与加工的程序，中国化的马克思主义能够更加深刻地融入民族文化的血脉里，呈现出更为多元的民族象征符号意蕴，同时马克思主义在中国的本土化与普及化步伐也得到加速。儒学对于道德的深刻见解，如从亲子情感出发推及人伦常道，通过修养心性来培育高尚节操，以及在天人合一的哲学框架下塑造圣贤人格等，都是极具深度且富有民族特色的道德理论。这些理论资源对当下主流意识形态在构筑新时代公民道

---

① 张允熠. 中国文化与马克思主义 [M]. 太原：山西教育出版社，1999：103-104.
② 张允熠. 中国文化与马克思主义 [M]. 太原：山西教育出版社，1999：105-108.

德框架方面具有关键的参考意义。它们不仅为现代社会提供了宝贵的传统思想智慧,还与社会主义核心价值体系之间存在着诸多契合点,为两者的相互融合与共同发展提供了坚实的基础。因此,我们应当充分挖掘和利用儒学中的道德思想资源,推动其在现代社会的传承与创新,为构建更加和谐、文明的社会贡献力量。

关于马克思主义与儒学共通性的探讨,众多学者仍在努力将中国传统文化与辩证唯物主义、历史唯物主义进行对照研究,以期发现两者之间的共通点与相似性。然而,在这一过程中,对马克思主义的理解常常受限于教科书式的哲学框架,特别是集中于辩证唯物主义与历史唯物主义的核心内容。以张岱年先生为例,他开创性地从四个维度深入剖析了中国传统哲学与马克思主义之间的内在联系。比如他援引了中国历史上唯物主义的传承,例如荀子所言"天行有常,不为尧存,不为桀亡"的著名论断,以之与马克思主义对客观规律性的阐释形成共鸣。同时,他还着重审视了传统哲学中的辩证思维,尤其是张载提出的"无两则无一之显现,无一则两之作用消"等见解,这些观念恰与马克思主义辩证法的核心要义不谋而合。在剖析物质生活与精神生活之间的联系时,他借用了"仓廪实则知礼节,衣食足则知荣辱"的古老智慧,使之与马克思主义经济基础决定上层建筑的基本原理相协调。先生还从"天下为公"的"大同"理想出发,探讨了中国古代对于理想社会的构想与马克思主义共产主义理想的共通之处,展现了两者在追求社会公正与人类解放方面的共同愿景。① 可以说,此类将两者进行类比以探寻相通与相似之处的研究,是建立在理解其既有的话语特征及思维模式基础之上的,唯有

---

① 张岱年.马克思主义在中国的传播与中国传统哲学的背景[J].中国社会科学院研究生院学报,1987(3):1-3.

如此，方能准确把握两者间具体的异同点。此外，中国台湾学者林安梧还强调，儒学与马克思主义在人文主义这一维度上亦存在相通之处。人在二者视野中都是核心性的、平等性的。[①]这种理解就是抓住了二者精神关怀的逻辑起点与落脚点。

更为关键的是，我们必须有清醒的认识：尽管马克思主义与儒学之间确实存在某种亲和性，但这仅仅是两者关系探讨的起点，绝非中国人接纳并深化发展马克思主义的充分依据，亦非马克思主义中国化历程的坚实基础。我们不应满足于表面上的相似与差异分析，而应深入挖掘中国人的思维方式、生存经验以及社会实际，以此全面把握中国化马克思主义的独特性。正如朱伯崑先生所洞察的，将马克思主义与儒学相结合的研究，其目标绝非简单地寻找二者之间的共通元素，而是需要一种更为高远的智慧来融合二者的精髓，创造出既符合中国国情又体现时代精神的新思想体系。

当前，对马克思主义与儒学关系的研究已经逐渐走出意识形态的藩篱，进入了一个更为开放和学术化的讨论阶段。学术界普遍承认儒家思想作为马克思主义中国化进程中的文化基石，对其产生了深远的影响。然而，这一领域的研究仍存在不足与挑战：一是过分纠缠于概念、命题、论断等层面的直接对比，忽略了更深层次的文化逻辑和社会背景；二是从思想文化角度的审视尚显浅尝辄止，未能充分揭示两者相互作用、相互影响的复杂机制；三是研究多停留于解释、分析和判断的层面，未能基于现实生活的新经验和理论反思，提出创新性的见解。因此，未来的研究应致力于超越传统框架，以更加开阔的视野和深入的分析，探索

---

① 林安梧，陈占彪.儒学与马克思主义应该有一个重要的接榫点[J].社会科学论坛（学术评论卷），2008（9）：102-116.

马克思主义与儒学在新时代背景下的新融合，为马克思主义的中国化进程注入新的活力与智慧。

马克思主义与儒学之间关系的探讨，其本质触及的是跨越时空界限的古今中西文化交汇的深层次议题。我们应在古今中西文化交融与对话的宏大背景下，深入挖掘这两大思想体系间的内在关联，而非孤立地将它们置于简单的比较框架内，或是仅仅拘泥于某些范畴、命题的抽象思辨之中。这意味着，我们需要超越传统的分析范式和思维模式，更加精准地捕捉马克思主义与儒学的精神内核，同时紧密关联当代中国人的价值追求与精神世界。在此过程中，倡导"大哲学"的视野与"类思维"的方法显得尤为重要，它们能够促使我们跨越学科界限，以更广阔的视角和更深刻的洞察力，推动马克思主义与儒学之间的深度交流与融合。这种交流不仅是对历史文化遗产的尊重与传承，更是对当代社会现实问题的积极回应与创新解答。尤为关键的是，在研究马克思主义与儒学关系时，我们必须坚守并彰显"自我"的立场与身份。此处的"自我"概念，既涵盖了我国文化主体的思想自主性，也蕴含了民族的特异性和时代的责任感。我们需秉持深刻的思想自觉性，以展现对中华民族历史、文化及其未来前景的深切理解和认同，确保在对话与融合中不失自我，不迷失方向。通过这样的方式，我们不仅能促进两大思想体系的相互借鉴与共同发展，更能为中华民族的文化复兴与现代化建设贡献智慧与力量。

再次，在对治现代性问题方面，马克思主义与儒学不仅有着问题视域的融合，而且各有其独特的优势。这也是中国场域下二者结合并催生马克思主义信仰创新成果的契机。

正是在现代化的大潮中，先进的中国知识分子使马克思主义与儒学在激辩中凸显出来，最终没有做西方资本主义的翻版，当然中国的旧体制也已经让儒学体无完肤斯文扫地。历史和实践雄辩地证明了马克思主义的科学力量,其也提供了解决中国问题的最佳方案。当前中国人的理想与现代性紧密相连。中国现代化进程所蕴含的,并非单纯是对传统巨大冲击的被动应对,而是积极探求如何使传统成为推动当代中国实现目标的催化剂,即如何促使传统发挥积极的效用。[1]这就是现代化所开显出的世界历史大势问题,马克思曾预言的"民族的片面性和局限性日益成为不可能,于是由许多民族的和地方的文学形成了一种世界的文学(文化)"。[2]也就是说,各民族文化在国际交流、交融、交锋中终已在当今成为世界文化的现实。更为现实的是十月革命后传入中国的马克思主义,经过百余年与中国革命、建设等实践的结合,在根本改变中国面貌的同时,也成为我国的主导意识形态并不断赋予中华民族的发展以及传统文化新生科学有力的能量。

历史实践已经证明这一事实,马克思主义在今天的中国文化中发挥着灵魂指导作用,它必然也要融进中国文化之"体"中,从而形成一种"魂体相齐"的文化景观。面对中国的复兴发展,毛泽东早就预言过,随着我国经济建设的发展,我国的文化建设也将趋高,那个被视为不文明的时代终会消逝,我们将以一个文化高度发达的民族形象屹立于世。[3]这种预见首先是来源于对现代性作为一种历史发展的推动力量的认同。但是,在从传统社会向现代社会的世界现代化进程中,现代化不仅催生和形成了诸如生产的社会化或工业化、政治的民主化、社会的法治化、文化的世俗化等现代现象,而且在西方式现代化发展的现实结果中,西

---

[1] 何星亮.对传统与现代及其相互间关系的阐释[J].中央民族大学学报,2003(4):20-29.
[2] 中共中央马克思恩格斯列宁斯大林著作编译局.共产党宣言[M].北京:人民出版社,1997:31.
[3] 毛泽东文集:第5卷[M].北京:人民出版社,1996:345.

方学者还清楚地指出了作为现代化过程的本质及其结果的"现代性"问题，并演化为西方后现代主义学派对各种现代性的诊断与批判。事实上，马克思主义正是因为考虑到现代化与现代性的二重性问题，才与当时的西方传统之间割席而决。所以，马克思的社会主义方案本身就是世界现代化进程中的科学反思：既以现代化结果呈现，又居于世界现代化的制高点。也就是说，马克思主义在现代化到现代性的问题对治中确实做到了一种理论自觉。

对此我们今天的现代化发展，一方面要延续传承这种理论自觉并上升为理论自信。另一方面，还需要从精神文明领域侧重做好一种文化自觉的主动。这种自觉深植于生活在特定文化背景下的人们心中，体现为对自身文化的深刻洞察与"自知之明"。它不仅是对文化起源、演变历程、独特风貌及未来走向的清晰认识，更是一种超脱于简单"文化复古"或盲目"全盘西化""全盘他化"的理性态度。这种自觉能够强化文化转型过程中的自我主导能力，确保在面对新环境、新时代的挑战时，能够自主、自信地作出适应性的文化选择。这一理念，因其对文化传承与创新发展的深刻洞察，赢得了学术界的高度关注与广泛认同，遂以"文化自觉"到文化自强为己任。

从客观形势的维度审视，文化愈发显现为民族团结与创新能力的核心源泉，其深远影响已扩展至综合国力竞争的广阔舞台，成为推动经济社会高质量发展的关键要素。随着我国新时代物质丰富基础的形成，人民对精神文化生活的渴求愈加强烈，追求更加多彩、深刻的精神世界已成为全社会的普遍心声。从主观决策来看，我国正处于发展的黄金机遇期，此时我们不仅要坚定不移地以经济建设为中心，更要敏锐地把握文化繁荣兴盛的历史契机，应将其看作是推动文化建设、经济建设、政治建设、社会建设以及生态文明建设实现全面协调发展的核心动力。这种文化自觉，是我们党在制定新时代发展战略时不可或缺的思想基石与前提认知，它引领我们更加自觉地推动文化的繁荣发展。

当然，我们还要看到，在当前的时代背景下，人类生存挑战仍旧严峻，西方文化体系下的问题聚焦，引发了深刻的自我审视与批判。从"上帝之死"到"哲学与文化的终结"，再到"科学与人性的困惑"，这些论调折射出西方文化在应对精神空虚与物质泛滥交织而成的生存与精神双重危机时的无力感。西方文化自身的局限性使得它难以独力解决这些问题，其症结在于个体精神世界的日益贫瘠与物质追求的无限膨胀之间的深刻矛盾。因此，在全球化浪潮中，如何在汲取各国文化精华的基础上，探索出一条符合时代要求、促进人类精神和谐共生的文化发展道路，成了全人类共同面临的课题。这也为包括中国文化在内的多元文化提供了反思与创新的重要契机。这就是现代性问题的本质，也是从人为目的的视角确立解题思路的关键，人类往往难以在纷繁复杂的现实世界中精准定位自我，进而倾向于通过不懈的奋斗与对外界的探索与征服，来拓宽生存领域，以此寻求心灵深处的安全归属与存在价值的确认。这种趋向，其深层根源在于个体主体性在某种程度上的丧失，使得人们易于被外在事物所牵制，进而经历一种被物化与异化的过程。西方文化体系中，此类现象尤为显著，其根源可追溯至一种根深蒂固的主客体二元对立观念，这种文化鼓励的是主体与客体之间的持续斗争，结果或是主体吞噬客体，或是主体受制于客体，此等思维模式，本质上是对象性思维所致，它预设了主体与客体之间的不可调和性，从而限定了人类认知与实践的边界。

相比之下，中国文化则展现出一种独特的治愈力，它并非聚焦于对外界的征服，而是深深植根于生命本质的探索与理解。在中国文化的视野里，天地万物并非孤立存在，而是生命之网中紧密相连的节点，人类作为这一宏大生命体系的一部分，其思维自然而然地聚焦于生命本身的奥秘与和谐，追求的是"天人合一"的至高境界。正如《孟子》所言，"上下与天地同流"，以及《庄子》中的"万物与我为一"，这些哲学思想强调了个体与宇宙万物的内在联系与统一性，倡导的是一种超越对立、融入自然的生存智慧。

中国文化，本质上是一种崇尚和谐共生的文化形态，与西方文化中强调竞争与斗争的特质形成鲜明对比。其思维模式摒弃了二元对立的直接对立模式，转而采纳了《周易·系辞上》所阐述的"形而上者谓之道，形而下者谓之器"的哲学观念，并进一步引申出"形而中者谓之人"的中道思维，强调了一种介于抽象之道与具体之器之间的平衡与调和。在中国文化的语境下，人并非如西方哲学所强调的绝对主体地位，而是置于更为宏大的宇宙观——形而上之道之下，同时又是形而下之具体事物之上的存在。人，作为连接天道与万物的桥梁，既非纯粹的道理载体，亦非单纯的物质形态，而是拥有独特灵性，能够向上探求天道奥秘，实现自我超越的存在。然而，这种灵性若失守，人亦可能沦为物欲的奴隶，正如《礼记·乐记》所言："人生而静，天之性也；感于物而动，性之欲也……物至而人化物也。"儒学，作为中国传统文化的核心，正是致力于引导人们如何在保持灵性不被物欲侵蚀的同时，追求与天道合一的至高境界的学说。孔子提出的"君子不器"，强调的是君子不应局限于某一具体职能或身份，而应追求更广泛的精神成长与道德完善；"不怨天，不尤人，君子下学而上达，知我者其天乎"，则进一步阐述了君子在面对困境时的态度。

儒学的核心价值体系与独特的思维方式，与西方文化形成了鲜明的对比，它蕴含了一种深刻的生命智慧，这种智慧恰好能够针对并缓解西方文化所面临的问题。著名思想家罗素曾赞叹道："中国人历经数千年探索出的生活方式，倘若能为全球所接纳，无疑将极大地增进世界的欢乐与和谐。"① 然而，罗素的观察更多停留在中国人生活状态的表象上，未能深入洞察支撑这种生活方式背后的内在逻辑与生命之道。这背后所蕴含的，正是孔子儒学所倡导的生命哲学思想，它深刻影响着中国人的思维方式、行为准则乃至整个社会的价值取向。此生命哲学不仅承继了传统的小康理念，还能在当下时代背景下被激活，并被赋予全新的中国内涵，从而塑造出当代中国社会超越传统小康观念的新追求：经济繁荣、政治民主化、道德和谐共融。中国特色社会主义不仅为此提供了制度框架与社会保障，还为其拓展预留了广阔空间。这些均源自以儒学为核心的中国文化之深厚根基，及其原生生命所蕴含的强烈道德理想主义情怀与大同社会的理想情感。在当今人类已迈入现代化的时代，道德理想主义的追求显得尤为宝贵。正因如此，我们不难理解为何现实生活持续呼唤道德的彰显——我们对此有着深切的需求，因为我国传统的道德理想确实能够有效应对现代性所带来的个体精神困惑与社会状态的冷漠。这种情况下，道德传统与中国特色社会主义共同理想的追求，就能以安顿人之身心性命的文化发展展现出时代的信仰意味。

四、从民族复兴的维度审思儒学复兴与马克思主义中国化创新的实践逻辑

在推进民族复兴与强国建设的过程中，我们不仅需要依赖坚实而强大的物质生产力，亦需要强有力的精神支柱作为支撑。文化，作为民族国家的精神核心，其兴衰与国家的命运紧密相连，关乎民族命运。民族复兴的实现，必然伴随着民族文化的蓬勃兴起，这是不可或缺的一环。

自党的十八大召开以来，文化力量在民族复兴的伟大征程中持续迸

---

① [英]伯特兰·罗素. 中国问题 [M]. 秦悦译，上海：学林出版社，1996：7.

发，汹涌澎湃。文化积淀之中不但凝结着民族血脉与精神，还内蕴着人民意愿和抉择，更贯通着国家的过去和未来。在崭新的历史起点上，促进文化繁荣发展，构建文化强国，以及创造中华民族现代文明，要求我们坚定文化自信，根植于中华民族辉煌的历史实践与当前实践。我们应当运用中国的逻辑来精练总结中国的实践经验，并进一步将这些经验升华为中国特色的理论，从而实现精神层面的自主与独立。

若要使儒学在当代实现复兴，首要任务是挖掘并展现儒学理念中能够契合与指导当代社会现实需求的元素，以此作为论据，证明儒学不仅具有历史价值，更具备解决现代社会发展进程中涌现的普遍性现代性问题的能力。这是倡导儒学复兴的群体所必须深入探索并明确回答的基础性命题。尤其是面对党和国家提出的推动中华优秀传统文化创造性转化、创新性发展之大策，就需要采取科学、客观、礼敬的态度对待中华优秀传统文化，强调"既需要薪火相传、代代守护，也需要与时俱进、推陈出新"，注重挖掘阐发传统文化精髓、构建中国文化基因理念体系、提炼展示中华文明精神标识、把握世界文明交流互鉴必然趋势，开辟出认识和把握文化传承发展规律的新境界。

我们还要看到，长久以来，马克思主义与儒学在人们的认知中往往被视为两个截然不同、差异显著的思想体系与理论学说。然而，随着历史的演进，两者之间的关系也在经历显著转变。近代初期，它们之间的碰撞多以批判与拒斥为主，但时至今日，这种关系已逐渐转变为一种积极的对话与融合趋势，展现出两者在新时代背景下寻求共通与互补的可能性。当我们在中华民族伟大复兴历程中重新审视马儒关系时，首要之务是正视并明确一个核心前提：鉴于马克思主义与儒学历史上常被视为对立存在，我们需探讨为何在当今时代重新提出两者间的融合会通，以及这种会通是如何成为可能的。如果我们承认两者本质上并非截然对立，而是蕴含着相互融合与贯通的可能性，那么，随之而来的议题便是如何阐释它们之间的所谓对立，换言之，即如何对历史上它们所呈现的对立状态给出合理的解释。总体而言，深入考察两者之间的"对立"仍然具有重要的研究价值。这要求我们深入分析这种对立所聚焦的核心议题——"中国问题"，也就是中国应如何定位其发展方向，特别是如何走向现代化的道路。这一审视过程需明确对立的具体层面和含义，从而更准确地把握两者关系，探索其在当代社会中的和谐共生之道。

（一）马克思主义的信仰地位是在革命历史实践中形成的，它先是以科学真理的面目呈现，马克思主义不但是中国共产党人的指导思想和"看家本领"，也成为中国人民的思想法宝

马克思主义唯物史观原理指出，一个国家占统治地位的思想就是统治阶级的思想。那么，当今中国的国家性质决定，中国占统治地位的思想只能是体现中国共产党与全国人民意志的社会主义思想。

中国共产党十八大以来，以习近平同志为核心的党中央高度重视马克思主义信仰建设，从"四个自信"的高度加强了马克思主义指导地位的制度化建设。以强有力的理论自信指导着文化自信和文化建设。马克思主义作为新文化生态秩序的核心引领，并没有忽视优秀文化传统的地位、贡献和价值，相反，它一再重申对包括优秀儒学文化在内的所有优秀文化传统的尊重。然而，关键在于维持清晰的认知：文化自信并不意味着对所有传统文化的整体盲目自信，而是特指对那些经过甄别、被认定为优秀的传统文化元素保持坚定的自信态度。同样地，文化自信也不排斥源自外国的优秀文化成果，而是倡导对全人类文明史上所有杰出的文化创造都保持开放与自信的态度。这要求我们不仅要自信于识别、学习并吸收这些优秀文化，更要自信于如何有效运用它们来丰富和发展自身。特别重要的是，文化自信的核心不仅仅体现在对往昔辉煌文明成就的自豪感与坚守上，更在于如何展望未来，紧跟时代步伐，不断创新、发展并有效传承这些宝贵遗产。这意味着我们要有前瞻性的视野，勇于探索新的文化表达形式与传播方式，让优秀传统文化在现代化进程中焕发新的生机与活力。中国共产党带领中华民族站在历史洪流高峰把握时代脉搏，明智地保存本民族文化传统，以避免在全球化进程中遭受世界性文化的同化，是达成横向接纳全球先进文明与纵向承继民族精粹文化的辩证统一的关键。在这一全球文化交流背景下构筑的文化框架内，马克思主义作为时代精神的象征，聚焦于横向的先进世界文明，凭借其理论创新力，持续深入地洞察历史发展规律，在中国新兴文化生态体系中发挥着引领作用。儒学，则作为文化传统之典范，立足于纵向的民族文化遗产，在马克思主义的指引下，既承载着民族的社会传承与文化认同，又因内含对西方现代性问题的补救方案，而向全球传递新的价值理念。两者虽地位与功能各异，却既相互交融又保持差异，纵横交错，张力十足，共同塑造了中国的新文化生态格局。通过两者的有机结合与动态平衡，中国不仅能够有效抵御全球化带来的文化冲击，更能在世界文化的舞台上展现出独特的魅力和强大的生命力。

在中华大地上，马克思主义与儒学的"世纪对话"中，核心议题聚焦于马克思主义——这一源自欧洲的思想体系，是否具备成为中国文化主流引领者的正当性。实际上，围绕此议题的种种疑虑，通常归因于对马克思主义作为全球性时代精神本质认识的不足。随着全球化的迅猛推进，世界历史揭开了新的篇章，各民族文化的纵向发展不再处于孤立状态，而是不可避免地与世界历史的横向发展交织互动，共同塑造了一个时代精神与深厚传统相互融合的文化生态景观。在这一背景下，马克思主义作为19世纪以降新时代的标志性思想，其蕴含的时代价值在中国大地上焕发出前所未有的理论与实践活力。它不仅为中国提供了科学的世界观和方法论，更在实践中激发了社会变革的磅礴力量，引领着以马克思主义为灵魂的新文化生态秩序的构建。这一过程，不仅是对传统文化的创造性转化和创新性发展，也是对世界文明成果的积极吸纳与融合，展现了中华文化在新时代的自信与开放。在"时代精神与文化传统"的文化定位框架下，我们应正确理解马克思主义与儒学的相互关系，[①]坚定马克思主义对中国文化传统的引领作用，同时维护理论自信与文化自信的辩证统一关系。

马克思主义诞生于风云变幻的 19 世纪 30 年代，其发展正是对那个时代巨大变革的深刻思想回应。对于中国的知识界而言，马克思主义之所以拥有巨大的吸引力，其根源在于它作为倡导全方位社会变革的理论架构，激起了知识分子们深刻重塑与重构中国社会结构的强烈责任感。这份责任感引导中国知识界摆脱了社会意识层面的困惑与危机状态，为探索国家与民族的未来道路指明了方向。阿里夫·德里克进一步阐释了马克思主义对中国知识界所产生的深刻影响，他指出，马克思主义不仅加深了中国知识界对历史变迁中社会基础因素的理解深度，而且将社会结构置于分析与探究的中心位置，促使知识界更加关注社会现实的深层结构与动力机制。这种转变不仅丰富了中国知识界的理论视野，也为他们理解和改造中国社会提供了更为坚实的理论基础和实践指导。"如果说，中国知识界第一代激进变革者专注于政治制度问题，第二代关注继承传统的价值问题，第三代则将目光投向了解决所有其他问题的社会的

---

① 郑桦. 时代精神与文化传统——全球化视野中的马克思主义与儒学 [J]. 怀化学院学报，2022（2）：13-17.

深层结构。"① 随着社会思想氛围渐次变迁，社会问题跃居前沿，其中，社会的根本性重构成为核心议题。尽管某些次要问题仍吸引关注，但其方式已大相径庭——重心在于整体社会结构的变革，而非局限于旧有框架内的细微调整。当中国知识界的社会观念发生转变时，传统社会结构的重建问题便拉开了社会现代化转型的序幕。从全球视角观之，这标志着世界历史进程的必然性。中国视野观之，则是民族被迫卷入现代化的抗争历程，社会变迁问题使思想文化议题凸显开来。

自古以来，儒学在中国传统文化中稳固地占据主流位置，它不仅为古代中国的政治与社会秩序构筑了坚固的基础，还深刻地塑造了士人阶层的精神世界与道德观念。然而，自晚清以来，随着社会的急剧变迁与时代的深刻变革，儒学似乎逐渐显露出其在支撑现代政治社会秩序方面的局限性，难以满足一个渴望"变革图强"的社会的迫切需求。尽管儒学的影响力有所减弱，但其倡导的等级有序、尊卑分明的社会结构，以及以"三纲五常"为核心的伦理道德体系，依然深深植根于中国社会之中，其影响深远且广泛。然而，这种影响在某种程度上也导致了教条主义的盛行与形式的僵化，使得儒学在某些方面难以适应时代的发展。自此，中国知识界对儒学的批评逐渐增多，且主要集中在儒学作为官方意识形态的角色上。这种批判往往与对政治权威合法性的质疑紧密相连，这体现了当时社会对变革的迫切愿望及对儒学能否持续推动社会前进的质疑。故而，儒学成为批判的中心，主要归因于政治变革与权力重组的需求。余英时指出，"从概念层面区分意识形态与学术思想至关重要。20世纪见证了儒家意识形态的失效，但儒家思想本身仍蕴含深厚根源与活力。……混淆学术思想与意识形态，导致我们未能准确理解五四时

---

① [美]阿里夫·德里克. 革命与历史[M]. 翁贺凯译，南京：江苏人民出版社，2010：32.

期反对传统、批判儒家的历史意义。"① 因此，当下热议的儒学，主要聚焦于思想文化层面，且这一思想文化意义上的儒学，始终与马克思主义保持着融合与贯通的态势。

（二）复兴儒学不回答好对现实及未来有什么用，就不能辩难儒学在今天呈现的是"死的教条"还是"活的真理"的根本争议

可以说，儒学面对现代生活只有拿出一种转化适应并积极参与现代社会的态度，才能真正走向适得其用的传承与复兴。复兴儒学在呼声中，现实的儒学复兴则需要在儒家思想和当代社会之间寻求一个有意义的整合方式，基于恰当的现代定位，明体达用，在创造性转化和创新性发展中以正确的道德追求和文明礼仪规范人民感化人心，探寻当下人们共存共荣的"和而不同""群居和一"的途径。

就思潮本身来看，儒学复兴进入的是一个多元且动态复杂的领域，内部蕴含着多样化的倾向与力量派别，这些元素之间既相互交织又存在深刻矛盾，且变动不居。故而，在应对这一思潮的过程中，主流意识形态应当采用灵活多变的策略与途径，积极团结那些致力于社会和谐与稳定的正面力量，同时坚决抵制那些可能对社会结构造成剧烈冲击、危害社会稳定的极端倾向。我们不仅要具备针对具体事件迅速而有效的处理能力，还需保持对儒学复兴思潮整体发展趋势的敏锐观察与长期战略思考。当前，该思潮中确实不乏促进文化繁荣、社会和谐的积极因素，但同样存在试图颠覆既有秩序、威胁社会稳定的消极力量，特别是某些极端势力，其行动尤为明确且激烈。

值得注意的是，近年来儒学复兴思潮呈现出日益高涨的趋势，这要

---

① 余英时. 重寻胡适历程 [M]. 上海：三联书店，2012：186.

求我们不能因马克思主义在中国指导思想地位的长期稳固而掉以轻心。相反，更为关键的是，要清晰地识别问题的本质并保持紧密的关注，这是解决问题的基本先决条件。①当下文化建设的浪潮中，"国学热"作为一种新兴思潮，带动着祭孔诵经活动的兴起与国学复兴的呼声，一股旨在复兴儒学乃至提议重建儒教、将其确立为国教的文化与政治构想不断涌现，形成了蔚为壮观的文化现象，同时也引发了广泛而深入的辩论，既有启发性的探讨，也不乏无意义的争执，它们共同构成了当代中国一道独特的文化风景线，引人深思。置身于这股文化热潮之中，我们有必要以冷静、严谨和负责任的态度，深入审视一个核心问题：儒学的复兴究竟应旨在何种目标或实现何种愿景？是意图将社会拉回到过去的"儒学时代"，通过复制历史来寻求某种稳定与秩序；还是应立足于当代，以创新精神重新诠释儒学，构建一种适应时代发展、能够引领社会进步的新儒学——"时代的儒学"。②

所以，要想解决好时代变迁发展过程中的思想认识问题，还必须回到对时代的正确把握以及对儒学的本质性认识。在中国文化的历史长河中，儒学一方面是作为一种学术、学问、学说的儒家之学延续至今，另一方面，它又往往以作为一种文化、制度、实体的儒家文明的面目长时间存在过，以至于人们在认识上总是把这两者混为一谈。基于儒学历史考察，杜维明先生指出，儒学，作为一种精神文化，其边缘化的趋势几乎难以避免，并断言在当代中国的背景下，儒学无法替代现有意识形态而实现复兴。这一观点与余英时先生在《现代儒学论》一文中的见解不谋而合。余先生曾精辟地论述道，儒学与制度之间的纽带已经断裂……

---

① 刘东超. 儒学与我国主流意识形态的建设 [J]. 思想理论教育导刊，2011（11）：54-59.
② 林存光. 论儒教作为一种文教 [M]. 北京：学习出版社，2017：49.

儒学在衰亡之后，仿佛成了漂泊无依的灵魂。倘若我们因此欢呼儒学的重生，那么，儒学将以何种途径来维系它的新生力量呢？其实，对复兴儒学的鼓噪，我们首先需要区分好儒学有什么用与复兴儒学有什么用这一问题，更进一步讲，我们在为中华民族有伟大复兴的契机和实现而振奋之时，要清醒地认识到"复兴儒学"甚至"复兴儒教"是不能同中华民族伟大复兴画等号的。

哈耶克曾经讲过："旧有的真理若要保有对人之心智的支配，就必须根据当下的语言和概念予以重述。"①这一观点同样适合于复兴儒学的主张，也就是说从应然的向度看，这一复兴应该从儒学的精华中探寻现代语言的阐释使之做出良性的转化或复兴。而不是不顾时代特点和社会需求一味地弘扬、宣传和推广，一厢情愿地形成一个显性的支配思想。很显然，在中华民族伟大复兴的历史进程中，文化的繁荣昌盛是不可或缺的一环，这要求理论研究领域需增强自觉性和主动性，以促成文化发展繁荣的高涨局面。鉴于文化在当今社会中的地位与作用日益凸显，如何全面审视中国文化的历史脉络、现状及其未来走向，如何深刻认识中国传统文化的儒学部分在历史上所扮演的角色及其在当代社会的价值，以及如何考量马克思主义与当代中国文化的发展关系，特别是如何处理当今社会生活中马克思主义信仰与国民日常生活中不自觉践行的儒家道德信仰传统之间的相互作用，已成为一个兼具重大理论意义与现实意义的课题。

文化如同流水，它既是流动的也是交汇的。对于"儒学"这一典型的中国文化符号，观察者的视角各异：有人视其为封建时代的社会意识形态，反之，有人则将其视为我国华夏文明的标志性成果。这种多样性

---

① [英]哈耶克.自由秩序原理[M].邓正来译,北京:生活·读书·新知三联书,1997年版,导论.

导致了对儒学现代地位、作用及价值的认识存在显著分歧。实际上，儒学是本质与现象的统一体，任何只关注一面而忽视另一面的做法都可能导致认识的片面性，进而在众多问题上引发思想分歧。这既反映了历史变迁的痕迹，也蕴含了对未来发展与更新的期待。对儒学能不能在我国现代化过程中再次复兴的问题，其实要辩证看待。儒学中的积极部分或者合理性共识自然能够为我们的现代化服务，发挥一种支援作用。可是就整个儒学来说，其发展到今天之前的历史，已经现实地证明了其作为封建时代的驭民思想体系，早已是过气的意识形态，不存在现代化问题，其与当代社会相呼应的部分或者与现代文明相协调的一些普适性内容，在今天需要我们去系统整理，发掘析厘，摒弃其传统形式，实现创造性现代转化，这才是当下儒学复兴需要我们开拓的空间。

但是，我们要认真分辨像"儒学复兴"这样的口号，把准其确切含义。尽管当今许多人都在讲"儒学复兴"，甚至还有马克思主义学者也表示认同。当然大家也能明白其并非意识形态上的认同，而只是一种于思想精华内容上发掘拓展性的适用性"复兴"。也就是说，这是限定意义上的认同使用。然而，细究我国当代思想文化格局观之，重视和加强对儒学的研究自然是学界职责，扬精弃糟、古为今用是功用方针。可是不能把"儒学复兴"上升为一种文化方针或者官方的文化口号，其不妥之处就是因为我们当下的思想文化状态是既有中华优秀传统文化，还有社会主义先进文化和中国革命文化，以及西方思想文化的渗透和存在的事实。所以，单独地号召复兴儒学并非明智之举。

（三）就民族复兴态势中的民族信仰底蕴来说，儒学自孔子创立以来，历经不同发展阶段，至今已有两千多年的悠久历史

其所蕴含的思想文化价值跨越时代、跨越地域，无不显示其对中国社会发展的深远影响，而且在世界文化舞台上，对促进人类文明的进步发展也发挥着重要作用。所以，今天我们谈儒学复兴，首先面临的一个问题就是如何正确地看待儒学。方克立先生曾经指出：儒学长期在中国古代社会占统治地位，作为意识形态的方面已经不适用于今天的需要。但它作为中华文化的重要代表，包含着中华民族认识宇宙、社会、人生的智慧，这些可以科学辨析，进行创造性转化和创新性发展，使之成为当今的思想资源。从一定意义上说，儒学亦为"人学"，其教人做人，倡导修身律己的成圣理想追求，要求善待他人、和谐人际关系，以仁礼德法兼修实施于治国理政，追求天下长治久安。这些儒学智慧成果多是可以批判继承、古为今用的资源精华，用复兴的方式来发展之，并非向传统的线性复归，而是在更内源性的方面实现现代转换的发展。这之所以成为儒学自身的问题——儒学在何种维度上使人重新思考其功用——主要就是因为改革开放的深入发展所引发的社会道德滑坡和信仰缺失现象的显性存在，使中国的有识之士重新来挖掘儒学在个人主体追求和德性修养方面的独特作用。儒学今天的复兴之势，重新成为多方关注的热点，这有历史传承的需要，但更需要切实地研究其中具体包含的现实内容部分。因为儒学在新的时代背景之下，其重新融入社会生活的程度及其可能性有多少？在什么条件之下，它才可以成为新时代有生命的思想及生活形式？对这方面现实可能性和时代条件的具体思考和把握，无疑是认识儒学复兴必须十分重视的一个向度。

　　信仰是对体现人生最高价值和社会最高理想的某种对象的极度信服和执着追求。有所信仰是人之本质，也是一个民族生命的延续。对任何一个民族国家来说，共同的信仰始终是民族团结统一，国家繁荣昌盛的精神支柱和力量之源。漫长的人类史一再证明，先有强大的民族凝聚力，才有民族复兴的可能。一般而言，共同的信仰是强大民族凝聚力的重要纽带。历史上因信仰支柱坍塌而丧失民族凝聚力走向灭亡的民族并不少见，中华民族能够历经千年而不衰，就在于我们的祖先们缔造了能够凝聚民族共识的绵延不断的信仰体系，其中以儒家思想为核心的信仰体系就是典型代表。尽管儒家信仰在近代逐渐走向了式微，但在挽救民族危亡中中华民族的有识之士找到了马克思主义的科学信仰，形成了救亡时期民族团结的旗帜，为中华民族走出亡国灭种的危机、走向复兴提供了源源不断的精神力量。

儒学是不是一种信仰体系的问题，在中国学术界存在着争议。早在新文化运动时期，知识界就争论过儒学是不是宗教的问题，这一问题直到现在还在争论。争论的焦点又多为是否承认儒教的存在方面。儒学是不是宗教与儒学是不是信仰体系是两个既有联系又有区别的问题。一般来说，承认儒学是宗教者，必承认儒学是信仰体系。否认儒学是宗教者也有两种观点：一种观点认为儒家学说是一种信仰体系。这种观点认为，自秦汉以后，儒家学说在"罢黜百家，独尊儒术"政治运动中击溃了其他百家，取得了一统天下的"独尊"地位。儒家学说建构了"天人合一"的宇宙观和以"仁"为中心、以"礼"为规范基础的社会价值观，引领着封建社会的价值取向。随着儒学教义在社会各个阶层日益普及，这一整套关于宇宙、自然、生命、人生的来源和意义支配着中国数千年士大夫甚至于一般民众的信仰和精神世界。其"舍生取义、杀身成仁"等关于生命的一系列看法在历史的风尘中被不断纯化、提炼，最终形成了中华民族的民族气节，深深地影响着中国人的生命观、价值观。一种观点认为，儒家学说不是一种信仰体系，中国从历史到今天没有出现过真正的信仰。学者邓晓芒就从信仰的定义或内涵来看待这个问题，他主张，信仰作为对世俗的超脱，展现的是对彼岸世界，特别是纯粹精神实体的坚信态度。对纯精神维度的信仰界定，是不因外在世俗生活的变迁而有所改变的。中国文人崇尚"为天地立心，为生民立命，为往圣继绝学，为万世开太平"，仅构成一种信念，而非信仰，因而不具备信仰的典型特质。其本质属于世俗范畴，非超验性质，关注的是此岸世界现实生活的追求，而非对彼岸精神世界的渴望。中国传统文化讲求玄之又玄的天道天理，也并未有超越性的意指，只是对于世俗性来说的，这意味着人类世俗生活自然要遵从一种伦理的规则。虽然天道天理相比仁、义、礼、智、信等概念更抽象，但它仅是信念范畴的一种体现，还不能归属到信仰之中。

我们比较赞同前一种观点。因为，说中华民族是一个没有真正信仰的民族在理论上和事实上都说不通。中西信仰观确是有很大的差异，但宗教信仰并非信仰的唯一形念，信仰是一个比宗教概念外延更宽的概念，宗教只是一种特殊的信仰。在宗教信仰之外，还存在着其他各种形态的世俗信仰，这在学术界基本上是一个已经形成共识的问题。在科学技术愈益发达的今天，世俗信仰的地位愈来愈重要。儒家学说虽然不完全是宗教，但它将忠、孝、仁、义、礼、智、信等作为社会价值评判标准并绝对化，而且回答了关于宇宙人生的基本问题。因而，儒学价值观能够成为一种具有浓郁伦理气息的信仰而深入人心。中国封建社会无数忠臣、贞妇、孝子、贤孙就是儒家学说的信仰者和实践者。

04 当代中国儒学复兴场域概述

　　儒学是中国传统文化的主干或者典型代表之一,其历史发展体现着中华民族文明成果的累积绵延和精神内化,熔铸成中华民族特有的精神气质,已渗透进中国人的血脉之中。尽管在历史的洗礼中儒学历经兴衰坎坷,但从未消极避世、暗珠潜行,总是在继承往圣绝学中代代弘扬发展,无论形式抑或内容,都完善着这一思想体系,使之拥有能影响"中国发展"的能量。

一、当代中国场域下的儒学复兴现象的辨析定位

今天，我们把"儒学复兴"作为一个文化现象或者文化思潮加以研究，首先要弄清楚其本源定位，其实它与欧洲"文艺复兴"、唐朝"古文运动"一样，只是历史地观察现象后的一种特定称谓，属于当代社会发展需要去倡导的思想文化领域的繁荣趋势。当然不同的是，儒学复兴是当今中国已经出现、经历了一定时间发展、当下正在发生越来越重要影响作用的事情而已。显然，面对儒家思想在中国封建社会的统治地位传统，现在儒学复兴不是要求人们回到古代去，也不是要求人们像孔丘一样"从周"恢复礼乐传统秩序，而是要将儒学论著中的精华加以提炼，尤其是那些至今仍有价值的部分，对之加以现代使用，以推进当下的中华民族伟大复兴事业。所以，虽然是儒学复兴，但是对儒学思想体系的态度是有分析地、有批判地、有所取舍地"古为今用"之举，自然要做到继承精华，弃其糟粕。因此，这种现实选择基础上的复兴实质上是一种"扬弃"。在此意义上的儒学复兴，一方面，是狭义的儒学发展症候，代表着现代社会条件的新发展，而且有走强的趋势；另一方面，则是广义的儒学精神实现时代创生的必经阶段，具有在原先对立否定的氛围中复苏并繁荣的意蕴，是真正陈旧躯壳的舍弃与本原思想的人性化复活相统一的过程。这源自中国特色社会主义的物质基础和以人民为中心的平等发展需要，也就是后小康社会的发展与儒学仁爱思想文化精髓的契合相吸。它表明在新时代中华民族伟大复兴的征程中，人的生活不但需要儒学这种中国本土的文化传统的精神关照和伦理调节，而且人的社会性更需要这种中国本土的文化传统在世界舞台上来表达、抒发中国特色的自信和优势。

儒学复兴是伴随着社会文化领域的"传统文化热""国学热"等现象而发展起来的儒学热潮的一种现象表征。它不再简单地归类到封建糟粕或者反动落后的思想之流，相反的是，以学术公允性来加以研究和弘

扬。尤其是在高等院校领域，儒学教学活动、研究成果愈发成为"民族学术"的代表。官方也开始重视其在社会治理方面的资源性作用，其在道德教化和文化传承方面的作用不断被提及或者要求强化使用，以致在中国出现"以德治国"之国策和"和谐社会"之目标构想，这也被许多儒学人士欢呼为孔孟之道在今天有了重新加以肯认的机遇。民间则越来越将儒学视为中华文化的核心，在新的时代发展中纷纷以寻根"中华精神家园"为主旨，形成了传统文化热潮和"国学"新兴学科。进入新世纪后，学界研究更加深入，官方对儒学的倡扬更为明确，民间儒学活动结合当地文化资源不断拓展，影响越来越大。①

在此背景下，本书首先谈及的儒学复兴现象，应从儒学复兴现象形成的一种场域氛围开始研究，故而专指作为学术流派存在的"儒学复兴"。因而，如何在当今把握好"儒学复兴"的时代际遇，如何像对待其他传统文化一样，取其精华，弃其糟粕，如何实现儒学的文化层面的创新性发展，特别是面对思想文化领域的一元主导和多样并存的现状，如何将儒学的道德教化、人文关怀和文化传承作用引导到凝聚共识、坚持马克思主义信仰的大道上来，这是时代发展提出的亟须解决的课题。就本书的核心问题而言，旨在以儒学思想的一些基本内容进行现代化的诠释，赋能马克思主义信仰的思想引领，以治理当今社会出现的欺诈不诚、拜金短视、以感官物欲为至高追求的个人主义、功利主义等不良现象。作为一种思想流派，儒学的仁义礼智信道德哲学能够充实马克思主义的人文内涵，为社会主义思想道德建设供给充裕的传统文化支撑与资源要素，能在当今社会发展中发挥积极的教化规范作用。我们应该看到，儒学具有积极入世的本质，进取的精神追求，注重功利同时也注重伦理道德的

---

① 程志华. 论近30年来儒学复兴的四个向度[J]. 东岳论丛，2017（10）：54-61.

现实情怀。这对于我们的社会主义精神文明建设有着深刻的借鉴意义。

从宏观视角审视,儒学是一套由孔子所创立,历经数代学者持续补充与完善,在中国绵延数千年的思想理论体系。对于儒学,学术界还存在着多种定义内涵。但共识之处在于其是在中国历史发展中从诸子学说中逐渐取得主导地位的,尤其是主导中国封建时代的一种关于道德伦理、政治和教育的学说,其核心思想就是成人成圣的教化之道,特别是在修身律己、理想人格、人际交往、和谐关系,进而在仁政德治中完成家国治理的一个"人学"理论体系。所以,从这个角度上说,儒学是我国的"国学"当之无愧,它是我们中华民族昔日赖以生存与发展的根基,蕴含着中华文明的精神遗传密码与价值底色,成为中国文化根本精神价值的载体。而且,自孔子起儒家就自觉地继承着夏、商、周三代的文化,汇聚起博大精深的思想基础,并以入世的态度不断实践这些思想智慧。在不断地发展变化中儒学经历了不同阶段,起伏转折为常态。因而,复兴之说是相对于占主导地位的封建时代而言的,具体来讲,就是在中国近代封建王朝没落崩溃中,与西方列强的入侵相伴而生的复兴儒学主张,实质上是中国发展之路的中西之争。

自1840年鸦片战争爆发以来,中国经济、政治及文化等诸多领域均遭受了前所未有的巨大冲击。一些先见之士,开始思考中西差距,探讨中国被动挨打的原因。于是,中西之学的关系问题被提上日程,人们不断地向西方学习,引进西方的技术、思想、文化、制度,图求民族振兴。可是,西方之学并未让中国心想事成。反而,第一次世界大战将西方的资本主义反动本性暴露无遗,直接刺激进步人士冷静反思其中的缘由,终于眼睛向下,立足本民族实际,发掘本土儒学智慧,以此揭开了儒学复兴之论争。当然,关于中西文化之争并未停息,特别是五四时期,在内忧外困中大论战此起彼伏。虽然主张西化一派占据上风,但是对于本土文明的肯定之声也渐强。随后在日本侵华日甚的民族危机中，思想界、学术界围绕中国本位文化的建设出路问题进行了广泛讨论，同西化派争论的代表性文章多达160多篇。此次争论所涉内容之深，前所未有，不仅对比了中西文化的特性，对全盘西化论进行了批判，还深入剖析了文化与政治经济之间的联系，以及文化的民族性与世界性之间的相互关系等。这些深度思考至今仍是有意义的。在中华人民共和国成立后，马克思主义被确立为党和国家的指导原则，随之而来的是马克思主义信仰教育的广泛推广，遍及大江南北，如火如荼，自然而然儒学作为封建意识形态也被归入落后思想的边缘化状态。而新儒家人士则主要在中国香港、中国台湾地区致力于儒学复兴研究，并向世界阐述和宣传中国思想文化基本主张及其内在价值，打破西方对中国文化的偏见，为中国文化正名，研究也取得了许多有影响力的思想成果。随着中国改革开放的开启，海外新儒家学者如林毓生、余英时、金耀基、杜维明、成中英等人的著作日益丰富，成为推动儒学复兴思潮的重要外部力量。在此影响下，国内的儒学研究也逐渐活跃起来，再次开启了儒学复兴的帷幕。所以，儒学复兴思潮其实是一个长时段的、人众点多的起伏波折之过程性综合现象，其一般聚焦于历史变革关头的发展走向，用儒学独有的见解来引发思考，提供破局之见。

从具体思潮探讨论域来看，儒学复兴代表的是儒学的兴旺发展之势，不但在当今我国学术界是研究的热点之一，也在当今日新月异的发展中回应时代问题，并以我们的实际生活正在发生的事件的方式呈现着。回顾儒学开始走上复兴的历程，是从我国改革开放开始的，它总是与国家发展的大趋势相伴而思，与中华文化的复兴同步，更是中华民族伟大复兴的必然结果。儒学复兴呈现多元化，异彩纷呈之势。民间传统文化的发展氛围趋热，呼应着国家对传统文化的重视，特别是对儒学育德资源的倡导，使儒学复兴不但成为现象事实，而且形成一种场域氛围，或者说形成一种基本的学界共识。其预示着儒学复兴既要承继中华文化传统的生命力延伸，又要在当代中国发展中思考文化自信的立足点问题，这是中国学人对全球化时代应有的一种文化自觉和理论自觉。

据资料统计，关于儒学复兴的症候可以从以下几个方面来彰显。从1978—2008年间，聚焦儒学研究共召开了204次学术研讨会，学术成就颇为显著；国际儒学联合会专注于儒学推广及高峰论坛等活动的举办。自2004年起，孔子学院在全球范围内相继设立，促进了教育与文化的国际交流；《儒藏》编纂项目得以启动，历朝历代儒家典籍及儒学大家全集相继面世；中国高等院校内，国学讲座与培训课程盛行；各地区儒学学术活动亦接连不断。展望未来，中国儒学的复兴趋势将迈向系统化、现代化、普及化、信息化及制度化的方向。[①] 目前，学术界成果更是国内外遥相呼应颇为壮观，如国外儒学复兴之风的初始代表性作品包括：约瑟夫·列文森（美国）的《儒教中国与其现代命运》、杜维明（美籍华人）的《儒家传统与文明间对话》、窦宗仪（美籍华人）的《儒学与马克思主义的结合》以及贝淡宁（加拿大）的《东西方相遇》与《中国新儒家思想》等，这些作品着重于从全球视角探讨中西文化间的文明对话与融合议题。国内方面，主要代表作有张岱年的《中国文化概论》、庞朴的《二十世纪儒学通史》、崔罡的《儒学与现代社会系列：新世纪中国大陆新儒家探究》、李维武的《近百年儒学形态与功能变迁的总体趋势与基本过程》等，这些著作均系统地梳理了在中国背景下儒学的复兴过程及其发展规律。[②]

---

① 梁承武.中国儒学复兴运动的发展与前景[J].杭州师范大学学报（社会科学版），2010（2）：10-18.
② 周琪.当代儒学复兴思潮与马克思主义中国化[D].厦门大学，2019：2.

二、儒学复兴场域的形成及其特征

近年来在国内外综合因素的推动下,儒学复兴思潮的高涨之势日显,不但针对社会领域出现的精神空虚以及信仰淡化等现象时弊,提出了儒学解决方案,还逐步成为国内思想界中一股活跃的力量。当代中国的儒学复兴,不是空穴来风,首先是学术资源的传统魅力使然,也是在学术研究者的推动下其内在理路的现代化跃迁需要和解答社会现实需要的功用使然,更是现代化与民族特色共同强调的文化底蕴显现。它在我国强调文化自信和推进中华民族伟大复兴的关键时期凸显,无疑是个时代性的大事。儒学复兴对于我们在民族精神的激发中增进对传统文化根脉的重视,以此抵制发展中的"西化"渗透,建构中国文化软实力都有重要作用。所以,儒学复兴既表现为自身思想价值的新阐发、新发展,又因其在国人传统文化心理底蕴的特殊性而呈现出一种场域态势。从场域角度来看,儒学复兴在发展中表现出了如下特点:

(一)儒学复兴的形成具有由外启内的发展性反思特征,直至形成一种场域现象

随着我国改革开放的推进,日本、韩国等邻国的经济发展奇迹,让我们看到作为儒家文化圈的新兴国家,他们在保留传统文化的基础上,顺利地实现了现代化和经济腾飞。这充分说明传统和现代化之间并不是对立的关系,传统文化可以以自身的民族特色和心理惯习优势为国家现代化提供助力支持,特别是为发展中日益提升的国民精神需求提供本民族专有的信仰支撑和价值范导。中国的现代化之路同样需要民族传统文化的滋养,并寻求中国人特有的精神家园之安顿心灵慰藉,这正是文化的功能使然,也是民族自信的增进。基于此,传统文化中的主干——儒学呈现复兴迹象——既是"民为邦本"发掘出"以

人为本"理念的思想渊源，也为新时期"和谐社会"的构建提供了启发资源，这种呼应人心的普适性特点，在崇尚竞争和追求发展中进一步催化了儒学热潮。

（二）儒学复兴场域带有明显的文化圈层闭环特征

当前的儒学热突出表现在文化领域中，属于因过去备受否定和打压后的学术反弹。故而，儒学复兴趋热首先表现为遍地开花的多类形式，从民间的儒教传统到生活儒学的倡导，从超越制度儒学到实践儒学的转型，再加上原有的政治儒学与大众儒学分野等。但是，我们重点研究的儒学是与现代化相对应的形式。放到历史视域中来看，它是传统文化的主干，又因形式或理念与现代社会之异产生了所谓的传统断裂现象。一般而言，"传统断裂"这一概念中的"传统"，指的是与现代化进程相对立的传统文化，它至少涵盖三个维度：政治制度层面（即制度本身）、文献典籍层面（代表思想观念）以及世俗观念层面（体现风俗习惯）。[①] 因此，从这三个层面来分析今天儒学复兴的归类，可以用书斋儒学、平民儒学和政治儒学来称谓。书斋儒学顾名思义是致力于经典文献阐扬与现代化应用，而平民儒学则是探寻儒学世俗功用的现代化转化，有重建和复兴的巨大需求，政治儒学则把复兴放在了政治层面上。[②] 正是这种官民学三方推进的形势，使得儒学复兴逐渐在当今国内形成一个场域的局面和氛围。

---

① 张志伟.断裂与兼容——儒学复兴面临的困境[J].中国人民大学学报，2007（1）：14-20.
② 李永富，岳晗.儒学复兴初探[J].长春工程学院学报（社会科学版），2011（1）：5-7+11.

（三）在儒学复兴的场域中，其表现出来明显的层级化特征，简单梳理这些特征有助于我们清晰地把握儒学复兴的走势以及如何在功用方面将其最大化发挥的问题

目前儒学复兴场域的特征可以从以下两个维度来看。

第一是平民儒学的维度，体现出明显的文化传统底蕴色彩，传承特点明显但没有显性和系统样态，属于中国人特有的修齐治平思路逻辑的外露，所以，民间尚习儒学以致兴起是最为自然，最为本能之举，也最为彰显渴求培育向上向善的精神风貌。公众普遍渴望儒学的化育功能和人性调节引导优势，对其评价日趋正面；普遍追求公序良俗和安身立命之道，对君子人格的认同以及在人际关系领域的孝悌忠信礼义廉耻等规则的肯定，再加上家庭层面的家训家教家风的现代弘扬，都促进了对儒学的认识。而且民间兴修文庙，重塑孔子像，祭孔重学普及开来；还出现了成人、儿童的读经班、童学馆等现象。

第二是学界儒学的维度。学界的儒学研究一方面表现出思想资源去粗取精的学理化传承延续特点，由散落星点片段之语论说，逐渐走向体系内容的与时偕行，当然在呼应民间儒学需求的过程中，复兴呈现出慢热的状态。另一方面也因为中国近代历史的特殊际遇，儒学复兴在学界研究者的谨慎论说中明晰出自我的学术边界，刻意回避封建历史主导意识形态的旧身份。所以，学术圈内交流特点明显，学科意识强烈，在更慢热的状态中逐渐走向复兴，这是时代和社会情势造就的。学者在问题意识的研究指引下逐步将儒学的积极作用加以发掘，当然也清楚儒学作为学术思想主张在意识形态方面复兴是绝对不可能的，但在学术流派、伦理精神和生活层面复兴儒学是有可能的。这一点自20世纪80年代中期开始至今的儒学复兴历程清楚地表明，最初始于杜维明教授的倡导，此后陆续在新加坡、马来西亚、美国等地举行的国际儒学研讨会与文明对话会不断扩散影响，让儒学故乡的我们看到了儒学作为国际思潮的积极作用；随后在每两年一次的国际中国哲学会年会上，对儒学的讨论日益增加，甚至出现了主张中国哲学重建进而建构当代新儒学体系的观点，这些推动了当代新儒学的理论建设与世界性影响；国际儒学联合会、中国孔子基金会主办的一系列纪念孔子诞辰暨儒学的国际研讨会或"儒学高峰论坛"，对新时期中国场域下的儒学普及与复兴起了举足轻重的作用；随着学界讨论的兴起，在中国高校如中国人民大学、清华大学、北京大学、山东大学、武汉大学等多所高等学校也建立了孔子研究院、儒学研究院、国学院等，这样就形成了国际学术研讨会、儒学研究常设机构、学术丛书出版发行相辅相成的儒学复兴的学术支撑圈，对于儒学的深入研究、普及作用极大。随着理性探讨这一复兴论题的深入，也涌现出了许多代表性研究成果，并在思想界产生了相当的影响力。如：商务印书馆出版的《儒学的复兴》，汤一介的《关于儒学复兴的思考》，李光佛的《儒学复兴路线初论》，梁承武的《中国儒学复兴运动的发展与前景》，姜林祥的《儒学复兴新论——兼谈中国文化发展的路向》等。

（四）儒学复兴在官方认可的氛围中开始具有日益明显的双重属性，即文化属性和政治属性

名副其实的儒学复兴场域最终形成是儒学在国内得到官方的肯定和认可后才得以确证。以习近平总书记的三个重大活动讲话为标志，中国儒学复兴场域呈现出繁荣气势，高扬了民族自尊和文化自信的底气，也开启了民族文化的自觉创新发展大幕。其一，2013年11月，在视察曲阜期间，习近平总书记明确倡导要大力发扬中国的传统文化。其二，在2014年2月24日，中央政治局第十三次集体学习时，针对中华优秀传统文化的精髓，习近平总书记着重指出，应深入发掘并阐释其蕴含的

"讲仁爱、重民本、守诚信、崇正义、尚和合、求大同的时代价值"[1]，让中华优秀传统文化成为滋养社会主义核心价值观的重要源泉。其三，2014年9月24日，习近平总书记参加了纪念孔子诞辰2565周年的国际学术研讨会开幕式，并在会上发表讲话，对儒家思想的历史重要性及其在当代的价值给予了明确的肯定。通过总结提炼，以仁爱、民本、诚信、正义、和谐、大同的价值观来彰显和认可中华优秀传统文化，这一观点在学术界获得了广泛认同，准确体现了传统文化的卓越基本面。继此之后，2017年1月，中共中央办公厅与国务院办公厅联合发布了《关于实施中华优秀传统文化传承发展工程的意见》。党的十九大报告提出，继续围绕"建设社会主义文化强国"目标，以"中华民族五千多年文明历史所孕育的中华优秀传统文化"为当代中国特色社会主义文化的接续源头，在"坚守中华文化立场，立足中国现实，结合时代条件"中做好文化建设，通过实施创造性转化与创新性发展的策略，中华文化不断迈向新的辉煌，充分展现了全党全国人民坚定的文化自信。报告再次强调了中国共产党在文化领域的双重角色："既是中国先进文化的积极引领者和践行者，又是中华优秀传统文化的忠实传承者和弘扬者。"[2] 这些认识和提法都是对于作为中华民族传统思想文化主体的儒家文化的正面倡导，开启了儒学复兴真正的时代礼遇，自然也为儒学研究的深化和拓展，为儒学精神生命的光大开辟了广阔空间。

以儒学为主干的中华优秀传统文化，不但蕴藏着当代人类难题的出路启示，而且启迪人们认识和改造世界的路向，对我国社会建设来说，

---

[1] 习近平新时代中国特色社会主义思想学习纲要[M].北京：学习出版社，人民出版社，2019：147.

[2] 习近平新时代中国特色社会主义思想学习纲要[M].北京：学习出版社，人民出版社，2019：146.

"可以为治国理政提供有益启示，也可以为道德建设提供有益启发"。①对于构成中华民族传统思想文化主体的儒家文化，人们的评价正逐渐转向更为积极的层面。"阐旧邦以辅新命"也必然成为儒学研究者的文化自觉和使命担当，故而传统文化研究中儒学的研究也得到了长足的发展。这突出体现在从国家到各个省（区、市）的哲学社会科学课题中，从儒学切入，进行相关弘扬中华优秀传统文化的课题探究，越来越在量上出现上升趋势。这是时代唱响的"善用儒家文化的精华，善用中华优秀传统文化"的号角。也就意味着，儒学在创新性发展和创造性转化后，其中的资政育人功能和价值仍有意义。"发挥文以化人的教化功能，把对个人、社会的教化同对国家的治理结合起来。"②这种官方相应方针政策的倡导，使文化建设领域形成的儒学复兴场域成为事实。

（五）儒学复兴应有严格的场域界限，而不能越界

儒学复兴发展的态势表明，其也仅是一个场域氛围的形成，而不能将这种儒学复兴的发展势头无限放大，无限推崇，更不是独尊儒术，更不是要回归过去儒教礼制形式以恢复儒学封建时代的国家意识形态身份和功能。就政治儒学的发展而言，也在复兴过程中，出现了一些不一样的声音。特别是近年来"国学热"的高涨，出现了对儒学崇拜近乎痴迷的境况。以蒋庆、康晓光、陈明为代表形成了所谓的"大陆新儒家"，他们自称要从中国思想版图中的"边缘"走向"中心"，通过著作、杂志、网站、演讲等形式扩大声势，极力主张在中国大陆建构"政治儒学"，

---

① 习近平新时代中国特色社会主义思想学习纲要[M].北京：学习出版社、人民出版社，2019：146.
② 习近平在纪念孔子诞辰2565周年国际学术研讨会暨国际儒学联合会第五届会员大会开幕会上的讲话[M].北京：人民出版社，2014：5.

实施"儒教宪政",主张通过"贤能政治"来积极入世,因而成为多元社会思潮最为活跃的一支,其政治儒学构想,极易吸引那些过于迷恋古代传统的人幻想丛生,这在某种程度上削弱了人们对中国特色社会主义道路的信心,并促使国外敌对势力借机诋毁我国的社会主义制度,以及丑化中国共产党的形象,在很大程度上混淆真相。对此,我们应该引起足够警惕并给予驳斥和回击。

另外,值得注意的是,当前,一部分传统儒学的复兴倡导者不再仅仅满足于消极地论证儒学存续的"必需性",而是转而积极地宣扬儒学价值的"普遍性"。亦即以儒家文化为代表的中国文明主体性的诉求,其不但认为儒家价值理念可能可以对治当代中国问题,甚至可以对治欧美等西方国家因现代化带来的时代病症,是能够抵制西方普世价值的"儒学普遍价值"。这种认识尽管是一种民族文化自信的表现,同时带有主动创新应对的意味,但是儒学的这种主动应对引发的复兴态势,只有不惧内外部的批判与质疑,给出自身独有的解题思路,才能立足当代中国持续发挥价值创新的功用。这个工作不是一蹴而就的事情,还需要众多的努力方可成行。

总之,儒学复兴是伴随着中国现代化的成功和迅猛的经济发展而复苏的,是中华民族的整体复兴的一个重要组成。从当代儒学复兴的各种迹象看,复兴就是一种自有生命力的开显,虽然复兴态势仍需要学界的发掘与助力,但说明儒学自身的理论品质与文化个性符合生命的本性,为人性所必须,复兴之必然在所难免。但是,复兴之举,离不开官方推动的平台效应,离不开学界群体的助推,以及社会文化氛围的烘托构筑基础。然而最根本之处不能忽视,中国场域的儒学复兴是伴随中华民族的复兴和重新崛起的与时偕行,呈现的是其引发的国民文化自信提升和文化认同趋强的综合景观。

三、儒学复兴的多角度认识及其实质性把握

从复兴所形成的场域时代背景观之，儒学复兴契合着中国现代化进程中的中华民族伟大复兴大势征程，是新时代弘扬优秀传统文化的一个重要体现，也是其自身积极意义价值的新阐发，复兴带来的创新发展是值得肯定的。然而，每一种思潮均根植于其独特的社会物质基础之中，同时以其独有的方式深刻影响着社会的运行轨迹。这种影响不仅蕴含着推动社会进步与发展的积极动力，也可能伴随着主观意愿的延伸，不经意间跨越了既定的界限，以致保守消极面的回归引发滞阻现象。因此，必须清醒地把握当前儒学复兴思潮的实质，以一分为二的视角来辩证审视其表现出的方方面面，将精华予以发掘使用，将糟粕予以剔除摒弃，坚持完善马克思主义在意识形态领域指导地位的根本制度，以儒学复兴的资源挖掘来充实和加快马克思主义信仰建设，深入探究融合创新机制，最终形成在思想建设领域的儒学与马克思主义的良好互动，彰显其复兴应有的价值。

从儒学复兴的实质来看，其作为中华传统文化的典型代表通过在思想文化领域中的继承与发扬来示人以功，就儒学复兴的展现方式而言，它往往通过学术儒学与文化儒学这两种相辅相成的形态，生动地诠释了当代儒学"在场"的活力与复兴的壮阔景象。对当今新时代方位下的社会文化转型而言，学术儒学和文化儒学对社会文化与社会思想所起的作用是明显的，这也构成了儒学未来发展的基础。所以，儒学在复兴的过程中既体现了儒学自身文化资源的涵养功能和民族认同、中国根性的文化优势，又带有历史惯性的"文化守成"一面，也即其在复兴过程中必然还要带有一定程度的中国封建社会的主导意识形态成分。所以，今天的儒学复兴只能是其中有益文化的复兴，是其中精神精粹的复兴，是理性辩证创新性发展的复兴。故从学科内容来看，儒学本质上深植于对人类作为伦理与道德主体的深刻洞察，其思想体系的核心广泛而深刻地围

绕伦理价值与道德规范展开，正因如此，儒学被广为赞誉为一个以伦理教化为核心精髓的学派。于是，"仁、义、礼、智、信"成为其普遍推崇的伦理道德价值，人与人的关系也化约为君臣、父子、夫妇、兄弟和朋友等"五种"并以"父子有亲、君臣有义、夫妇有别、兄弟有悌和朋友有信"来规范这些关系。当然，在追求伦理道德的崇高境界中，"仁"无疑是儒学最为显著且具代表性的普遍价值理念，它犹如一盏明灯，引领着儒学思想体系的光辉航向。故而，儒学，这一融合经典智慧与人文关怀的学问，不仅深邃地探讨了生命本质与生活艺术，更是塑造人格、成就万物及崇尚德性的不二法门，其精髓直抵人心，实为贴近每个人生命体验的学问。在根基之处，儒学超越了单纯的经典阐释，它深深植根于中国人的文化心理脉络之中，成为民族灵魂的有机组成部分。

  作为生命的学问，儒学还成为一种信仰。其对于天与天命的虔诚信仰，以及对鬼神世界的敬畏之心，与其深刻的人文主义精神、积极的入世态度以及超脱的出世哲学，巧妙地交织融合，共同构成了其思想体系中既统一又多元的独特风貌。儒学中的天命信仰与个人和社会生活的完善是统一的。从天人同德的生命理性到超验世界的情感和体验，儒学深刻体现了对人类自身生命本质的深刻反思，视之为人类存在之根本使命，这份使命感凝聚成一股不可抗拒的力量，化作对人类命运深切的悲悯与关怀之情，流淌在儒学的每一个思想脉络之中。在这种博大的情怀与不懈的追求中，儒学不仅致力于个人自我生命的丰富与圆满，更将目光投向了更为广阔的人类社会，关注着如何共同构建一个和谐、良好的生活图景。以"中庸"和"和而不同"为践行美德的方法原则，既讲求处事待物的适度精义，又在避免极端和片面的误判与曲解中，平衡协调差异性以达到和谐的境界。将之应用于人与自然和万物的关系方面、人与社会、族群与族群的关系方面以及一个人自身内部的身心关系方面。实现"万物并育而不相害，道并行而不相悖"的至高和谐之境，不仅是其构建理想国家与天下的宏伟目标，更是实现这一目标的根本途径与方式。在这一理念的指引下，儒学致力于描绘一个内外兼修、和谐共生的理想社会蓝图。另外，儒家还尤其注重个人的身心平衡，并发展出了一套修身养性的心术之法，即道德上的自我充实和自我完善，进而通过一般所说的"修齐治平"过程把自我与社会和政治紧密结合在一起，最终实现"达则兼济天下，穷则独善其身"的"内圣外王"境界。这是儒学所提供的一贯性思维和信念。故而，儒学浸润成为社会伦理的长久资源，其不但集约重塑了中华文明的价值，而且在漫长的历史过程中熔铸成了中国人的国民精神。

从儒学复兴的通常做法来看，其是立足于当前的社会现实，去除其历史特殊性的外衣，对民族文化中蕴含的普遍性价值资源进行深度挖掘与提炼，同时紧密结合当前中国社会发展的实际需求，开展具有鲜明时代特征的转化与创新工作，以焕发其新的生命力与活力，从而展现其当代价值的科学复兴。这种复兴必须是在马克思主义指导下的儒学文化的复兴，必须是与社会主义先进文化同向同行的复兴。复兴意味着时代发展中的丰富和创新，而绝不是回归，并不是典籍、概念和命题的直接取用，更不是复兴所有典籍、语录和规训习俗。因此，儒学复兴场域的形成绝不能是以儒学复兴来取代现行的指导思想，更不能上升成包治百病的文化至上主义的儒学，而是要以能够带来体现现代人文关怀价值的资源发掘引致的复兴，是与传统儒学标识出明确界限的并为今天中国大众所体认的新发展儒学。儒学并非现成摆在某处的一种客观的知识系统，而是因应时代变化而不断自身创造着的活的思想和文化精神，其"知识形态"的本位是儒学的当下现实，供人民比较、研究及理论上借鉴是其知识理论体系的价值性体现，但要超越当前中国的经济、政治的现代化发展而提升为一种终极目标则是虚妄不切实际的。因为从其原发点到上升为一种信仰，需要经过对立面的合理扬弃自身的矛盾运动，尤其是作为一种文化，其需要首先超越的就是其得以存在的社会经济基础，只有摆脱掉其身上固有的封建自然经济的时代烙印，儒学才能适应现代化的大势，才能从整体性上发掘"群体""入世""家国""道德""自律""天人""圣王"等的理想性价值，从而发挥在这些层面上人们身体力行的信念支撑意义。

另外，目前，在当下的中国社会文化景观中，西方文化的思潮广泛渗透，影响深远，以至于许多国人倾向于追随西方文化的引领，这早已成为无法忽视的现象。儒学复兴现象得以力行的一个重要缘由就在于它强调儒学对现代性文化之负面效应的医治和匡正作用。儒学，作为中国文化历史长河中的璀璨主导，不仅承载着深厚的文化底蕴，更具备着对抗外来文化冲击的天然合法性与内在韧性。其独特的理论品质，犹如一道坚实的屏障，为抵御西方文化的过度渗透提供了天然的免疫力。儒学的复兴，不仅是对抗西方文化侵袭的有力武器，更是解决西方文化所面临的现代性困境的一剂良方，展现了其跨越时空的智慧与价值。所以，居于主导地位的马克思主义与儒学的相互融通，不仅源自挺立中国文化主体性、维护文化多样性的迫切需求，更是应对全球性西方文化"现代性"困境、探索人类社会发展新路径的必要之举。这种融合不仅是理论上的相互借鉴与补充，更是实践层面上对人类社会发展的深刻洞察与共同贡献，也终将助力于马克思主义在意识形态领域主导地位的巩固和认同。

四、复兴态势下的儒学与马克思主义的关系新路向

从社会思潮的作用关系来看，儒学与马克思主义的关系是复兴过程中绕不开的关键问题，处理好二者之间的关系是当今思想领域中的一个迫切问题。有的学者甚至指出，当前，儒学与我国主流意识形态之间的关系已发展到一个关键节点：若未能从根本立场与基本方法的高度上厘

清二者之间的界限与联系，不仅可能引发错综复杂的理论纷争，甚至可能催生出诸多荒诞不经的观念在社会思潮中蔓延；若缺乏在宽容、会通及良性互动的框架内对二者关系进行调适的智慧，则可能在社会实践的层面上诱发难以预期的矛盾与冲突。鉴于此，以清醒的头脑和理性的态度来妥善处理儒学与主流意识形态之间的关系，不仅具有深远的现实意义，更显现出不容忽视的紧迫性。①

因此，一方面，我们应该看到儒学在某种程度上与马克思主义在信仰层面上均具有精神凝聚作用，尤其是儒学与中国古代社会的信仰系统具有一种"同途而殊归"的内在关联性，它能够切合、转化、升华和引领社会和民众精神生活，具有不同于一般宗教的普适的教化意义。另一方面，我们还应该看到，在当前"儒学热"盛行的独特情境下，我们迫切需要采取理性态度，谨慎地探求儒学复兴的可行路径。切不可将儒学的浩瀚经典与教条视为僵化不变的金科玉律，盲目崇拜与全盘接受，这种做法非但无益，反而有悖于时代进步的精神，实非明智之举。而且儒学诚然是中国文化的重要组成部分，但绝不应将儒家文化看作是中国文化的全部内涵。中华优秀的传统文化，作为在党和人民的伟大革命及实践中孕育出的革命文化与社会主义先进文化的基石，它"蕴含着中华民族最深层的精神向往，并象征着中华民族独一无二的精神特征"。现今中国所彰显的文化自信，其根基牢固地建立在中华优秀传统文化的传承与发展之上，这是毋庸置疑的。然而，文化自信的内涵远比这更为丰富，它还包含了对革命文化中勇往直前精神的自豪感，以及对社会主义先进文化在开拓创新方面所取得成就的坚定信心。

中华传统文化的广袤天地中，还蕴藏着道家、墨家、法家等多元思想的光芒，以及诗词歌赋、书法绘画、戏曲音乐等艺术形式的璀璨瑰宝，共同

---

① 刘东超. 儒学与我国主流意识形态的建设 [J]. 思想理论教育导刊，2011（11）：54-59.

编织了中华文化的绚丽画卷。因此，在弘扬文化自信的过程中，我们需以更加开阔的视野，全面而深刻地认识并珍视中华文化的多样性与整体性。倘若模糊了弘扬优秀民族文化与单纯复兴儒学之间的界限，且未能清晰辨别在马克思主义科学理论指引下，对传统文化进行批判性继承与综合创新的差异，与无原则地全盘接受传统、甚至贬今扬古之间的根本差异，则可能导致文化发展方向的偏离与认知的混乱。这是极其错误和危险的做法。所以，面对复兴态势发展的儒学，将如何处理其与我们的指导思想——马克思主义之间的关系，学术界有不同的观点和声音，这需要我们必须清醒地把握每一种观点背后的实质，以助推社会主义现代化建设和中华民族伟大复兴事业。目前，就儒学与马克思主义的关系主张，较有代表性的观点如下：

第一种是蒋庆的"天道""私说"观点。从生源于民族正统文化的角度，他认为："马列主义……是个别思想家用理性构想出来的概念系统，与世界的实相（真实存在）无关。""儒学是千百年来中国古代的圣贤们一代又一代对天道体验的总汇。"儒学因而具有神圣、普遍的永恒价值，在这一点上马列主义则不能比。所以，"儒学理应取代马列主义，恢复其历史上的崇高地位，成为当今中国大陆中华民族精神生命的正统"。①

第二种观点是关于儒学与马克思主义并重的观点，其核心在于深刻理解并确认马克思主义作为中国主导意识形态的坚不可摧之地位，它指引着国家的政治架构与治理方略，是国家发展方针政策的现实基石；而儒学，则被视为中华民族的文化瑰宝与灵魂支柱，它深植于历史长河，规范伦理道德，守护风俗习惯，支撑精神信仰，维系着民族的身份认同与深层文化记忆。此说并非意在权衡二者之轻重，而是强调它们各自承载着不同但同样重要的使命：马克思主义侧重于现实治理与社会进步的

---

① 蒋庆.中国大陆复兴儒学的现实意义及其面临的问题[J].鹅湖，1989（8，9）.

需求，儒学则更多地承载着历史传承与文化认同的责任，二者相辅相成，共同塑造着中国的现代面貌与文化底蕴。① 所以二者不分主次，侧重点在各自作用不同而已。

第三种观点来自方克立先生，他提出以马克思主义作为"核心指导思想"，而将儒学视为"辅助性思想资源"的论断。他认识到当代中国马克思主义在理论与实践的深邃探索中，已探寻出一条独特的路径，有效处理了马克思主义与儒学相互融合与共存的问题。无论是构建中国特色社会主义理论的宏大框架，还是奠定社会主义核心价值体系的坚实基础，均深刻汲取了包括儒学在内的中华优秀传统文化的精髓，使之成为推动时代前行的智慧源泉，实现了古为今用的深刻实践。这一过程的核心要义在于，始终不渝地坚持马克思主义的指导地位，使之成为引领方向、凝聚共识的主心骨。在马克思主义与儒学之间，建立了一种主导意识与辅助意识相互补充、相互促进的和谐联系。在这一联系框架下，马克思主义作为唯一主导的地位变得愈发明确且稳定，就越能展现出其海纳百川的包容性，不仅积极拥抱传统文化的深厚底蕴，也广泛吸纳外来文化的先进元素，实现文化的综合创新，让中国特色社会主义事业在时代浪潮中保持蓬勃生机，不断与时俱进，开创辉煌篇章。②

以上三种观点，其实从表述可以看出，其正误之别已十分明了。蒋庆从思想产地来判别儒马的地位和功能，还是传统"华夷之辨"的旧说法。而将儒学和马克思主义并重看上去两不得罪，但是已经将儒学大而化之了，这不符合中华优秀传统文化之发展事实，而且无视当代中国的

---

① 郭沂. 国家意识形态与民族主体价值相辅相成——全球化时代马克思主义与儒学关系的再思考[J]. 哲学动态，2007（3）：3-13.
② 方克立. 关于马克思主义与儒学关系的三点看法[J]. 红旗文稿，2009（1）：27-29.

马克思主义指导思想地位,只能是回避问题的做法。方克立先生的论述深刻地揭示了当代中国思想领域的一个基本事实:在马克思主义牢牢占据主导地位的思想格局下,儒学作为源远流长、底蕴深厚的传统资源,其角色被赋予了新的内涵——作为辅助性的思想元素,在推动社会进步与文化发展中发挥独特作用。此种定位不仅彰显了坚定维护马克思主义指导地位的态度,同时也体现了对中华优秀传统文化精髓的尊重与承继,共同构筑了多元共生、和谐共进的思想生态。所以,基于以上认识,儒学与马克思主义的关系问题就可以表达为儒学复兴场域的形成,其不仅对当前思想领域多元化趋势的加速发展产生影响,并对马克思主义作为主导意识形态的地位造成了一定程度上的冲击。但是从社会思潮的引领和民族共识的凝聚来看,必须加强马克思主义信仰建设,利用好儒学复兴资源的发掘利用,必须做到创造性转化和创新性发展,才能抵制各种思潮的侵蚀分化,化解社会信仰的危机。

当前,在中国特色社会主义新时代的背景下,儒学复兴值得提倡,但必须结合当代中国的现实实际进行转换和创新,大力发展自身的时代特色和现实内涵,才能科学地把握儒学的当代价值。复兴不以实体形态或者载体形式来实现,而是以精神资源和价值发掘层面来完成,也就是一种普遍性精神价值的传承延续。儒学的复兴之路,应聚焦于其精神内核的弘扬与传承,而非仅仅局限于外在形式的简单复制与模仿。我们追求的是让儒学在新时代焕发出更加璀璨的光芒,成为重建中国社会的道德基石、稳固社会秩序的重要力量,并在塑造与强化国家认同、民族认同的进程中发挥无可替代的关键作用。通过深度挖掘儒学的智慧精髓,引导其积极融入现代社会的肌理之中,以儒学的仁爱、礼义、诚信等核心价值引领社会风尚,促进社会的和谐与进步。将儒学中具有永恒性、代表性的智慧精髓发掘出来,将这些思想应用于新时代中国特色社会主义现代化建设实践，更好地起到形成共同思想基础、在凝聚共识中发挥天然的民族认同感之作用。

儒学的复兴之路，离不开马克思主义的科学指引。两者非但不是对立关系，反而相辅相成。中国革命与建设的辉煌成就，正是在马克思主义中国化的伟大进程中铸就的；而今，中国的发展巨轮继续破浪前行，同样地，这离不开马克思主义这一思想灯塔的指引。作为迄今为止最先进的思想体系，马克思主义不仅指引着人类社会的发展方向，其深刻的立场、独特的见解以及科学的方法论，在中国实践的广阔天地中经受磨砺后，愈发展现出其旺盛的生命力与无限的创新力，持续以显著的成就验证其无可匹敌的优越性。相比之下，儒学作为封建时代意识形态的遗存，虽曾辉煌一时，但面对时代的变迁，已难复往昔之盛况，亟须注入新的活力与灵魂。正是马克思主义这一崭新意识形态的引领与激发，为儒学复兴提供了宝贵的契机与路径。马克思主义与儒学之间，既蕴含诸多相通之处，展现着跨文化的智慧共鸣，又不可避免地存在着差异与对立，体现了不同历史阶段与文化背景下思想体系的独特面貌。马克思主义，作为科学的世界观和方法论，其普世价值不可撼动，但它从不否认或削弱儒学对于中华民族深远而独特的文化贡献与历史地位。同样，儒学，作为中华民族宝贵的文化遗产，其丰富的伦理思想与人文精神，虽在历史长河中熠熠生辉，却也无法替代马克思主义在当代中国作为指导思想的核心地位。两者之间的这种既相互尊重又各有侧重的关系，构成了中国文化多样性中和谐共生的生动图景。

05
马克思主义信仰生发逻辑的人学思考

　　作为人的精神需求之一，信仰通常与宗教相伴而提，又与理想、梦想、价值观相关，它既表现为相信、确信和信奉的一种态度，又呈现为一个源于现实而又超越现实的映照愿景。人类发展史中产生了诸多信仰类型，但信仰本质上体现的是人的自我超越性。马克思主义信仰是伴随着马克思主义的产生而登上历史舞台的，它以《共产党宣言》的发表为标志。面对如何认识马克思主义和马克思主义信仰问题，西方学者非议颇多，要么把它归于预言共产主义必然胜利的"新宗教"，要么把它归于世俗的政治信仰，认为它远离了普通人的生活，而只与共产党人有关，这必然会导致对马克思主义信仰认知的混乱局面。因此，从信仰产生逻辑的人文角度出发，重申马克思主义信仰的本质特征显得尤为重要。本章以"范式"这种基础性的学科研究模式梳理马克思主义信仰与人学的共融共存空间，以澄清对马克思主义信仰的世俗化认识误区，从学理上解答好"谁之信仰""为何可信""信有何用"等疑问。针对"马克思主义为什么行"这一时代热点问题，需从问题领域、价值取向及实践效用等维度进行全面解答。

一、马克思主义信仰的人学逻辑探析

从叙事学角度看马克思主义信仰,是围绕着"现实的个人"的发展这个核心展开的,以文明切入,从人类历史的长过程来探究人之未来图景。"从本质上讲,马克思主义是一种关于长期历史变迁的理论与实践。"① 马克思深刻地洞察到,人的本质核心在于其自身,唯有基于现实个体的生活状况及其未来命运的考量,方能从根本上解决人的问题。这一洞见应被视为马克思主义信仰与理论架构的最终归宿。"不要去幻想理想的未来,而要去解决阻碍美好未来实现的现实矛盾。"② 也就是说,现实与未来的关键联结点就在于个人的理想坚守和实现,依据主体意识的力量,信仰蕴藏于现实的个人生活之中。马克思主义信仰,简而言之,指的是对马克思主义的坚定信仰,或是对马克思主义理论持有一种确信无疑的认同态度。马克思主义信仰与宗教信仰不同,以改造世界为己任,以全人类解放为目标,依靠解决社会不公和社会向何处去取得可信的理由。而不是以信众"是否信"为自身效力之依据,"不管你对马克思主义信与不信,消灭剥削,消除两极分化,消灭阶级,获得解放的不是某个人,而是整个社会"。③ 因此,马克思主义信仰作为问题出现,首先必须回答作为主体的人如何对这一信仰形态作出价值判断和选择,如何完成从被动到主动接受的过程。

---

① 特里·伊格尔顿.马克思为什么是对的[M].李杨,任文科,郑义译.重庆:重庆出版社,2017:39.
② 特里·伊格尔顿.马克思为什么是对的[M].李杨,任文科,郑义译.重庆:重庆出版社,2017:65.
③ 陈先达.思想中的时代和时代中的信仰[M].北京:中国人民大学出版社,2018:372.

（一）关切点："现实的人"之生活态①

纵观马克思主义的发展史，我们可以清晰地看到，这是一个由马克思、恩格斯及其后继者在不同历史阶段，不断探索人类解放与自由之谜的历程。他们在理论与实践的交融中，坚定不移地追求那个理想社会，即"生产旨在实现所有人的共同富裕"。马克思主义从"现实个体"出发，在其涵盖哲学、政治经济学和科学社会主义的广阔理论框架中，深入剖析了人的存在状况、本质特征及其发展轨迹的人类学思想核心。然而，其最深沉的关怀，既不在于单纯的思想认知，也不仅仅停留在理论创新，而是将对人类福祉的深切关怀与实际紧密相连，聚焦于"现实个体"的生活状况。特别是通过对人类历史的深刻探究，马克思主义精确地阐明了："满足人类生活最基本的物质生产活动，构成了人类的第一个历史活动。"在这种生产的驱动下，人类历史得以持续不断地被塑造与创造。这一观点深刻反映了"现实的个人"的生活状态，尤其是关于人如何创造历史、如何实现人与社会的未来理想状态，成为马克思和恩格斯毕生探索的核心议题。无论是对理论的深入研究，还是积极引领工人运动以开展实际斗争，他们的核心关注点始终集中在如何使工人阶级摆脱资本的枷锁，以及如何通过唤醒自我意识来追求自由、解放和全面发展。正因如此，马克思主义被无产阶级及其政党视为坚定的信仰。尽管其首要关注的是工人阶级的现实状况，但所探索的解决方案却旨在实现全人类的解放。因为无产阶级的彻底解放必然以全人类的解放为前提。因此，马克思主义信仰不仅是对无产阶级及其政党信仰问题的回应，更超越了这一层面，具有更广泛而深远的意义。其核心旨趣在于人类的自由解放，这一旨趣体现在两个方面：

---

① 参见杨玉强，郝淑琴. 马克思主义思想伟力的人学阐释 [J]. 宁夏党校学报，2021（4）：64-69.

一则体现在马克思的人类学关切处。马克思历史地、唯物地解析了人和社会，在浩瀚的思想史中发现关于人的本质、需要、价值、自由、发展的探讨见仁见智、各说各表。但是，这些言说语境和主旨聚焦，要么归于神的旨意，要么躲进了书斋成了精神意念形态，进而这些本该为人的研究最终却视人为无物。所以，马克思毅然摒弃了抽象的人性论，转而立足于现实的实践活动，深入挖掘人的本质。他专注于探究人的类本质，进而揭示了人的本质特性和作为主体存在的必然性。马克思坚持认为人才是最终目的，他不仅仅局限于思辨地讨论人的理想状态，而是强调对现实问题的深刻关切。他从人们的日常生产与生活实践中寻找实现人的自由与解放的途径。通过深刻分析人性，马克思阐明了人的本质并非源于某种神秘力量或抽象的理性观念，而是深深植根于现实生活中的个体之中。他把所有关于人的属性都归还给了那些在实践中、在现实中活动，并具有主观能动性的人，使他们能够真正成为自我，主宰自己的命运。马克思的人类学思想推翻了以往探究人类世界时所采用的"无主体"或外在标准，明确强调了人的主体价值的重要性，从而实现了人的意义与价值的重新确立。

马克思主义作为历史的转折点，对以往屈服于神学或神秘主义之下的抽象人性观念进行了深刻的批判，赋予了现实生活中的人以主体地位与实在关怀。它激发了人们争取自由、追求全面发展的自我意识，实现了从"忽视人的存在"到"抽象人性探讨"，再到"关注现实个体"——特别是广大劳动人民——的视角转换与集中关注。"哲学家们只是用不同的方式解释世界，而问题在于改变世界。"[①] 在奠定了人的主体地位的本体论根基后，马克思进一步深入挖掘了关于人的需求、实践活动、

---

① 马克思恩格斯选集：第 1 卷 [M]. 北京：人民出版社，2012：140.

解放历程以及社会关系等一系列核心议题，这些议题横跨历史观、价值观及社会观的广阔领域。他全身心投入寻找能够改变世界的力量之中，并指明了推动世界变革以顺应人性发展的道路。马克思的理论研究从哲学沉思转向了政治经济学的实证剖析，这一过程不仅体现了他对现实民众苦难的深切关怀，更重要的是，他通过科学社会主义为无产阶级的广泛解放事业提供了实践指导和理论支撑。因此，工人阶级的自我觉醒被激发，他们的目光不再局限于眼前的困境，而是转向了对未来美好生活的向往与追求。在积极争取自身解放与全面发展的道路上，工人们逐渐树立了马克思主义的信仰。这正是马克思主义的独特信仰魅力，这种魅力源自其以人学思想为基石的主体性确立，以及对现实境遇的深刻关注。

二则体现在马克思主义发展历程中的实践成果上。马克思主义理论的科学创新促成了社会主义由空想向科学的根本性转变，在众多社会主义学说中脱颖而出，成为批判的有力武器，该理论广受工人阶层接纳，并被尊称为"工人阶级的宝典"。在全球工人运动的发展历程中，它逐渐成为指导思想，不仅深入探究了工人阶级运动的现实状况，还坚定地站在无产阶级角度，对成功与失败进行了客观剖析，及时总结了经验教训，并灵活地调整了斗争策略。同时，它清晰地揭示了人的解放的核心主题、深层含义及追求目标，将无产阶级的解放之路与人类整体的解放进程紧密结合，明确指出了前行的方向。因此，这一理论的创立具有划时代的意义。

在马克思主义诞生之前，工人运动由于缺乏对自身处境的深刻认识，更缺少理论指引，往往表现为盲目的、局限性的对抗。为了激发工人阶级将反抗转化为明确、主动的斗争，必须从他们的实际斗争中进行理论分析。唯有如此，工人阶级才能获得正确认知，发现并利用马克思主义这一理论武器的力量。正如毛泽东所说："人的正确思想，只能从社会实践中来，只能从社会的生产斗争、阶级斗争和科学实验这三项实践中来。人们的社会存在，决定人们的思想。"① 一方面，这凸显了马克思主义作为基于当时社会实践斗争的科学理论成果；另一方面，这也证明了与社会实践斗争的紧密联系只会增强马克思主义的科学性，并使其越来越受到工人阶级的青睐与认同。因此，马克思主义信仰的确立并非自我宣称，而是经由工人阶级实践检验的结果。它始终聚焦于"资本主义终将被共产主义替代"的核心论断展开斗争。为此，马克思与恩格斯从理论与实践双重维度，对资本主义进行了深入的批判。他们利用历史唯物主义原理，科学地评价了资产阶级的历史角色，对资本主义生产过程进行了现实分析，明确了资本与雇佣劳动在价值转移及新价值创造中的功能，揭示了价值增值的根源，揭露了资本家剥削工人的真相，阐述了资本内在的矛盾及其自我否定的倾向，并指出了资本主义必然被共产主义替代的历史必然性。这些思想在他们的多部著作中均有体现，尤其以《共产党宣言》最为著名，广为人知。随后，随着理论研究的深化，马克思在《〈政治经济学批判〉序言》中进一步阐述："无论哪一个社会形态，在它所能容纳的全部生产力发挥出来以前，是决不会灭亡的；而新的更高的生产关系，在它的物质存在条件在旧社会的胎胞里成熟以前，是决不会出现的。"② 此处的"决不会"并非自我否定，也不是自我修正，更不是对"两个必然"论断的背离。相反，这是对同一议题持续且深入思考的展现，它基于对历史更替必然性更为清醒的认知，进而对这一历程的持久性与复杂性获得了更深层次的理解。该理论洞察到物质条件成熟的过程特性，并确认了更高级生产关系发展的方向，标志着

---

① 毛泽东文集：第8卷[M]. 北京：人民出版社，1999：320.
② 马克思恩格斯选集：第2卷[M]. 北京：人民出版社，2012：3.

对规律的认知深化及掌握运用规律的科学论断。继《共产党宣言》问世后，马克思几乎倾尽心力于资本主义生产方式的研究，《资本论》便是其在经济领域对现存资本主义社会进行深度剖析的力作。通过创立科学的劳动价值论，马克思进一步揭示了资本家财富积累与工人无法通过劳动改善境遇之间的秘密——剩余价值的产生、本质及运作规律，从而建立了剩余价值理论。显然，《资本论》是从经济学视角对"两个不可避免"进行深入剖析与论证的理论阐述。

随着马克思主义理论的广泛传播，社会主义经历了从理论到实践、从单一国家到多国的扩展，其间虽遭遇苏联解体、东欧剧变等低谷，且资本主义在重大危机后亦进行自我调整并展现出新变化，但"资产阶级的灭亡和无产阶级的胜利是同样不可避免的"[1]的论断并未如期实现。然而，这些低谷并未否定马克思主义，更未消除"两个不可避免"，而仅仅表明任何历史进程均非一帆风顺。正如邓小平所言："一些国家出现严重的曲折，社会主义好像被削弱了，但人民经受锻炼，从中吸取教训，将促使社会主义向着更加健康的方向发展。因此，不要惊慌失措，不要以为马克思主义就消失了，没用了，失败了。哪有这回事！"[2]中国特色社会主义的持续奋斗正是对此的佐证。改革开放的探索与中国特色社会主义的实践，不仅彰显了中国道路的独特魅力与中国奇迹的辉煌成就，更凸显了社会主义的显著优势。这些成就将科学社会主义推向了新的发展阶段，为后进国家寻求发展与追赶提供了宝贵的参考范例。这一点已获得国际社会的广泛认同，同时也是对"两个不可避免"最有力的证明。

综上所述，无论是马克思主义在全球思想史上所占据的显著地位，

---

[1] 共产党宣言[M].北京：人民出版社，2018：40.
[2] 邓小平文选：第3卷[M].北京：人民出版社，1993：383.

还是中国特色社会主义在现实实践中取得的卓越成就，均充分体现了马克思主义的强大生命力及其深邃的理论吸引力。这些成就不仅彰显了我们对马克思主义信仰的坚定理论自信，更源于其对最广大劳动人民"现实生活态"的深切关注。马克思主义向全球宣告：作为现实主体的个体，其自由而自主的发展与解放，根基在于现实生活之中。唯有持续洞察历史演进的客观法则，同时积极调动主体的能动性，方能促使现实向更优越、更高级的状态进步，以实现"每个人的自由发展，是一切人的自由发展的条件"[①]的社会理想。

（二）问题域：人的现实主体样态[②]

人学研究的重心集中在探讨人性、人的本质属性、主体性存在以及历史演进的课题上。当前人类发展的实践活动暴露出一系列紧迫的现实挑战，其根本在于，历史的塑造取决于人类在遭遇多重困境时如何作出选择并将其转化为实际行动。在此历程中，人类持续深入地探究并回应着"人的应有状态与应尽职责"这一根本性问题，从而持续强化自我的觉醒意识、认知和对物我关系的理解。实际上，人在社会历史发展中扮演着双重角色，既是能动的主体，又受到各种社会因素的制约。尽管人具有能动性、自主性和自为性，但距离实现真正的自由王国仍有很长的路要走。马克思摒弃了以往对人的抽象空谈，从现实性维度入手，深入理解了人的本质，即其作为"社会关系总和"的内涵。这一本质性洞察深刻揭示了现实状况：在社会框架内，因个体所处地位的差异，尽管人人同属人类，但在社会关系的两极中，经济地位较低的劳动者，如工人

---

① 共产党宣言[M].北京：人民出版社，2018：51.
② 参见杨玉强，郝淑琴.马克思主义思想伟力的人学阐释[J].宁夏党校学报，2021（4）：64-69.

等，却并未被当作真正的人来看待。揭露问题是为了更好地解决问题，马克思从哲学维度，既要揭示实然世界表象背后的本质问题，又要解决应然世界的终极关怀问题。人的需要本性面临实然困境常态，遂与应然愿景之间客观存在着落差，个体能否展现出积极能动性、主动进行创新，以及他们秉持何种心态去追寻未来，这些均关联到个体在精神层面对认知、判断及规划的肯定与坚定，也即个体的信仰议题。信仰，作为一种精神层面的表现，与价值观念、意识形态及文化背景息息相关。当现实挑战与理想愿景出现脱节时，个体的信仰或许会遭遇动摇或削弱，极端情况下，甚至可能触发信仰上的危机。

目前来看，马克思主义信仰遭遇的现实挑战问题，在国内外均表现为理论与实践上的挑战、质疑和冲击。这些挑战具体体现在发展现实与未来理想状态之间的不一致，致使个体在坚信与疑虑间徘徊不定。在现实生活情境中，此种徘徊状态具体展现为如下情形：

第一，国外研究领域中的马克思主义，众多流派之间的争议不断，各方各执一词，但争论被局限于哲学范畴内，马克思主义的研究逐渐偏向于文本解读、学术探讨及哲学思辨，从而疏远了社会生活的实践基础。这一现象促成了马克思主义信仰的疏离或解构。另外，苏联解体与东欧剧变后，国际共产主义运动陷入低谷，使得马克思主义信仰在国际舞台上处于困境之地。

第二，在国内层面，当前马克思主义信仰的主流状况相较于以往有了显著改善。中国共产党内部信仰稳固，主流态势清晰。青年群体在社会主义核心价值观的培育上取得了有效引导，同时，普通民众基于实际利益获得的政治及信仰认同感也在逐步增强。然而全球化浪潮带来了大量意识形态层面的围堵，加之多元思想与文化渗透趋势显著，思想文化领域内交流与冲突并存，这些因素均可能对马克思主义信仰群体造成动摇，甚至引发显著的变量，这是不容忽视的现实。

第三，普通民众的日常偏好可能会促使其对马克思主义信仰进行自我解构，从而产生动摇。大众心理往往倾向于以经济利益作为评判信仰选择的标准，而马克思主义信仰的效益并非立竿见影，因此可能受到冷落。同时，共产主义作为对资本主义的批判与理想愿景，虽美好却远超世俗标准，实现过程漫长且曲折，这自然引发大众心理的摇摆。这种摇摆性基于人的需求产生，也凸显了解决问题的紧迫性。

马克思主义人学思想的题中应有之义，就在于马克思主义信仰能够带给人精神力量，是人主动对接自我的未来发展与解放需要。马克思认识到，"过去的一切运动都是少数人的，或者为少数人谋利益的运动。无产阶级的运动是绝大多数人的，为绝大多数人谋利益的独立的运动"。[①] 他的理论辩说和实践抗争就立足工人阶级，故赢得了当时工人们"马克思老爹"的尊称。马克思的理论就是要为全人类阐述解放发展指明方向，其问题向度不在于信仰自身，而在于信仰主体，聚焦于信仰的主体——人，以及人如何通过超越自身局限性，特别是"狭隘地域性"的认知来形成价值共识。这一过程体现了人的主体本质力量、能动性和自主性，目的在于消除宗教及神秘主义对人类施加的抽象、先验性枷锁，减轻人对外部事物的依附，以期解放人的自由潜能，最终达成由必然王国迈向自由王国的历史性飞跃。这一跨越既非个体之力所能及，也非仅凭理论探讨即可达成，而是必然在人类历史的长河中逐步实现。在此过程中，个人在物质生产的实践中持续成长，与此同时，此类实践也加强了人与人之间紧密的相互联系，促进了思想观念的交换与融合，并增进了情感的交流，从而增强了主体间的协作意识。这一过程不仅丰富了"集

---

① 共产党宣言[M]. 北京：人民出版社，2018：39.

体主体"的形式与力量,还使得人们对同一客体的认识趋于一致,从而在纷繁复杂的个人需求与目标中汇聚成推动社会历史发展的强大合力。此协同作用显著增强了达成自由王国飞跃的潜在可能。个体基于对集体的信赖而逐步构建起信仰的过程,是在工人阶级及其先进政党的实践活动中逐渐发展起来的。这表明,信仰并非无根之木、无源之水,而是工人大众在现实斗争中的深刻体悟与习得。因此,信仰的培育与优化,需根植于人类的实践活动中,特别是在物质生产与社会变革的实践中不断锤炼与升华。马克思对此进行了系统性的理论阐述,透过这些阐述的文本,我们能够明确地观察到他根据社会历史的发展进程,所做出的具有时代进步意义的理论创新。特别是他对"交往"作用的强调,对哲学视角下主体间相互关系——"主体间性"的深入考察,以及他广阔的"世界历史"观,共同揭示了马克思主义信仰不仅为共产党人树立了社会理想,而且为全人类确立了一种基于规律的信仰。它构成了一个指引人类发展与解放的、坚不可摧的"整体性"知识体系,以其深刻的理论洞察力和实践指导力,不断推动着人类社会的进步和发展。

(三)价值解:人的需要本性之扬弃[①]

人类生存与发展的根本,牢固建立在需求满足的基础之上。实际上,驱动整个人类社会历史演进的首要动力,正是"人类需求"这一基本特性,它由人类自然生命需求的内在必然性所决定。因此,在追求并满足自身需求的过程中,人的需求、人性与人的本质达到了高度的统一。此过程中,人的本质力量得以展现,体现为自由且自觉的实践行为。这些

---

① 参见杨玉强,郝淑琴. 马克思主义思想伟力的人学阐释 [J]. 宁夏党校学报,2021(4): 64-69.

实践不仅具体化了人类需求的内容、形式及达成方式，也构成了人学研究的核心组成部分。马克思深刻揭示，人类需求的多样性丰富了人的本质，而满足需求的方式与对象，则成为彰显人的本质力量的有力证据。人类创造需求的过程，本质上也是满足需求的过程。在需求得到满足的同时，人类也不断地催生新的需求，进而推动了社会的持续进步。因此，人类社会的发展历程，可以视为一部人类需求不断扩展，以及为满足这些扩展需求而持续发展的实践活动的历史。在此类实践活动中，人与外部世界之间建立了复杂而多样的需求关系，这些关系不仅反映了人的本质力量，也体现了人的需求与社会发展之间的紧密联系。因此，我们可以说，人的需求是推动人类社会历史发展的内在动力，而人的本质则在满足需求的过程中得以不断丰富和实现。所以，马克思在《1844年经济学哲学手稿》中指出，人的需求的对象，也是表现和确证他的本质力量的东西。由此也可以发现人与动物最大的区别就在于人类需求是超越动物界的生理需求界限的，人只有通过实践活动满足超越自然机体的需求时才属于真正的人的活动，也就是说人的需求涵盖自然、社会、精神等多个层面，这些需求与人的对象性活动紧密相连，共同构成了人的本质力量和内在规定。然而，在资本主义社会中，这种本质却遭遇了异化，致使人们所追求的，不再是真正符合人性本质的需求，而是外在的、被异化的需求。"每个人都力图创造出一种支配他人的、异己的本质力量，以便从这里面找到他自己的利己需要的满足。"[①] 因此，就工人而言，他们出卖自己的劳动力，仅仅是为了满足最基础的生理需求，比如饮食；而对于资本家来说，追求财富或货币则成了他们唯一的需求。在这样的社会环境下，人的实践活动被降格为满足异化了的非本质需求的手段。

---

① 马克思恩格斯全集：第42卷[M]. 北京：人民出版社，1979：132.

为了克服这种异化，实现人的本质的复归，我们必须依靠社会生产力的显著提升，并着手对以经济关系为基石的整个社会架构进行根本性转变。马克思指出，唯有对资本主义社会展开全面批判并实施革命性变革，方能摒弃人类需求本性中的异化现象，使人能够真正地、全面地占有自己的本质力量。达成这一目标，要求无产阶级经由革命实践实现自我解放，进而构建一个相较于资本主义更为先进的共产主义社会。在这个过程中，人们将摆脱异化的束缚，实现自由而全面的发展，从而真正体现出人的本质和力量。

信仰是人的精神需要之一，它与人的物质生产和生活密切相关，通常人的信仰一旦形成，便会成为主体稳定的心理特征和持久的精神动力。因此，从价值向度来审视马克思主义信仰，旨在从功用维度诠释受众选择确信的理由。马克思主义在理论中所开显的社会理想，遵从了社会发展规律，是能够满足个人发展诉求的崇高理想，以追求共产主义和人的自由全面发展的实现为己任，一般也称共产主义信仰。其理论的逻辑起点就是"现实的个人"，马克思主义从现实个人的实际存在出发，尤为重视的是在历史演进过程中所展现出的时代特性，尤其是无产阶级的生活条件，并探讨如何解决这一阶层在实际生活中所面临的需求难题，并为其未来谋求出路。马克思、恩格斯在《德意志意识形态》中指出："对实践的唯物主义者即共产主义者来说，全部问题都在于使现存世界革命化，实际地反对并改变现存的事物。"[1] 即"共产主义对我们来说不是应当确立的状况，不是现实应当与之相适应的理想。我们所称为共产主义的是那种消灭现存状况的现实的运动"[2]。换言之，马克思主义信仰

---

[1] 马克思恩格斯选集：第1卷[M]. 北京：人民出版社，2012：155.
[2] 马克思恩格斯选集：第1卷[M]. 北京：人民出版社，2012：166.

致力于在改革当前违背人性的现状、消除现实中存在的不合理困境之际，建立一种理想的社会模式。它在对"破"的深刻洞察中，精心谋划并阐释了"立"的超越性路径。这一思想体系深深植根于马克思所生活的时代，直接回应了当时资本主义现实的深刻危机，体现了对工人阶级自由解放需求的深切关怀。此信仰运用实践哲学作为工具，凭借革命行动来应对人类社会历史发展中的迫切要求，体现了理性探索与批判意识的完美融合。最终，马克思主义信仰在深入的时代省思中，在广大人民群众的急切需求里，找到了自己的历史定位。它提出了一套旨在"改变世界"的革命实践主张，为人类解放事业提供了一整套科学的价值解，获得工人肯定和人民信仰势在必行。

二、马克思主义信仰的价值意蕴

"马克思和恩格斯的雄心壮志是再造一个代表着人类先进文化的无产阶级，即有知识的无产阶级、有文化的劳动者，而不是听任无产阶级沦为物质劳动的工具。"[①] 这正是马克思主义的价值所在，为此马克思甘愿将自己的理论奉献给无产阶级作为武器，驱除奴役，消灭不公，改造世界以实现人的本质复归。

（一）揭秘资本逻辑与其历史中人的位置

马克思给予了当时工人的发展需要最大的现实关照，他不只描绘未来社会形态之美好方向，也不仅对当时资本主义的丑陋现实表达厌恶，而是在《资本论》中完成了对资本主义生产方式的实质批判和科学解蔽，

---

① 韩毓海. 马克思的事业：从布鲁塞尔到北京 [M]. 北京：中国人民大学出版社，2012：29.

并将这种解剖社会现实、指斥遮蔽现实的虚伪性、批判与建构相统一的方法传播到各国无产阶级中去。当时的流行看法是资本家养活了工人，而不是工人养活了资本家，资本是自行增殖的，全部预付资本给资本家带来利润，就像果树给主人结出果子一样自然。但实际上"资本家什么都没做，工人才创造了一切！"由此，资本和劳动的关系成为当时资本体系的矛盾焦点，也是《资本论》要解决的主题。与空想社会主义和其他社会主义不同，马克思并没有简单地把资本主义生产方式当作坏东西抛弃，而是通过《资本论》从本质上揭示了劳动在经济社会中的地位。马克思通过劳动二重性分析将劳动价值论建立在了科学基础之上，沿着劳动是价值的唯一源泉的思路，通过"资本与劳动双方均遵循价值规律未违反等价交换原则，最终却出现了增殖物，出现资本家一方独赢的结果"这个过程能看到只有工人在劳动，故资本家独赢的增殖只能来自劳动，这个增殖部分就是剩余价值，是等价交换之后的、看不到的资本秘密，更是将资本家与工人固定化为两大对立阶级的根源。因此，资本无论在哪个领域，追逐增殖即剩余价值是它的唯一目的，这个一致目标是整个资本主义任何领域任何部门的铁律，此即剩余价值规律。透过铁律可以看到各职能资本所获取的利润、利息、地租等，均是对产业工人创造的剩余价值的瓜分，然而付出劳动最多的工人得到的只是维持自己生活的最低费用。所以，资本对剩余价值的追逐是无止境的，由此进一步引申为资本主义积累规律，资本与雇佣劳动的所得鸿沟愈益扩大，资本越扩大再生产，商品生产越丰富，工人也越来越在资本的压榨中走向萎缩，其支付能力不足，生产扩张继续，市场供给远远超过有支付能力的需求，必然引发资本主义经济危机。于是出现悖于常理的现象：一方面商品滞销，生产过剩，资本家在销毁大批商品；另一方面工人失业，无法维持生计，流离失所，苦不堪言。由于资本主义无法从自身生产关系解决危机，更是无法消除资本自身的内在矛盾，所以调节改良成为常态，经济危机成为资本主义的周期性瘟疫，这说明资本主义生产方式只是一种历史性的社会形态，而不是永恒的，更不是现存最美好的社会制度，它走向灭亡是必然的，这是历史发展规律的结果。所以在《资本论》第一版序言中，马克思目的明确地宣称要把这种现代社会的经济运动规律揭示出来。

诚然，当代资本主义国家的科技迅猛发展，蓝领工人与白领工人甚至金领工人并存，工人甚至也拥有了汽车和闲暇，工资之外还有股票等物，还有失业金等社会保障和福利，但这只能说明工人充其量拥有了更多的生活资料，还不能像资本家那样占有生产资料，根本没有改变其被支配的阶级境况。这就是资本主义的现实本质，而建立在这个经济基础上的法律、民主制度等上层建筑，也同样表现出了这种虚伪性：如法律，恩格斯指出，工人体验得十分清楚，法律是资产阶级给他准备的鞭子。如民主，私有制神圣不可侵犯这一条就决定了资本主义民主是少数资产占有者享有民主权利这一客观事实。如人权，马克思指出：平等地剥削劳动力，是资本的首要的人权。如自由，马克思这样揭露道：关键是谁的自由？这不是每个人对待别人的自由，而只是资本榨取工人的自由。工人自由的一无所有。所以，马克思的《资本论》对以上问题的一一解蔽，指出资本主义在资本天性的驱使下陷入了无法自我挽救的必亡境地，这需要在生产力的社会化大发展趋势中，实现新社会形态对资本主义的革命性更替。所以，生产力是最革命的因素，生产力的变革，引发人的需求的新变化，人在生产力的创造中不断实现自我完善和超越，生产力与人之劳动能力一体化呈现出革命意义。故而，随着社会发展，人的需求不断增加成为铁律，因为资本的私有，劳动变成了听命于资本的劳动，尽管工人的创造物在增多，但是收入的增长比例却不同步，最终是资本的增殖同工人的贫困成为共存于资本社会的常态，尖锐冲突不可避免，通过劳动来满足自我需求并改善自我生活和命运，就成了徒劳，这正是资本主义的不公所在。因此，资本主义为自己生产了数量庞大的掘墓人，当无产阶级大军认识到自己的境地，并组织联合起来，去为自由和解放寻求出路时，它只需要把革命的理论付诸革命的实践即可。

《资本论》叙述了资本主义和工人的实然状态，工人阶级意识从自发转向自觉自为的斗争，就是对实然的超越和改造，关键是这种超越和改造是顺应社会发展规律的必然过程，是通过自我而不是任何异己力量来进行的、批判并超越资本主义的革命。无产阶级在马克思的论说中看到了自己的使命，并把这个理论确立为自己的信仰。它不仅唤醒了工人阶级的主体意识，激发他们敢于投入到实际斗争中，还让工人阶级认清经济危机表象下的、资本无法解决的自我否定之必然性，从而推进对资本社会现实的革命超越。马克思主义论说的虽然是现实经济问题，但不仅仅是在经济领域解决问题，所以，马克思主义理论天然就具有了信仰的功用，它既现实又超越现实，不是在未来美好描绘上费笔墨，而是从工人的现实生活境遇去解析资本对劳动的剥削为什么残酷、为什么不合理、为什么无止境，它指向的美好是工人能够通过自我抗争而得到并能实际受益的理想。这是基于工人需求的最具合理性、最具价值性的言说，是为工人说真话，这才能激发工人阶级自身解放乃至人类解放的信心和力量，此为马克思主义信仰的独特魅力之所在。

（二）激发人"改变世界"的实践自觉

一般意义上讲，自由是人的最高追求，马克思主义人学思想的核心议题，在于探索实现人的自由且全面发展的途径。而共产主义，则构成了马克思主义理论的最终理想追求,是在深入研究社会历史发展规律中指出的必然形态,不但为人类指明了从必然王国到自由王国之方向,还揭示出这种自由解放的实现道路和阶级力量。由此可见,实现人的自由全面发展与实现共产主义是同一个过程,均需人类主体付诸实践行动,才能实现人对自己类本质的完全占有和复归,这当然包括现实的个人从某种束缚中解放出来而获得自由的过程。此时仅仅看到马克思主义的科学理论品质和批判精神是不够的,因为"光是依靠先进思想实现变革是绝无可能的","思想本身根本不能实现什么东西。思想要得到实现,就要有使用实践力量的人"。① 所以,马克思、恩格斯穷其一生不但致力于理论创造,而且一直在现实中寻找"有实践力量的人"。只有在革命实践中,作为现实个人、作为主体才能够连接思想与现实。这恰恰就是马克思主义成为信仰的特殊魅力,不以"解释世界"自足,敢于自觉"改变世界"。这是实践对马克思主义信仰提出的新要求,旨在从功能边界层面解决受众选择确信后怎么办的问题。简言之,就是通过马克思主义信仰对主体力量的激发,最终实现"为人"目标的建设,用激发出来的实践力量去实现"人为"的"破"到"为人"的"立"的自觉目标建构,达到批判与建设的统一。为了实现既"解释世界"又"改变世界",马克思和恩格斯做到了细致而又严密的理论论证和实践斗争的统一。

马克思主义产生于道义的制高点,以实现无产阶级解放、全人类的解放和每个人的自由全面发展为己任。这份为全人类谋福利的事业单个人完成不了,遵照社会发展规律坐等也完成不了,只有在社会最广大范围内,实现人的主体意识觉醒,让人的主体性回归现实的人本身,才能使人成为真正拥有改变世界的实践力量。在实际行动中最大限度地发挥

---

① 马克思恩格斯文集:第1卷[M].北京:人民出版社,2009:320.

这种实践力量到社会现实中，通过认识和把握外部必然性，找到自我的内在本性和实现自由生活的途径，通过自为的抗争实践，才最终会与社会历史发展的内在规律要求相一致，赢得自由与正义，达到"自为"到"自觉"的理想生活。促成这种自觉变化的是马克思主义的科学真理，也是其理论的唤醒和激发功用，既显示其理论体系的信仰之真，也显现出主体在信仰真理之后的力量生发状态。经过从"自发"到"自为"再到"自觉"的赋能过程，工人阶级在斗争中完成了对自身和社会环境的历史性改造，改造发生在实践斗争中，实践的指向不是简单的自然界，而是不简单的资本主义生产方式。所以，这里的实践必须和斗争相结合，才能找到实践的主体即无产阶级自身。而赋能"自为"过程的另一方面就在于，还需构建一个新的"自由人"的社会即共产主义社会。这个社会的创设实现了每个人的自由而全面发展，它属于更高级的社会形态，以每一个人的自由全面发展作为根本原则，是一个和谐的、自由的、消除了依附和奴役的社会。当然，这种解放和自由的实现，需要建立在生产力的大发展和无产阶级能力素质的巨大提升上，在这一"自为"主体的不断革命实践中变成社会现实。对此，马克思恩格斯在《共产党宣言》中专门指出："共产主义革命就是同传统的所有制关系实行最彻底的决裂，毫不奇怪，它在自己的发展进程中要同传统的观念实行最彻底的决裂。"① 在这种决裂中无产者扔掉的只是受支配和被束缚，赢得的是决裂之后"自为"的生活建构。这就"为无产阶级前途、资本主义命运、人类社会发展指明了方向、昭示出未来。尤为重要的是，马克思主义是诉诸行动并志在改变和创造的实践哲学，它将'改造世界'的抱负与追求鲜明地写在自己的理论旗帜上。在马克思看来，'以往的一切哲学都是解释世界，

---

① 马克思恩格斯选集：第 1 卷 [M]. 北京：人民出版社，2012：272.

而问题在于改造世界'，'对实践的唯物主义者即共产主义者来说，全部问题都在于使现存世界革命化，实际地反对并改变现存的事物'"。①这就是"自为"改变所能够带来的人类目标的愿景与美好。

面对未来社会，马克思、恩格斯并不局限于批判旧哲学对人的抽象认识，而是透过实践活动发现了创造历史的力量，即"使用实践力量"的人。正是参与社会生活、从事历史活动的广大群众，实现了对历史的创造，而不是旧哲学家们宣扬的少数英雄所为。所以，唯物史观的天才发现，为思想改变现实世界开辟了现实的实践路径，并提出了许多切实的未来社会构思，如：实行生产资料公有制，实行按劳分配，对全社会生产实行有计划的安排等，这是对当时资本主义社会弊病的否定之后所做的框架设计。同时他们认为共产主义的发展也会有一个从低级到高级的过程，特别指出在资本主义之后到共产主义之间有一个过渡时期，这个时期的国家只能采取无产阶级专政。这说明，他们充分估计到了社会革命的艰巨性和复杂性，后来苏联、中国等社会主义国家的实践也证明这一点。他们还预测未来时期的生产必须采取大规模地合作生产的方式进行，社会通过有计划的调配来保证生产力有序发展和每个人需求的满足，此时劳动不再是生活所迫，而成为人"自觉"的生活必需，人的物质力量与精神境界在自由自觉中互动发展，促成生产力巨大增长和社会财富涌流，在不断超越现实中，最终实现各尽所能的美好世界。对于未来社会的构想与创造，马克思、恩格斯也一再强调，人类创造自己的历史，也并不是随心所欲地创造，未来社会的实践理路也是一个人为选择与遵循必然的顺势而为过程，更是一个从"自为"现实抗争到"自觉"合目的性的创设历程。这些未来的生产、生活及人自身发展的粗略描述

---

① 商志晓.马克思主义何以深刻改变中国[N].光明日报，2019-06-17（15）.

是基于当时马克思、恩格斯时代的社会现实，但是这也激发出现实工人阶级的抗争力量，最终促成从"自为"到"自觉"的追求与建构。无产者只有通过自己自觉的行动，才能创造属于自己自由的世界，这终将把马克思主义的信仰力量建立在自觉实践的基石之上。

三、马克思主义信仰的"人学范式"特质

马克思关于人的问题理路，是围绕人的本质、人的需求、人的实践及在人与社会关系之间的内在联系展开的，尽管繁杂交错，但最终聚焦于两点：一是人的现实何以如此？这是思考资本现代性是否给人带来了应有的尊严的问题；二是现实的人何以可能？这是思考资本主义无法解决自身内在矛盾的条件下，人何以可能实现自由全面发展的问题，即人的问题绕不开其生活展开的时空环境。马克思倾其一生叩问资本主义现实，探究现实社会为什么这样、又为什么不能更好。他批判德国古典哲学，从中寻找适合无产阶级的批判武器；用《资本论》批判资产阶级政治经济学，揭示无产阶级受剥削的秘密；对空想社会主义进行批判，并揭示各种流行社会主义的本质特征，从而实现了科学社会主义理论的指导与无产阶级解放运动实践应用的有机结合，直至终老。由此而生发出来的被奴役、受压迫劳苦大众对马克思主义的信仰，从产生的那刻起就带有特质性，它不强加于人，它没有什么神秘不可言说，更不为少数人的私利服务，"共产党人不屑于隐瞒自己的观点和意图"。① 这种坦诚的特质来源于马克思主义信仰的科学真谛、无产阶级的至高道义、社会发展的历史大势和伟人的自觉践行。马克思主义信仰贯通理论和实践视角，科学地对人类社会的未来发展趋向进行预见，并推导出资本主义社

---

① 共产党宣言[M].北京：人民出版社，2018：42.

会最终将迈向共产主义社会的论断。人类社会发展的美好愿景是人之共需，马克思主义信仰确立为行动指南最自然不过，当所有被压迫人民和被压迫民族也将这种需要坚定地奉为指南时，这就是形成了对马克思主义的信仰。因此，范式特质中的马克思主义信仰研究，既要探讨它与一般信仰或宗教的不同特质，又要通过其"是其所是"的独特之处，来理解马克思主义信仰的魅力和内生逻辑。这种特质表现在以下几个方面：

（一）马克思主义信仰是确立在"此岸世界"的信仰

它不是一种虚幻的、神秘的、宗教式的信仰，也不是一种脱离现实和实践的抽象思辨哲理，而是一种人在追求现实幸福中由衷生发的信仰。现实的人自身及其解放问题是马克思主义的出发点和最终归宿，所以马克思在理论研究生涯中第一个批判的对象就指向了宗教，指出了人与宗教的关系是颠倒的认识，宗教的实质是"人民的鸦片"，是对人民现世苦痛的精神安慰剂，而问题在于解决痛苦的根源要起来抗争，自己争取自由独立和幸福生活，把实现社会变革和个人自由的力量寄托于人本身而非其他异己力量。对此他指出："废除作为人民虚幻幸福的宗教，就是要求人民的现实幸福。""真理的彼岸世界消失以后，历史的任务就是确立此岸世界的真理。人的自我异化的神圣形象被揭穿以后，揭露具有非神圣形象的自我异化，就成了为历史服务的哲学的迫切任务。于是，对天国的批判变成对尘世的批判，对宗教的批判变成对法的批判，对神学的批判变成对政治的批判。"[①] 认识到宗教彼岸世界的自我异化真相后，人类追求幸福的任务就要从身边的此岸世界去寻找，视野聚焦到当下的资本主义现实后，发现此岸世界并不如人所愿。尽管"资产阶

---

① 马克思恩格斯选集：第1卷[M]. 北京：人民出版社，2012：2.

级在它的不到一百年的阶级统治中所创造的生产力，比过去一切世代创造的全部生产力还要多，还要大"，[①] 但是资本主义也带来了对童工和女工非人的使用剥削，带来了工人因异化而丧失自由拼命工作和资本家因拜物教而疯狂追逐利润并存，制定了金钱衡量一切的量化标准，完成了社会化大生产把所有国家都卷入资本市场的野蛮状态。所有的一切并不是资产阶级宣扬的自由、平等、民主的美好。所以，消除资本主义社会的现实苦难，只能由工人阶级通过推翻现存不合理制度的方式来完成。立足此岸世界来解决现实困境，是对工人阶级最现实的关照和体恤，站在这个立场的马克思主义，其所指未来斗争方向自然会赢得受压迫民众的信仰。

（二）马克思主义信仰是确立在"占据道义的制高点"上的信仰

道义的高低取决于其立场和服务对象，为什么人的问题，是一个根本的道义取向问题。马克思主义从诞生开始，就宣称要站在代表全世界被压迫者和被剥削者的根本利益的立场发表主张，马克思本人也是以道义的高度自觉通过各种方式参与推翻资本主义社会的斗争，他关心工人阶级的生活和斗争，关心妇女的社会地位和解放，关心被压迫民族和弱小民族的命运和革命斗争。所以，他的全部生活都是围绕绝大多数人的利益和解放而呼吁并亲身投入实践战斗的。他的理论研究更是为人类解放发展方向论证出共产主义不是空想的"乌托邦"，而是人类自身在实践斗争中改变现存社会的活动并能够逐步建立的一种美好社会形态。在其生活的社会条件下，他没有屈服于社会主导的资本逻辑，而是站在最广大人民的立场上探求人类解放之路，为建立一个消灭压迫、消灭剥削、

[①] 共产党宣言[M].北京：人民出版社，2018：32.

人人平等而自由的理想社会，一边著书立说一边斗争，终其一生。他建立的学说被奉为信仰，源自他不是为了自己一己私利，他相信人不能只为自己活着，还要为他人考虑，为此选择最能为人类谋福利的事业，为社会奉献将赢得人民永远认可和纪念。

（三）马克思主义信仰是确立在社会历史发展必然规律上的信仰

马克思对社会发展规律的揭示，道破了社会变革发展与人的全面发展互相促成的天机，尤其是他运用唯物史观剖析资本主义发展而形成的"两个必然"理论，不但逻辑再现了人类社会基本形态的演进必然性，还找到了社会发展动力所在——生产力发展的物质推动力量。而生产力的这种决定力量既促成了社会领域的变革，又是人自身自发自觉追求自由个性和价值满足的能动过程。即在社会历史发展规律这一主线上，最终社会发展目标与个人终极关怀交合为共产主义理想社会的实现。所以，"马克思主义信仰并不是对历史规律的宿命式的顺从或浪漫的理想化，它只是对人类历史发展趋势的积极体验，它意识到我们靠理智和意图而成为历史的一部分，因为我们有能力使历史与人类愿望达成一致，是历史规律与主观确信的统一"[①]。也就是说，马克思在社会发展目标和人的发展目标之间确立了一个互为价值尺度、互为实现条件、互为规律自洽的剧作者与剧中人一体化体系，由此在这个动力和目标互促的知识性、规律性体系中，人一旦领悟到马克思主义信仰之真谛，自觉地担负起改造现实之主体使命，将会在自觉意识支配下主动发挥应有的才能以推进社会进步发展。而人一旦真正认识到这里的真谛，也就自然会将马克思主义确立为自己的信仰。

---

① 黄明理. 马克思主义魅力与信仰研究 [M]. 北京：人民出版社，2016：253.

（四）马克思主义信仰是建立在"认知与改造世界的方法论"基础之上的信念体系

恩格斯说："马克思的整个世界观不是教义，而是方法。它提供的不是现成的教条，而是进一步研究的出发点和提供这种研究使用的方法。"① 所以，它是一种对认识世界、改造世界的方法论的信仰。这种理论的认识和应用其对立面就是教条主义、实用主义，为此马克思一贯反对本本的照搬照抄，对待任何理论都应该看到不存在穷尽世界认识的终极真理。马克思、恩格斯当年就针对德国"真正的社会主义者"盲目照搬的做法加以批评，他们指出："在这种著作从法国搬到德国的时候，法国的生活条件却没有同时搬过去，在德国的条件下，法国的文献完全失去了直接实践的意义，而只具有纯粹文献的形式②。"故而马克思主义首先是一个理论体系，这个体系在唤醒民众并提供给他们认识世界、改变自身命运的理论武器。其次是马克思、恩格斯以及后继者们理性探索智慧集结的思想载体，这个思想成果是在实践中不断创新、不断与时俱进地自我更新自我发展的结晶，也是不断直面新的现实难题、不断思考、不断探索而不是僵化为书本教条的解答过程。这个过程尤其要注意把马克思主义理论与本国实际情况相结合，为此恩格斯强调："在我看来，马克思的历史理论是任何坚定不移和始终一贯的革命策略的基本条件，为了找到这种策略，需要的只是把这一理论应用于本国的经济条件和政治条件。但是，要做到这一点，就必须了解这些条件。"③ 这就是一个理论与实践结合的过程，其中最突出的特点就是一方面提供给我们

---

① 马克思恩格斯选集：第 4 卷 [M]. 北京：人民出版社，2012：664.
② 共产党宣言 [M] 北京：人民出版社，2018：56.
③ 马克思恩格斯选集：第 4 卷 [M]. 北京：人民出版社，2012：574.

一套认识世界、观察社会、解决问题、批判与建构于一体的方法，无论是研究哲学本源问题，还是探索社会发展问题，抑或是人生价值评判和意义选择，马克思主义的方法论都能行之有效；另一方面从实践发展的角度看，其与中国发展实际的结合，将越来越彰显出其解题功能的魅力，由此这种信仰绝不会局限于共产党人自身内部，它会因为极强的知识魅力和应用法则被大众所青睐，奉若神明，不足为奇。

综上所述，借助学术范式这种学科研究模式，形成对马克思主义信仰研究的最一般问题的回归性梳理，尽管可以从马克思主义信仰研究的主体向度、问题向度、价值向度、实践向度以及特质向度探讨，但都是对马克思主义信仰研究的核心要义的回应，即为谁提供的信仰、为什么可信、它能解决什么问题。在问题现实展开的学界探索中发现：这也是在解决人学视域的重点问题，即人之为人如何对现实态进行超越和对理想态如何实现的问题。所以，立足人的现实生活态，担负起"实然应然"之抗争使命，在"此岸彼岸"之危机与超越中，通过实践与人的主体能动性相结合，既领悟马克思主义理论巨大的现实关照优势和人文关怀特性，又以此为指导在社会历史发展规律的必然趋势中顺势而为，在创造生产和生活中，不断对象化为理想现实。所以马克思及其学说之真，在于其所倡导的一直是一种对现实不完美的批判革除运动，在不断趋于自由王国的过程中，居于中心的是人，是不断超越物质世界的束缚寻求物质与精神双解放的主体的、全面的、自由的人。这正是人类为什么需要马克思主义的原因所在。

06 儒学复兴场域下马克思主义信仰问题研究的策略路径

信仰,作为人类精神生活领域的高阶价值信念,始终占据着核心地位。对于个体而言,它是个人行为方式的基石,为个体的行动提供着根本性的支撑;对于民族来说,信仰是凝聚民族精神、维系民族团结的重要支柱;而对于国家,信仰则是构建国家政治意识形态、引领国家发展方向的核心要素。而马克思主义信仰是中国共产党及全社会在任何时期都需坚守的核心精神支柱,它不仅为广大人民群众在党的正确引领下投身共产主义建设提供了重要的精神保障,而且是推动整个社会持续蓬勃发展的强大精神驱动力。中国梦既是国家、民族的梦,也是每一个中国人的梦。中国梦的实现,离不开全社会的共识,也离不开每一个中国人的积极参与。所以当前全国人民为实现中国梦而齐心协力,这不仅是首要的政治任务,也亟须一种坚定的信仰来支撑这一奋斗历程。这个最大的信仰越坚定,建设得越好,就越能切实增强国家认同、民族共识,就越能强化全体人民对中国特色社会主义的坚定信念。这就意味着,我国的信仰建设和提升必须在坚持马克思主义指导地位的前提下,在充分发掘中华优秀传统文化精髓为我所用中实现优化和提升。

一、目前思想领域的问题及其对马克思主义信仰的冲击

进入21世纪以来，全球化浪潮汹涌澎湃，市场经济蓬勃发展，多元文化与意识形态相互交织渗透，这一背景既为我国的发展开辟了广阔的空间，也对国民的思想观念与价值取向带来了前所未有的挑战与冲击。随着全球化的深入发展和国内全面深化改革的持续推进，世情、国情及党情均发生了深刻变化，这对马克思主义信仰的时代解释力，以及中国共产党在引领全国民众共同构筑共产主义信仰方面所展现的坚定性，提出了直接且严峻的挑战，也使我国马克思主义信仰教育遇到新的挑战，面临一些困境。

首先，全球化带来的日趋开放和一体的国际发展局势，在大发展、大变革、大调整的交织中，政治经济的交流互动深化随之引发思想文化的交流、交融、交锋的新特点，使诸多不确定和不稳定因素针对中国崛起带来的"中国式奇迹"评头论足。有人对我们的发展和指导思想提出了"中国威胁论"的误解，并恶意诋毁马克思主义。他们或片面地将苏联解体与东欧剧变归因于马克思主义的失效，或否认其在当今时代的实际作用，从而否定和质疑马克思主义信仰。这些观点不仅过时，且忽视了马克思主义在现实中的重要性和价值，甚至提出了诸如"马克思主义无用论"等错误看法。这实质上是西方发达国家借"西强东弱"的发展优势继续加紧意识形态斗争的伎俩，既是对社会主义的意识形态渗透，也是消解社会主义思想根基的企图，在当前复杂的形势下，确实形成了对信仰马克思主义的挑战，容易在思想领域让不明真相的国人对马克思主义信仰的合理性和主导地位产生质疑。另外，在人类文化既多元又呈现各自特色的发展中，各种社会思潮的差异性凸显，如新自由主义、新保守主义、后现代主义、民主社会主义等各执一词错综复杂；既形成了日趋频繁交流与交融的全球文化趋同化局面，又对以中国的儒学文化为

代表的中华文化价值观表现出浓厚兴趣和广泛认同，在西方出现后现代性发展诸病症的社会问题时，一些儒学文化圈国家的经济发展奇迹，使对儒学的研究呈现复兴态势。随着交往的扩大，中国积极融入国际全球化进程，也使国人的主体意识越发觉醒和思想越发解放，主体性增强与大众文化的庸俗化趋势之间的张力越来越对中国传统文化与马克思主义信仰的关系提出要求，这表现为对马克思主义信仰的多样影响和冲击。

其次，网络空间话语权的争夺成为当今世界各国意识形态较量的新战场。互联网成为影响人们日常生活的重要因素，网络信息化对马克思主义信仰传统阵地的挤占和抢占并存，网络媒体的广泛普及，既为马克思主义信仰的迅速、便捷传播提供了契机，也无形中为多样化的社会思潮开辟了广阔的发展空间与传播路径。传统上以信仰教育为主导的方式，在网络环境里遭遇了前所未有的挑战与干扰。网络空间已然成为各种价值观与意识形态交锋的新战场，思潮间的相互碰撞导致了价值与信仰选择的多元化。在此背景下，西方文化和价值观利用网络平台的虚拟性、随意性及互动性特征，获得了更为广泛的传播机会，无形之中渗透并影响着部分国民的政治观念与民族意识，导致了一定程度的模糊与淡化。同时，我国民族文化在网络上遭遇了西方文化的强势挤压与排斥，面临着被边缘化甚至扭曲的风险，严重威胁到我国优秀传统文化的传承与发展。资本主义社会思潮和西方国家对我国社会主义事业的无端攻击又在相当程度上冲击着我们的马克思主义信仰，在一定程度上使马克思主义在网络领域和实际工作中出现了"被边缘化"和"标签化"的现象，甚至在一些学术论坛及网络论坛上出现马克思主义失语、失踪、失声的局面。网络空间的虚拟性、开放性和平等性原则，为其成为各类社会意识自由交流与表达的重要平台奠定了基石。在此背景下，新自由主义作为西方资本主义社会的核心意识形态，凭借其技术上的领先优势，已逐步构建起在当代全球范围内占据主导地位的话语体系,这一过程无疑对马克思主义话语的表达空间构成了挤压。此外,网络空间内充斥着大量非马克思主义、伪马克思主义乃至反马克思主义的思潮,这些思潮与个人主义、功利主义等不良思想,以及邪教、迷信活动相互交织,共同对作为主流意识形态的马克思主义话语权发起了挑战,进而引发了人们世界观的不稳定、人生观的偏离以及价值观的扭曲。面对多元化价值取向与选择的复杂性,个体往往陷入迷茫与无措,这直接导致了对于马克思主义信仰认同的危机。

再次,我国全面深化改革进入新阶段,当前国内发展格局正经历着深度变化与调整,步入了攻坚期与深水区的关键阶段。在此背景下,社会发展机遇与挑战并存,各类矛盾相互交织,构成了复杂多变的社会发展图景。意识形态呈现新态势,思想文化领域也出现了不少值得警惕的问题,如:重享受重物质,视金钱为万能的现象理直气壮;蔑视精神追求、精神家园荒芜成为常态;主张个人利益至上、信奉个人主义的不在少数;无视集体主义的团队力量、虚化团队精神不时出现;敬畏法律、尊重规则的意识普遍走低;近些年来历史领域重臆断轻事实,对榜样英雄人物非议调侃,历史虚无主义以"新说""重构"成风;文化领域,学术领域重西方轻本土,盲目崇外,膜拜西方的观点、标准、生活方式;中华文化本体被不断弱化,直接导致了文化自信危机。上述现象的发生,极大地引起思想认识领域的混乱,在全面实现小康社会这一千年梦想的背景下,以及面对中华民族伟大复兴这一不可阻挡的历史潮流,我国社会建设必须一方面从经济发展方面及时应对非协调或非和谐的发展失衡失序现象,另一方面还要从精神文明建设方面应对个人的狭隘利益与认识对社会共识的不断解构,防止在共同的思想基础凝聚方面形成对马克思主义信仰的怀疑和动摇,这些都是我们应该引起重视的问题和风险。

最后，从党内思想建设和队伍建设来看，中国共产党在长期执政过程中不断面对着四大严峻考验：执政能力的挑战、改革开放的试炼、市场经济的考验，以及外部环境的挑战。与此同时，我们还必须正视四大潜在危险：精神懈怠的风险、能力不足的威胁、脱离群众的危机，以及消极腐败的危害。在思想文化层面，尽管马克思主义作为指导思想能够与时俱进，但在理想信念与信仰的认同上，仍面临一定程度的挑战与"认同危机"。在此背景下，全面从严治党的战略布局应运而生，旨在推动党的建设新的伟大工程的进一步提升。然而，工程规模的扩大也意味着建设难度的相应增加。风险因素越多，不确定性就越大。所以，作为世界第一大执政党，中国共产党的建设实际面对着许多困难，但是首要任务就是要始终保持好思想建党，政治强党，始终保持党的纯洁性和先进性。法国思想家托克维尔说："一个社会要是没有这样的信仰，就不会欣欣向荣；甚至可以说，一个没有共同信仰的社会，就根本无法存在。"[①]同理可知，对于一个政党而言，缺乏共同信仰将直接导致其难以存续，即便勉强维持，也难以长久。所以，对于个别党员干部的思想滑坡甚至腐化堕落，中国共产党始终保持零容忍态度。全面从严治党是一项长期工程，面对各种非马克思主义和反马克思主义的思想，面对西方敌对势力鼓动颜色革命，引发局部动荡的伎俩，面对封建迷信的死灰复燃和享乐奢靡等腐朽思想的侵蚀，面对丑化、虚无甚至是妖魔化社会主义制度，以及否定党的领导和马克思主义信仰之科学性的思想，绝大多数党员干部是立场坚定的。但是，现实生活中还存在不明显的温水煮青蛙式的陷阱，尤其是面对日趋娱乐化、庸俗化的社会思潮，面对经济市场化发展所引发的极端自私的精致的个人主义现象，面对隐蔽性、渗透性的西方

---

① [法]托克维尔.论美国的民主[M].董果良译，北京：商务印书馆，1989：524.

价值观念、生活方式，这些就增加了抵御错误思潮的难度。所以，中国共产党若未能对此保持清醒的思想警觉和深厚的理论认知，将会引发党内思想的动荡，对马克思主义信仰的坚定性产生削弱，有可能会进一步引发党内马克思主义信仰的危机状况。

二、马克思主义信仰的新时代阐释与蕴含赓续

一个人的信仰状态，包括是否信仰、信仰的内容以及信仰的深度，不仅深刻影响着其自我认知的更新、自我调整的能力及自我定位的准确性，还直接关系到社会能否实现良性且有序的发展。因此，汇总并分析近年来学术界对马克思主义信仰的研究成果，深入领悟其精神内核与坚实基础，显得尤为重要。而且在此基础上进一步探索在当代社会转型期如何加强马克思主义信仰建设的问题，以克服作为社会思潮的儒学复兴趋势对马克思主义信仰的冲击和解构危机，构建新形势下马克思主义信仰的提升路径，也是非常必要的。那么，构建的前提就是必须要弄清楚马克思主义信仰在新时代条件下的蕴含所指，妥善处理其与中国特色社会主义理论体系之间存在的实际联结点问题。

（一）新时代中国实践仍是在马克思主义信仰的现实定向导航中构筑实践基础

新时代世界格局深度调整，两种制度并存的局面依旧存在。中国的改革开放和社会主义现代化建设实践同样会激发对马克思主义信仰的深化解读和研究。在新时代背景下，我们必须紧握发展机遇，加速推进经济发展进程，同时确保社会的和谐与稳定。通过展现制度的先进性和优越性，我们要让广大人民群众真切体会到马克思主义信仰的正确指引力量。

在当代中国社会主义市场经济的实践中，面对社会主义的发展和完善问题，虽然各种经济、政治、哲学流派如实证主义、存在主义、结构主义乃至解构主义等纷纷登场，或因现实问题超出马克思理论文本而质疑否定马克思主义，或指责新时代实践条件完全不同于马克思时代而应远离马克思、超越马克思，但是事实证明这种对抗注定是徒劳的。因为马克思主义信仰在新时代的中国实践中仍然具有现实定向导航的实践基础。虽然实践与发展中存在许多问题，但是我们把加快完善社会主义市场经济体制确立为社会主义基本经济制度之一，正是真正理解和应用马克思"物质生活的生产方式制约着整个社会生活、政治生活和精神生活的过程"①的思想，也正是看到市场经济仍然处在马克思指出"以物的依赖性为基础的人的独立性"阶段，所以仍然要为解决人的全面发展而不断丰富和创造物质条件，而且要在社会主义市场经济的实践发展中必须坚持以人民为中心的发展理念，才是马克思的真正的人本思想的理解。

新时代以来我国社会主义初级阶段的国情依旧，现阶段的生产力发展仍是社会发展的中心任务，劳动还是作为谋生的手段而没有成为人们生活的第一需要。与共产主义的远大理想之间还存在差距，这表明在追求共产主义理想目标的过程中，马克思提出的唯物主义历史观的方法论意义仍将继续指导我们的社会发展实践，因为，在人民创造历史的必然趋势中，发挥现阶段全体人民的能动实践力量，去实现中国特色社会主义的共同理想，就是切实推进共产主义的现实运动的体现。但是任何历史的进程都不是一蹴而就的，在历史规律面前既要发挥主体能动作用又不可急躁冒进无视规律的强大。马克思主义是一个随着时代变迁、实践

---

① 马克思恩格斯选集：第 2 卷 [M]. 北京：人民出版社，2012：2.

深入和科学发展而不断进步的开放性理论体系,它并未终结对真理的探索,而是开创了一条通往真理的康庄大道。对于只有几十年的中国特色社会主义实践来说,改革越深入、新情况新问题就越会不断出现,但是,只要始终站在中国人民的立场和需要上解决问题,立足中国科学发展这个最大的实际,那么马克思主义信仰就必定会将中国共产党和中国人民、中华民族的命运紧密相连,必然会在人民性和实践性的底色中,在尊重人、关心人、发展人的现实的行动中,解读时代特征,引领时代发展潮流。在当代中国,科学社会主义理论逻辑与中国社会发展历史逻辑的现实融合与展现,为发展注入了新的动力,具体体现在全面统筹"五位一体"总体布局,以及协同推进"四个全面"战略布局,逐步迈向全体人民共同富裕的进程中。故而,在新的时代方位上,马克思主义信仰仍然为中国人民指出了切实的奋斗方向,仍然呼应着中国人民的新需要,在中国特色社会主义实践中仍然具有解题功能,它的坚实的实践基础就在于以人民为中心的共建共享追求。

(二)美好生活的需要与追求是马克思主义信仰伟力在新时代中国的实践确证

党的十九大报告指出,我国进入新时代后社会主要矛盾发生了变化,必须将满足"人民的美好生活需要"确立为新时代社会主义事业的奋斗方向。人民的美好生活需要虽标准宽泛却意味着质的飞跃,这既是精准把脉人民需要与社会主要矛盾转化的互动关系原理之需要,也是在科学判断历史方位中凸显马克思主义信仰在现阶段实践的现实表达,更是马克思主义的真理力量在中国人民命运改变过程中的现实展现。建设中国特色社会主义的伟大事业,以"人民的美好生活需要"引领发展,这种需要是新时代以人民为中心的整体性需要,既关照每个个体的合理需要，又以人民的共同需要为旨趣；它是从社会整体层面反映出的大多数人的生存和发展现实状态出发，对更高品质生活需要的追求，是体现多样化、多层次、多方面特点的需要追求，也是更注重社会需要和精神需要的追求，尤其是对求知、审美、社会发展新理念的需要格外重视的一种追求。从需要层次来看，它是高于生存需要之上的、更加注重人的享受需要和发展需要，尤其重视人们休闲时间、舒适环境以及全面发展的需要。所以，明确人民对美好生活需要作为奋斗方向，是社会主义发展的题中之义。一方面，这是合乎自然发展和社会发展规律的理性判断，对优美生活环境的需要本身就离不开自然环境之基，是人与自然的和谐共生需要的客观表征，需要通过"五位一体"总体布局来引领科学发展方能实现，既消除制约美好生活需要的诸多障碍，又呼应中国式现代化的现实需要；另一方面，美好生活需要合乎人的内在本质规定性，既合乎人的物质利益追求，又合乎以人民需要为目的价值追求，是新时代人民信仰的旨归。

以人民美好需要为导向提出发展战略，是目前中国特色社会主义最大的实际，是致力于考量更加丰富性、全面性的需要，也是实现共产主义的最低限度。因此，美好生活需要契合的是人的全面发展的目标追求，是不断消除任何人的特殊活动范围和人的发展的片面性，更加注重人的自主活动驾驭外部世界的能力和自由自主的精神需要的满足，符合从必然王国到自由王国的跃迁趋向。所以，它更加具有信仰的定向性功能，更体现马克思主义的旨趣。不断满足新时代人民对美好生活的需要，只有不断从物质财富和精神文明双发展的层面，去真正面向共产主义事业实际推进，才能反映马克思主义信仰真正契合人类需要之处的现实性。这也正蕴含于党全心全意为人民服务的信仰践行之中，也是中国人民在马克思主义信仰的武装下成功改造世界，创造美好生活的信心所在。这种马克思主义信仰解题当代中国的过程,是把马克思主义认识论与实践论有机结合,用以解决现实矛盾和问题的能动哲学。马克思主义政党由于其与民共在的立场,自然会收获人民的信仰,而且通过成果共享来满足人民需要,激发人民的创造力量和更高需要。这完全是源于它契合了人民的需要,同时又不断地通过满足人民的美好需要来创造历史,直至最终在人的自由而全面发展和社会发展中开创出人人能够"按需分配"的共产主义美好社会。

(三)以人民为中心是新时代马克思主义信仰之终极关怀价值意义的现实体现,也是实现人的全面发展的阶段性表达和路径表达

在当代中国,马克思主义信仰不但在中国大地上引发了社会主义革命、建设和改革的生动实践,实现了中国人民站起来和富起来的夙愿,而且在新时代继续引领中国人民去实现中国特色社会主义现代化强国的美好前景。中国共产党人将这一科学信仰具体实践为"为人民谋幸福,为民族谋复兴"的崇高使命,并将"为人民服务"确立为自己的宗旨,把人民放在心中最高的位置,在中国的现实改造运动中,胜利取得了新民主主义革命的伟大成就,人民真正实现了当家作主,社会主义基本制度得以确立。随着改革开放的不断探索,开辟出了中国特色社会主义现代化建设的新道路。现今,我们又迈入了中国特色社会主义的新时代。这表明一个事实:中国共产党的命运、中国人民的命运、中华民族的命运与马克思主义息息相关。在新时代方位上,这一信仰也中国化时代化为"以人民为中心"的价值理念,在新时代中国特色社会主义发展中继续发挥价值关怀和实践引领的灵魂作用,为人的自由全面发展指出更加实际、可感可得的实现途径。

新时代马克思主义信仰对坚持以人民为中心、实现人的全面发展的价值意义，集中体现于两个方面。

一方面，坚持以人民为中心是新时代马克思主义信仰对人的终极关怀的现实意义体现，也是马克思主义致力于实现人的全面发展的阶段性表达和价值体现。在历史的唯物主义理解中，马克思一再使用无产阶级解放和人类解放的提法，原因就是他看到了人民群众是历史的真正创造力量。在社会主义中国，"人民"成为最核心的概念，也成为共产党人最高的信仰对象，它由工人、农民、知识分子等一切拥护社会主义中国的人组成，把马克思意义上的无产阶级包含在内，实际上具有某种人类性的意旨。新时代坚持以人民为中心的价值理念，正是人民群众的价值主体地位的体现，也就意味着在未来美好的共产主义理想追求中，人民是主体而非受体，是目的而非手段，人民群众既是出发点更是旨归点。这种价值定位本身也是社会主义价值追求的题中之义，在新时代中国凝练为一种"人民至上"信念，是发展为了人民、发展依靠人民、发展成果由人民共享的真实体现，是不让一个人在小康路上掉队的共同富裕承诺。所以，人民自由、平等、幸福的美好生活的实现既是共产党人的最高目标，也是实现人的自由全面发展目标的现实路径。因为人民不是概念，更不是抽象的，而是一个个现实的新时代中国人的总和，是能用自身的获得感、幸福感、安全感来评判中国特色社会主义事业的。所以，人的自由全面发展的实现程度要以人民高不高兴、满不满意、答不答应、赞不赞成为评判标准，是否满足了人民群众的利益和诉求，才是新时代对人的既现实又终极的关怀，每个人依靠人民获得安全感，每个人的利益和需要依靠人民获得实现的力量。所以，人民至上的信念会生发无限的集体力量，注重来自人民的实践力量在客观规律中改造世界和改造人自身，创造人民的美好生活，这是对现实的个人最真实的关照，使现实的个人因为投身人民实践实现个人的真正的价值意义，在每个人人生价值实现的过程中人民也更加鲜活实在。这在新时代中国特色社会主义条件下不是道德要求，也不是政治要求，而是人的全面发展的自然要求。在"五位一体"总体布局中人的发展的物质条件越来越完备，在全面小康消除贫困的共同富裕道路上人的发展越来越自由平等，以现实不虚的民族复兴和人民美好生活需要凝聚起中国特色社会主义的共同信念，是信仰坚定的马克思主义者与民共在谋大同的真实情怀。这正是马克思主义信仰在新时代意义价值的体现。

另一方面，作为一种实践性信仰，马克思主义信仰的超越性作用或者意义在于真正满足时代发展中的精神世界需要。也就意味着，新时代以马克思主义信仰为精神纽带能团结更多的群体，超越不同的利益，聚合民心民力，形成共同理想，在理论掌握群众中转化为改造当下的物质力量。它通过新时代以人民为中心的价值理念来实现思想凝聚以助力实现人的全面发展，既是时代发展之必需，又是人的精神世界需要之真需。但有一点值得重视，任何信仰的精神引领和精神动力作用，都必须首先在现实的个人这个原点上生发出来，才能转化成物质力量。所以，马克思主义信仰作为崇高精神信仰的存在，在新时代中国特色社会主义的实践发展中，崇高性虽以人民为中心直接体现，但必须现实化为每个人对个体自身利己主义的超越，意义价值才真实可见。而自我超越既是力量转化的现实中介，又是转化之关键。因为现实的个人都是一个现实自我和理想自我的矛盾体，追求人的自由全面发展，虽离不开外在物质条件的丰裕，但更要受限于人与自我的和解程度。马克思主义信仰在新时代对人的发展的意义价值正在于此，它关注的人的全面发展，是在温饱问题解决之后人的自由个性何以实现的发展，是更注重人的意义世界和精神家园的引领的信仰。

所以，我们能够从资本世界统治的狂热和人性尽失的精神荒芜中体味马克思主义信仰的清醒和伟大。人类在何种程度上才是解放，只能到资本批判否定私有制的共产主义运动实践中寻求，这既是历史必然的信仰指向，更是人对意义世界的超越本能诉求。马克思主义信仰的新时代功能就在于如何为社会主义初级阶段的人的发展继续寻找精神家园，也就是人的经济利益实现仅仅是基础性需要的满足，人生的幸福和价值绝不等同于物质欲望的满足。人的精神家园在于自由追求人的价值实现，包括人与人的交往关系平等和谐，自由选择职业，获得尊严和认可等。总之，追求人的自由全面发展就是人对自己人性的全面占有或者人的本质意义的全面复归，马克思主义信仰把这种追求最终落实到人的自由自觉的劳动中。因为在主体走向最终自由全面发展目标的创造性实践活动中，人类自由本质的合目的性才迎来幸福价值意义，那时劳动会成为人的第一需要。所以，新时代以人民为中心的中国实践理念并未将人民整体虚化，而是首先注重人民内部关系的平等和谐，在共建共享中激发个体超越狭隘的利己主义，在人人为他人中实现价值和快乐。这就是马克思主义信仰不但能改造世界而且能改造人自身的魅力所在，讲求人的意义追求与自由全面发展共同追求的一体化。

正因为如此，恩格斯乐观地指出，"只要进一步发挥我们的唯物主义论点，并且把它应用于现时代，一个强大的、一切时代中最强大的革命远景就会立即展现在我们面前"。① 由此观之，我们的马克思主义信仰，作为人类科学思想的巅峰成就，为人们认知世界、改造世界及创造美好生活提供了强大的思想理论武器。这种信仰伟力来自对客观世界本质和规律的把握，更来自对人类现实命运的深入思考，满足人的需要、实现人的自由全面发展正是马克思主义信仰引领人类未来的意义所在。

---

① 习近平在纪念马克思诞辰 200 周年大会上的讲话 [N]. 人民日报，2018-05-05（2）.

三、儒学复兴场域下马克思主义信仰提升的注意事项

在儒学复兴背景下，寻找马克思主义信仰的现实生长点问题，不是一个理论探讨问题，其实是一个由来已久的中华民族精神家园的实践建设问题。因此，马克思主义信仰的建设和提升的任务，必须在以儒学复兴表现出来的中华优秀传统文化的延续性和民族性考量中，承续和引入中华传统文化及其信仰资源的助力才可能完成。为此，我们必须充分发掘其中的有益资源，结合中国当前思想领域的信仰建设实际，探求切实可行的提升路径。具体举措或启发如下：

首先，儒学复兴视域下的马克思主义信仰建设提升，必须清醒认识到儒学复兴态势中的消极因素，必须面对儒学复兴本身带来的对马克思主义信仰的挑战和冲击，必须保持清醒的认识：当前儒学复兴思潮其积极因素有限，消极作用不少，尤其在儒学复兴思潮近年来的节节上升趋势中也存在着剧烈冲击社会结构、影响社会稳定的因素，其确实消解了一部分人对马克思主义的信仰，而且在网络上和公开出版物中还有某些极端势力的表现，这是对于加强我国主流意识形态建设不得不面对的事实。因此，必须着重强调马克思主义的指导作用，并构建起确保马克思主义在意识形态领域中占据指导地位的根本性制度。同时，不能因地位和制度而产生麻痹心理，丧失警惕性和必要的忧患意识。对此的应对措施要明确并制定长期的规划安排。儒学复兴作为一股思潮，内含多种倾向和势力，因此，必须采取多样化的策略与手段，充分汲取儒学中的精髓资源，汇聚起推动社会和谐、努力保持社会稳定的力量，同时坚决反对任何可能冲击社会架构、导致剧烈波动的极端倾向。只有明确其思潮的正反二分的实质，才能在复兴趋势中为我所用，才能有效应对。

其次，儒学复兴视域下的马克思主义信仰建设提升，必须深入挖掘儒家教育思想和智慧，切实地在教育内容、教育方式等层面上，梳理并

提炼其可借鉴的宝贵之处。在马克思主义信仰教育领域，借教化之风，行化育文章。这种教化体现为工具理性与目的理性的融合，道德教化与政治导向的交织，对个体价值观的塑造及社会伦理道德规范的内化起着润物细无声的深远影响。尤其是对于教育的深层次进入和引导是儒家的特色和优势，其倡导的童蒙养正的教育理念，因材施教的教育方法，有教无类的教育态度，教学相长的教育目标，既是具体可行的增进马克思主义信仰的综合借鉴，又以其内含的儒家教化所弘扬的道德原则，来增进社会共同信仰建设的格局和进路，也有助于提升个人的心性涵养与打造政德共同体。在世俗化又信息化的现代社会中，以儒家文化为代表的传统文化的传播与发展在大众传媒的推进中已成常态。就大众化、时代化的表达来看，其更易于为国人所垂青。因此，在高雅与通俗、感性与思辨之间寻找传统文化的化育实效策略给当下的马克思主义信仰教育和建设提供了有益的启示。

再次，儒学复兴视域下的马克思主义信仰建设提升，必须充分发掘儒学复兴态势中儒学对道德修持的研究和实践，为新时代公民道德体系建设提供资源支持，提供社会主义核心价值观培育的必要心理基础，既传承延续了中华民族的传统美德，又丰富了马克思主义信仰在个人道德追求层面的契合度。儒家对道德的深刻理解所展示出来的家国情怀和君子天下的一体思路，对于马克思主义来说也是有独特价值的资源和财富。例如，从亲子之情推导出伦理道德，于涵养气质中培养高尚节操，借由天人关系熏陶造就圣贤品质，这些都具有深刻内涵且独具中华民族特色。其与我们培育和践行社会主义核心价值观有着异曲同工之妙，内容上也有契合接榫之面。另外，中国社会对儒学融会贯通的细致程度，对于社会生活中全方位的解释、规范和引导，在生活中展现出来的感染人、同化人的精神力量，在人才培养上展现出来的积极进取、雍容大度的气象和风致，都对我们的马克思主义信仰教育及内化有所借鉴作用，也有助于构筑内涵丰富的马克思主义信仰体系，以形成全民族的共同思想基础，以培养越来越多的内在思想和自身修养合一而有感召力的马克思主义者。

最后，儒学复兴视域下的马克思主义信仰建设提升，必须充分发掘儒学复兴态势下中华民族话语体系方面的优势和借鉴，以话语方式的创新来增进马克思主义信仰的亲近感和接受度。一般而言，经过长期历史发展，儒学已为国人构筑了一套深入人心的话语体系，它包含了诸如仁义、诚信、忠孝、廉耻等核心价值观念，以及君子之风、圣贤之道、天理昭然、良心纯真、浩然之气等重要思想。若马克思主义信仰在教育传播过程中恰当地运用这些话语习惯和语言符号，是可以大大增加其引领力和凝聚力的。当然，语言的加工转换是一项细致工作，它要与马克思主义的中国化、大众化、时代化紧密相连，而且要体现更契合的民族化特征。

综上所述，鼓励儒学复兴思潮中的健康力量与马克思主义的正确互动是一种有意义的致思路向，但寻求儒学复兴场域下的马克思主义信仰建设提升的重点则在于如何汲取儒学的积极观念和思想资源。同时，切入现代思想文化领域的大众化趋势并生成民族性认同则是马克思主义信仰在新形势下的题中之义。也就意味着，马克思主义信仰若能在民族文化的深处和当代人民至上的个人关切的细处、和包括儒学在内的中华优秀传统文化对接，它的提升工作将会取得大进步。这也是当代中国场域信仰建设中如何应对儒学复兴思潮的根本方略。

07

场域转换与新时代马克思主义信仰研究的延展理路

任何理论研究都是在特定场域背景下展开，随着外在场域条件的变化，理论研究的深度和侧重点也要发生变化。儒学复兴场域下的马克思主义信仰问题，是在中国改革开放新时期面对多元思潮的激荡而亟须予以明晰的问题之一，这不仅是中国近现代史上的老问题之接续，也是基于新的发展条件与社会现象的热点追踪。所以，马克思主义信仰问题的相关研究是接着讲好中国向何处去的基础问题。尤其是在当前中国文化世俗化程度很高的语境中，需要在价值论和认识论的互动中超越原先儒学与马克思主义关系探讨的狭义认识，克服价值论视域下的非此即彼惯性的问题，更需要在价值论和历史观的结合范围上回答马克思主义信仰的发展问题。

一、复兴场域的接续亟须马克思主义信仰建设的延展研究

就今天的中国发展来看，儒学复兴场域所带来的马克思主义信仰建设资源或者所引发的二者的思想互动都是明显的、有意义的，为后来以儒学为代表的中华优秀传统文化与马克思主义信仰的结合探讨，在基本原理或者价值取向上的高度契合及会通融汇，奠定了基础。新时代场域是经济、政治、文化的整合场域，其主旨问题只有一个，那就是如何快速实现中国全体人民的自由全面发展和美好幸福生活。所以，接续儒学复兴这一文化思潮，我们更需要在新的更大的场域下，继续探讨马克思主义信仰的新发展和研究的深化问题。当下中华民族伟大复兴正处在关键期，同时中国马克思主义信仰的新发展要求对场域的认识和判断必须与时俱进。因此，面对中华民族伟大复兴的战略全局和世界百年未有之大变局的相互交织激荡的重大历史场域，必须从创造人类文明新形态的高度，更加积极主动地破解"古今中西之争"，推进马克思主义信仰的新时代发展。

马克思主义信仰是科学信仰的代表，它的科学性就在于既实现了真理与价值的统一，也在现实生活中实现了"经验"特质和"超验"特征的有机统一。其内蕴的共产主义理想是需要在人类实践的无限延展中得以实现的。所以，马克思主义信仰的新时代发展既是当下我们加强信仰建设，不断扩充马克思主义信仰的经验层内容的过程，也是一个不可能一蹴而就的长期过程，只有在中国语境中，经验层的马克思主义信仰不断得到实践检验和发展创新，它才能无限接近马克思主义信仰在超验层次上的内涵目标。因而，马克思主义信仰的新时代发展，在中国首先是一个实践创新问题，然后才是一个更大意义上的理论跃迁问题。它所具象化的中国特色社会主义的"四个自信"的状态，已经彰显出马克思主义信仰作为科学信仰而被选择的历史必然性和价值合理性，所有在此基础上形成的集体智慧结晶所体现的指导思想的新发展，都是马克思主

义信仰随时代发展而形成的在经验层面上的凝结升华。这意味着，新时代条件下推进马克思主义信仰建设或者提升，必须以中国共产党所实现的理论与实践相结合的创新成果为重要基础，将中国化的马克思主义理论创新成果不断凝练，将原创性贡献融入并丰富马克思主义信仰的时代内涵，这才是真正发展与提升马克思主义信仰之道，这才能实现马克思主义信仰在全球两种制度竞争视野上的科学发展。

以真理的精神追求真理，以科学的态度对待科学信仰，是对待马克思主义的方法论前提，也是在中国革命和建设的不断实践中被证明了的一种信仰把握世界的科学方式，这种方式是马克思主义信仰带给中国人民的，它要求新时代方位上的信仰实践必须以此学习和实践的精神为思维基础。党的十八大以来，关于马克思主义的科学认识不断取得原创性成果。可以说接续从20世纪八九十年代的"国学热"至今天的儒学复兴场域的条件下，我国马克思主义信仰建设的最典型成果就是形成了中国化时代化的马克思主义理论创新成果。这一创新成果一方面以理论体系的形态，历史地展现着马克思主义中国化时代化的过程，其实际地完成了一个马克思主义信仰规范本土化的理论内化路径。另一方面它还以信仰践行的中国样态，现实地展现着马克思主义信仰所内含科学伟力，既能引领时代，也能在中国特色社会主义的实践中大众化为现实力量。这一过程的成功有赖于三个条件，即马克思主义理论的科学性、中华文化的强大生命力、信念坚定的中国共产党团结带领全体人民所形成的行为主体。从更广义的规范传播过程来看，新时代马克思主义信仰建设不但要有一个持续的信仰传承过程，而且还要着眼于时代问题变换条件下社会思潮的外力冲击与本土信仰主体之间的现实矛盾张力，与时俱进地进行自主性建构和引领力提升的策略。维护马克思主义指导思想的地位，实则是在彰显新时代马克思主义信仰的不朽吸引力。这不仅体现在马克思主义者的坚定的本土化行动中，还要"坚持把马克思主义基本原理同中国具体实际相结合、同中华优秀传统文化相结合"。① 这是从中国化时代化理论成果的开创性、独特性意义方面所把握到的马克思主义信仰时代发展的基本要求，我们要在更加细腻的环节上发挥好儒学复兴场域对新时代马克思主义信仰建设的逻辑启示作用，并进一步在叙事话语转换、大众化传播、时代生长点、本土生命力激发等方面推进马克思主义信仰的提升路径。

二、新时代新场域下的新路向思考

新时代新征程已经开启，当前"两个大局"形势交织，"两个结合"原则的提出，尤其是"第二个结合"所带来的解放思想新机遇，要求在场域转换和创新发展两个层面上促使马克思主义信仰的新发展，使其守正创新更加具体化，在把握规律、实现中华民族伟大复兴中推进马克思主义信仰建设。新时代实践推动中国特色社会主义事业的现实成绩，是科学社会主义旺盛生命力的彰显。中国特色社会主义道路使世界上正视和相信马克思主义的人多了，使世界范围内两种意识形态的较量发生了有利于马克思主义的深刻转变。

党的二十大报告阐明了中国共产党在新时代新征程的核心使命——"团结带领全国各族人民全面建成社会主义现代化强国、实现第二个百年奋斗目标，以中国式现代化全面推进中华民族伟大复兴"。② 强国建设、民族复兴的宏伟目标是中国人民在马克思主义信仰指引下的阶段性目

---

① 习近平重要讲话单行本（2023年合订本）[M]. 北京：人民出版社，2024：101.
② 高举中国特色社会主义伟大旗帜　为全面建设社会主义现代化国家而团结奋斗——习近平在中国共产党第二十次全国代表大会上的报告[M]. 北京：人民出版社，2022：21.

标。这一目标在实践发展中已经推动着中华民族实现伟大复兴进入关键期，也就在新时代中国形成了"比历史上任何时期都更有信心、有能力实现这个目标"①的态势，也就使当前中国的新时代场域呈现出内外互动交织的特点。所以，需要在"统筹中华民族伟大复兴战略全局和世界百年未有之大变局"的战略判断中，形成对新时代中国场域的重新定位。

场域的定位既是对国家发展时空条件的准确把握，也是社会主流信仰和意识形态建设的现实出发点。我们要沿着马克思主义信仰所指引的方向前进，就需要从发展的视角形成新时代场域对儒学复兴场域的延展和超越。这就一方面要求跳出传统的马克思主义与儒学关系的理论探讨范式，进而将马克思主义信仰在思想领域的科学引领力量更好地与时代发展的实践要求相契合，这是一个对思想解放的呼唤信号。另一方面，中国实践在取得伟大成就的同时，又对马克思主义信仰伟力和理论体系不断给以检验，并在理论与实践的良好互动促进中，为马克思主义信仰理论的创新发展充实着新的内容，这也就形成了中国化时代化马克思主义信仰的新要求。"马克思主义是不断发展的开放的理论，本土化才能落地生根，时代化才能充满生机。"②"本土化"是马克思主义信仰不断植根中国的过程，其中不可避免地也会发生"时代化"表达，这是时空条件维度对马克思主义信仰守正创新的"一体两面"。需要注意的是，这种时代化发展不仅创新着马克思主义信仰的叙事方式，还将马克思主义信仰伟力在世界维度上进行了延展，也就是其从话语方式上要不断横向扩展马克思主义信仰的世界旗帜影响力。而中国本土化的发展就是

---

① 十八大以来重要文献选编（下）[M]. 北京：中央文献出版社，2018：669.
② 习近平新时代中国特色社会主义思想学习纲要（2023年版）[M]. 北京：人民出版社，2023：44.

要在纵向层面上不断将马克思主义信仰贯通历史、现实与未来，还要以马克思主义信仰为底色构建中国特色哲学社会科学体系。

新时代中国实践与理论创新的互动呼唤着我们要不断开辟马克思主义中国化时代化新境界，也要求我们从发展、运用、研究三个维度回答新时代坚持和发展马克思主义何以自信的问题。在新中国历代领导人的努力下，继续将马克思主义基本原理同中国具体实际相结合，奠定了中国人民从站起来到富起来的基础，面对怎么样强起来的时代发展之问，习近平总书记鲜明地提出"'第二个结合'是又一次的思想解放"的重要原创性观点，从思想解放和理论创新的方法论视野谋划中国未来的第二个百年奋斗目标新征程。之所以说"第二个结合"具有思想解放的意义，主要在于它既是对马克思主义发展规律的经验总结，还把握住了中华民族的主体性要求和鲜明的文化自觉，更从思想文化领域破解了"古今中西之争"对新时代发展的困扰。这就从守正创新的方法论层面将马克思主义信仰的理论深化研究和新时代实践发展课题突出了出来。党的二十大报告首次把"守正创新"范畴作为习近平新时代中国特色社会主义思想的世界观方法论之一，将"续写马克思主义中国化时代化新篇章"确立为基本途径，此举将马克思主义信仰的坚守与发展在认识论层面提升至新的高度，为新时代马克思主义信仰的创新发展明确了根本途径——"两个结合"。因为"在五千多年中华文明深厚基础上开辟和发展中国特色社会主义，把马克思主义基本原理同中国具体实际、同中华优秀传统文化相结合是必由之路。这是我们在探索中国特色社会主义道路中得出的规律性认识"。[①]这得益于改革开放以后，我们经过"实践标准"的建构而形成的共识要求——作为理论的马克思主义和作为实践

---

① 习近平在文化传承发展座谈会上的讲话[M].北京：人民出版社，2023：5.

的现代化建设需要深度结合。同时，在现代化推进的过程中，我们也越来越认识到现代化不等于西方化，中国的现代化是马克思主义信仰指引下的、完全不同于的西方式的以资本为中心的现代化。因此，这需要明晰马克思主义信仰在中国发挥实践伟力的主体特色和民族文化性格。为此，经过实践探索，"'第二个结合'是又一次的思想解放"的原创性观点不但明确出了"中华优秀传统文化是我们党理论创新的'根脉'，马克思主义实现中国化时代化的根本途径是'两个结合'"，还突出两个结合的不同意蕴，若"与中国的具体实际相结合"凸显了马克思主义信仰的实践导向，那么"与中华优秀传统文化相结合"则着重于丰富马克思主义信仰的文化根基，它们共同建构起马克思主义信仰本土化时代化的话语体系。这一观点的关键性意义就是在中华文明的深厚底蕴中把握住了社会主义的中国特色，从而更加重视挖掘中华优秀传统文化中的精华资源，通过"第二个结合"构建起支撑中国式现代化的文化形态，为继续突破新境界之飞跃发展提供了新时代的答案。这就是："'结合'本身就是创新，同时又开启了广阔的理论和实践创新空间。'第二个结合'让我们掌握了思想和文化主动，并有力地作用于道路、理论和制度。"①所以，这一结合创新的方法路径能够为新时代马克思主义信仰提供从文化层面实现以文铸魂的创新逻辑启示。面对新时代人民的精神文化需求日趋多样化、个性化的现实，怎样既坚持以人民为中心，尊重人民主体地位和首创精神，又搞好文化建设，推动文化繁荣，丰富人民精神文化生活，促进满足人民文化需求和增强人民精神力量相统一，这构成了当代中国人在构建精神家园、领悟信仰价值以及创新新时代马克思主义信仰方面的关键侧重点与实践路径。

---

① 习近平在文化传承发展座谈会上的讲话 [M]. 北京：人民出版社，2023：8.

三、新时代马克思主义信仰建设的侧重方向

当前我们所处的新时代，既渴求思想理论的引领，又具备孕育思想理论的土壤，更是一个在深刻变革中持续驱动思想理论进步的时代。马克思主义信仰，作为时代精神的精粹，总是要在发挥引领时代的实践功能中与时俱进地把握时代，以实现自我时代化、本土化的发展。在中国场域条件下推进马克思主义信仰建设，不但要对当下做好时代方位的判断，还要及时将实践创新经验升华为新的信仰内涵。这种建构工作需注意以下几个问题：

（一）面对时代的变迁和实践的发展，马克思主义信仰的新发展已呈现出理论研究与实践需要的不对称样态

目前中国化时代化的马克思主义创新成果成绩显著，但也要清醒地看到，"推进马克思主义中国化时代化的任务不是轻了，而是更重了"。[①]因为来自实践的新情况已经远远超出了马克思主义信仰理论所揭示出的现象世界范围。当然，这有理论的抽象与现实的具体发展之间的错位因素，但是，在推动马克思主义的中国化与时代化进程中，首要任务是坚守马克思主义信仰所指引的方向。这里面既有理论体系的创新，又有信仰理念的坚守，所以，其中的魂和根要在时空场域中弄准。习近平总书记强调："马克思主义中国化时代化这个重大命题本身就决定，我们决不能抛弃马克思主义这个魂脉，决不能抛弃中华优秀传统文化这个根脉。坚守好这个魂和根，是理论创新的基础和前提，理论创新也是为了更好坚守这个魂和根。"[②]这里就以鲜明的问题导向为马克思主义信仰的研

[①] 习近平新时代中国特色社会主义思想学习纲要（2023年版）[M]. 北京：学习出版社，2023：46.

[②] 传承与发展——建设中华民族现代文明 [M]. 北京：人民出版社，2023：184.

究创新指出了新空间。因为马克思主义信仰的新时代发展要实现经典理论的时代飞跃，可是理论的飞跃不是新瓶装旧酒的词句翻新，也不是自说自话的循环逻辑论证，归根结底要看能不能回应实践难题、引领实践发展。这些发展中的问题是促使信仰理论创新的动力，同时也是促成信仰时代发展提升的新成长空间。

历史与实践早已证明，马克思主义信仰是解决中国问题之科学"矢"，其科学伟力既需要精准对射中国问题才能显现，同时在实际中把握好两者的关系也很关键。但是就新时代方位情势下，问题之多之难的事实要求充分考虑马克思主义信仰之矢的强度、力度、效度以及准确度等方面，还要综合判断外在环境及民众心理等因素，再在行动实践中用好马克思主义的信仰之"矢"，以解决新时代中国之"的"，其中展现的精准化效果与适配性构成马克思主义信仰的新发展。另外，中国化时代化当然首先要求推进理论的体系化、学理化。这是理论创新的题中应有之义，也是马克思主义中国化时代化的重要途径。马克思主义信仰深蕴其中完成了中国人精神上的主动性构建，并以人类社会发展规律的科学揭示彰显其真理性和价值性的统一。新时代反映马克思主义理论创新的最新成果——习近平新时代中国特色社会主义思想的新理念新论断既系统阐释了接续中国化马克思主义的原创性贡献，而且把马克思主义信仰所需的理论创新时代背景和实践要求也阐释清楚了。在此基础上，其彰显出的正是这种理论的世界历史意义和信仰引领价值。面对世界动向大势，当代中国场域及其所处的伟大变革，构成了发展马克思主义的舞台，也形成了马克思主义信仰为中华民族作出原创性贡献的试验场。那么，中国式现代化对人类文明新形态的开启，则为马克思主义信仰在世界范围内的领航创造了实践条件。因此，在以中国式现代化全面推进中华民族实现伟大复兴的历史境遇中，不断开辟马克思主义中国化时代化新境界，是每一个新时代国人的信仰使命和追求，也是不断在结合中推进马克思主义信仰旗帜引领世界人类文明新形态的大舞台。这是马克思主义理论自身科学性资质的本性使然，也需要在中国实践中继续彰显其信仰伟力。

除了推进马克思主义中国化时代化的整体任务需要重视以外，我们还需要注意在新时代场域下的一个细节问题。那就是在人们认识马克思主义信仰的常态观念中，存在着从科学理论和共产主义理想这两个方面来理解马克思主义信仰内涵的惯性。也就是说，我们注重凸显共产主义理想这个方面，而淡化了人的发展价值追求这个方面；我们注重对人的解放条件和途径的社会性探讨，而淡化了对人的发展问题的个性匹配研究。其结果就形成了马克思主义信仰体系无力为个体性层面上的人的活动和社会发展提供应有的价值导向，进而无力引领人的活动和社会进步。马克思主义信仰体系之所以存在上述不足，其原因是多方面的，既涉及马克思恩格斯研究重点转向的问题，也涉及时代主题制约的问题，还涉及对马克思主义理论误读的问题。[①]针对新时代背景下马克思主义信仰的时代发展议题，我们进行深入探讨，就需要不断推进认识，把共产主义社会理想和人的发展价值追求两个方面有机结合起来，才能充分发挥马克思主义信仰体系的价值关怀和导向功能，才能真正满足人民对马克思主义信仰在个人生活层面的实际需要。今天社会主义的中国已经从根本上解决了人的生存需求。所以，人的发展问题已经凸显出来。新时代中国人的发展问题具体体现为人民的美好生活需要问题，所以，在中国马克思主义信仰追求的表述要适应时代需要，与时俱进地契合人民大众的共性和个性需要，只有这

---

① 陈新夏.唯物史观价值取向当代建构的前提性考查[J].哲学研究，2019（2）：23-32.

样才能切实增强马克思主义信仰的时代吸引力。马克思主义信仰作为时代精神的精华，应当在中国社会发展的实践中发挥引领作用，促进人民价值观念的持续更新，并推动其思维方式与发展观念紧跟时代步伐。在当代中国这种科学发展的语境中，马克思主义信仰建设和提升没有固守传统而不改变思路的理由。

（二）"两个大局"交织情势下的马克思主义信仰建设重点，必须在于提升其在意识形态领域的领导权、主导权、话语权

在思想文化和学术理论领域，我们的目标是构建一个以马克思主义为指导思想和核心资源的哲学社会科学体系。这一体系不仅要深深植根于中国实际，还必须充分展现中国特色、中国风格和中国气派，还要将中国之治的优势与马克思主义的信仰旗帜面向世界开显出来。因为"哲学社会科学发展状况与其研究者坚持什么样的世界观、方法论紧密相关"。[①]

马克思主义信仰并不是一种纯粹的意识形态理论，而是基于人民立场的实践理性，它有着反映当今中国和世界发展变化的主动性，并使之成为中国人喜闻乐见的思维方式和价值观念，这种精神丰富性和实践性也能为哲学社会科学研究提供正确指引。所以，从学科体系建设角度来说，建好建强马克思主义学科体系，使其兼具中国特色和普遍意义，必然包括马克思主义信仰及其理论学科基础的建设，也包括马克思主义信仰融贯其中的中共党史党建学、哲学、政治学、法学、社会学等人文社会学科群的构建。以学术学科化成果的形成一方面可以展现当代中国的理论与实践现实和制度优势，另一方面也形成彰显马克思主义信仰时代

---

① 习近平在哲学社会科学工作座谈会上的讲话[M].北京：人民出版社，2016：11.

伟力的话语体系。由此而形成的学科学术共同体不但从各个层面深化着马克思主义理论研究和信仰魅力，而且能以系统性、有时代分量的研究成果，在更大的平台空间上宣传阐释中国之路、中国之治、马克思主义信仰之力。可以说，面向实际问题的学科体系、学术体系、话语体系，都有属于本问题域的特色。但是，马克思主义信仰的世界观底色要求观察和解决诸如此类的学术理论问题都要立足于中国实践基础之上，结合问题的中国实际来把握和利用好马克思主义信仰的具体思想资源，即马克思主义基本原理及其中国化时代化成果或者思想文化形态。这是当代中国哲学社会科学的主体资源，也是其生长和发展的最大增量。在这个意义上，加强对我国改革发展实践的信仰主体阐释和原创性研究，在把握客观规律中不断提炼新经验和建构新理论，就成为我国哲学社会科学发展的重中之重。这种学科延展和理论升华要求马克思主义信仰进行新时代阐释。现在中国特色社会主义进入新时代，马克思主义信仰不但因为实践的成就已深入人心，还具象化为社会主义核心价值观内化于心，这种见之于行动的科学信仰和核心价值观不是一种简单的语词凝练，而是要用中华传统文化中蕴含的文化精髓来对马克思主义理论进行充实和激发，并进一步发掘优秀传统文化中马克思主义尚未进行现代性阐释和转化的精华资源，并与新时代中国特色社会主义伟大实践相结合，形成合乎时代标准、观照时代问题，具有中国精神和中国特色，符合当代中国发展的创新理论。简而言之，为了中华民族伟大复兴，必须深化马克思主义与中华优秀传统文化的融合。这种结合是一种彼此成就，马克思主义信仰因应中华民族性格而真正成为中国的，中华优秀传统文化在马克思主义信仰催化中完成现代转化，两方面都立足当代中国现实，以时代要求为标准，以解决中国现实问题为指针，凸显时代性与民族性、理论性与实践性的凝结。最终，以马克思主义信仰为核心构建的学科体系，能够切实推动实现"人民信仰坚定，国家力量增强，民族充满希望"的目标，并持续开创马克思主义中国化时代化的新篇章，同时建立起具有中国特色的哲学社会科学话语体系。当前中国式现代化的建设正在稳步推进，中华现代文明正在重塑，中国实践正在检验和彰显着马克思主义信仰的生机和活力。时代要求我们要笃定马克思主义信仰，把国际和国内、东方和西方、古代和现代的学科资源及其思想精华辩证地吸收起来，使中国场域的社会主义现代化强国建设实现现代性和传统性相继、并存，马克思主义信仰的时代化发展正在更宽广的世界维度上前进。

作为科学的真理信仰，马克思主义信仰有着严密的逻辑论证，并扎根于人类社会发展的历史现实，且早已被中国特色社会主义的发展事实一再证明。其之所以成为我国哲学社会科学体系建设的灵魂，就是因为马克思主义信仰的人民立场、党性原则以及其始终站在中华民族的最高利益和人类解放的制高点上，这是超越了个人的、一家一姓利益立场的。正因为如此，马克思主义信仰所指示出的方向和规律才是"那些被资产阶级狭隘性所限制或被资产阶级偏见束缚住的人所不能得出的结论"。① 直到今天，它不断将其伟大传承者所创立的理论容纳其中：自列宁主义至毛泽东思想，再由中国特色社会主义理论体系发展至习近平新时代中国特色社会主义思想，这一系列进程不仅标志着中国化时代化马克思主义新境界的开创，而且激活了中华文化和中国精神的现代转化。今天我们强调要"教育引导广大党员、干部自觉做习近平新时代中国特色社会

---

① 列宁全集：第39卷[M].北京：人民出版社，2017：334.

主义思想的坚定信仰者和忠实行为者",[①] 其实就是在中国话语体系中，不但要明确马克思主义信仰等同于共产主义信仰，亦常与理想信念等同使用，可展开为社会主义信念、马克思主义信仰、共产主义远大理想和中国特色社会主义共同理想，以及实现中华民族伟大复兴的信心等，还要将其中源流脉络逻辑澄清出来：马克思主义理论科学揭示了社会发展规律，从而铸就了坚定的马克思主义信仰；马克思主义信仰指引无产阶级政党，使世界社会主义从科学理论变成了现实行动；中国共产党人在信仰引领下改天换地成就的中国特色社会主义事业，使新时代中国特色社会主义理论与实践创新不断汇聚成当今世界马克思主义信仰发展的时代新高度。因此，中国哲学社会科学体系，作为中国革命与建设实践经验的凝练总结，如今成为讲好中国故事的重要载体，持续为中华民族伟大复兴提供理论基石与实践指导。最终在马克思主义信仰展开的各学科范畴之间建构起一种现实的叙事话语体系。

学术界对于马克思主义信仰的阐释，主要包含对马克思主义理论真理性的坚信，以及对中国特色社会主义事业的深度信赖。主要表现为思想理论层面的概括提炼，并基于历史学、哲学、管理学等各学科展开其中所表达或涉及的情感、行为、组织和制度研究。当然还有基于主体心理的知、情、意、行层面的理性认知维度。但是，马克思主义信仰这一精神样态绝非单纯的理性存在，它不是抽象的头脑产物形态，而是旨在满足有血有肉的无产阶级及全人类解放的需要。故而，这里要澄清一个重要的区分，即马克思主义信仰不等于马克思主义理论，实则是对这一理论体系的信奉，若将马克思主义信仰简单等同为马克思主义理论本身，

---

① 中共中央关于党的百年奋斗重大成就和历史经验的决议 [M]. 北京：人民出版社，2021：74.

便是对该信仰精髓的误解,凸显不了马克思主义信仰作为道义制高点的精神高地位置,也未能将其中不可或缺的人类感情倾向性体现出来。另外,马克思主义信仰是因为其走入现实改变世界的功用才进一步体现在各个学科领域中的,当然,学科化的理论研究能够通过理论途径进一步导向马克思主义信仰。然而,理论途径仅是其中一个维度,对于大多数人来说,掌握马克思主义的基本理论、立场、观点、方法及其核心要义,同样能够促成马克思主义信仰的形成。这就是理解理论,相信真理的过程。如邓小平所言:"我读的书并不多,就是一条,相信毛主席讲的实事求是。"① 其实,我们知道理论路径升华为信仰最核心的依据就是其中的价值诉求契合了主体需要。马克思主义信仰是人民实现自我解放的科学信仰,以共同富裕为目标,要推翻一切剥削人、奴役人的社会关系,其终极理想是要实现真正的自由人联合体,"在那里,每个人的自由发展是一切人的自由发展的条件"。② 从这一核心价值诉求可以看出,其实马克思主义信仰除了理论路径之外还受主客观条件的限制,也就是说,现实生活中的马克思主义信仰,其实对理论掌握是有层次的,绝大多数人只要有情感、价值上的高度认同,就可以生成信仰。在迎接中国新时代新征程的伟大事业时,我们既需要以习近平新时代中国特色社会主义思想为指引,也需要明确社会主义现代化建设与马克思主义信仰之间的契合程度。只有把学习马克思主义经典作为"一种生活方式"的追求,方能深入理解习近平新时代中国特色社会主义思想在何种具体层面对马克思主义信仰进行了发展与创新,才能在新时代方位上"不断坚定马克思主义信仰和共产主义理想",让马克思、恩格斯"设想的人类社

---

① 邓小平文选:第3卷[M].北京:人民出版社,1993:382.
② 马克思恩格斯文集:第2卷[M].北京:人民出版社,2009:53.

会美好前景不断在中国大地上生动展现出来"。① 因此，切入中国建设发展具体实践主题，塑造人民精神家园并使之不断转化为改造现存社会状况的实践活动，是马克思主义信仰建设的题中之义，更是建设好新时代中国哲学社会科学学科体系、学术体系、话语体系的重中之重。

通过将习近平新时代中国特色社会主义思想与共产主义理想信念更有效地融合，我们能够准确地把握马克思主义信仰在当前时代的实践路径。作为当代中国马克思主义的最新理论成就，习近平新时代中国特色社会主义思想显著提升了我们对社会主义的认知水平，使我们的信仰更加深入、全面且具体。该思想凭借在开创马克思主义新境界方面的实际成就，成为中华文化和中国精神在当代的精髓体现；反映出的是新时代共产党人将马克思主义与中国实际相结合，与中华优秀传统文化相结合的实践历程；破解了中国改革、新时代征程中遇到的一个个独有难题、时代课题。该思想锚定中华民族伟大复兴的宏伟目标，通过"十个明确"的阐述，清晰地界定了新时代中国特色社会主义的本质与特征，从理论层面勾勒出了新时代中国特色社会主义的宏伟蓝图；用"十四个基本方略"作为实践展开路向，解决新时代中国特色社会主义怎么干、怎么办问题，是将新时代新征程的理论蓝图现实化的路径展开、战略部署及其重点卡位；"十三个方面主要成就"全景式展现了新时代伟大实践的成果总结。这种历史的纵深与历史主动的结合，使我们领略到了马克思主义信仰的伟力，以及在中华民族发展史和世界人类文明史上所带来的成果福祉和社会主义奇迹。

马克思主义一路走来的中国化时代化之最新成果，不但已经因其科学性和真理性成为我们立党立国、兴党兴国的指导思想，而且正是在这

---

① 习近平在纪念马克思诞辰 200 周年大会上的讲话 [N]. 人民日报，2018-05-05.

个意义上，新时代场域和民族复兴任务要求我们务必深入学习并贯彻当代中国马克思主义、21世纪马克思主义的典范——习近平新时代中国特色社会主义思想。"全面系统掌握这一思想的基本观点、科学体系，把握好这一思想的世界观、方法论，坚持好、运用好贯穿其中的立场观点方法"，①这能够为马克思主义信仰的时代发展奠定坚实的思想理论基础，在迈向第二个百年奋斗目标的新征程中，我们遇到的问题绝不会比以前少，而只会更多、更复杂。在这种境况下，越是需要坚定马克思主义信仰，不忘初心、牢记使命；而且，这也是我们需要理直气壮谈信仰的时代，是我们能够在实践中坚定马克思主义信仰、坚守初心、释放伟大力量的时代。无论时代怎样变迁，我们都应自觉坚定地做共产主义远大理想及中国特色社会主义共同理想的信奉者与忠实践行者，才能在伟大实践中真正释放信仰的伟大力量，在不懈奋斗中成就伟大事业。为此要深化马克思主义理论研究和建设，继续打造好马克思主义理论研究和建设的创新样板，用中国特色哲学社会科学体系讲好、讲活新时代的中国故事，更好传播中国思想，促进国家文化软实力提高，推进国内国际传播能力，形成马克思主义信仰时代发展的新高地。

（三）新时代马克思主义信仰的建设，根据中华民族实现伟大复兴的场域现实条件，应该重点做好现实生活中的信仰、信念、信心的层级构建工作

基于马克思主义信仰的愿景目标，在新时代中国鲜活丰富的实践创新中推动马克思主义信仰的深化、提升以及新发展，是不断以人类一切优秀思想文化成果丰富发展马克思主义的题中之义。也就意味着，

---

① 党的二十大报告辅导读本[M].北京：人民出版社，2022：99.

马克思主义信仰所揭示出的理论发展性特质,从根本上决定了该理论信仰与社会现实生活、与广大人民群众的社会实践以及具体的时代条件的紧密相关性,决定了其具有高度的开放性和鲜明的批判性,也决定着其拥有不竭的生命活力和创造生机。由此可见,这种理论信仰的丰富发展要从广义上完成一个社会赋能过程,也就是要让其自身真理力量和道义力量深深根植于社会成员内心,成为社会成员实践活动的指导思想、基本原则和根本方法,并促进社会成员在思想上不断感悟马克思主义信仰的时代牵引力。新时代理论信仰要求牢牢把握 21 世纪马克思主义的时代特质、深邃内涵和世界意义,在立足我国改革开放和现代化建设的实际问题和审视当代社会发展困境的过程中理解把握运用好马克思主义这一真经。这就从另一方面揭示出理论信仰是如何时代化为最新的中国成果的路径,其通过具象化于习近平新时代中国特色社会主义思想的核心精神,使其中的真理力量、实践要求完成一个理论信仰在时代责任与使命担当上的外化工作,并不断在中国人民的学习感悟中成为把握中国问题和时代发展的看家本领。

马克思主义信仰是面向现实问题并不断改变世界问题发展以形成超越关怀的理论信仰。马克思、恩格斯不是以道德的眼光评价世界,而是始终坚持历史的辩证法,在批判吸收一切优秀文化成果中创立超越资本主义时代的真理信仰。马克思主义在中国实践过程中,与具体实际紧密结合,并融合中华优秀传统文化,展现出其科学的方法论特征。在此基础上,通过借鉴与吸收中国传统文化、社会主义先进文化以及现代优秀文化成果,不断创新并实现中国化,最终构建了具有中国特色的马克思主义信仰体系。中国之路早已在历史中证明,"信仰、信念、信心,任何时候都至关重要……无论过去、现在还是将来,对马克思主义的信仰,对中国特色社会主义的信念,对实现中华民族伟大复兴中国梦的信心，都是指引和支撑中国人民站起来、富起来、强起来的强大精神力量"。① 这就是围绕科学理论、社会理想和价值追求对中国信仰层级体系的论述。同理，马克思主义信仰的新时代发展也需要有相应的表述规范性，所以，日常生活中，当我们表述马克思主义和中国马克思主义科学理论时，一般是指代其"信仰"层面的意蕴；当我们表述共产主义远大理想和中国特色社会主义共同理想时，使用"信念"一词更能贴近中国实际；当我们表述人的发展和人的美好生活价值追求时，使用"信心"一词来表述主体精神状态倾向，有助于其信仰情感的生发。这也是科学信仰带给我们的底气，正如毛泽东所说，"我们敢想、敢说、敢做、敢为的理论基础是马列主义。"② 在同样的意义上，习近平总书记指出："马克思主义是我们立党立国的根本指导思想。背离或放弃马克思主义，我们党就会失去灵魂、迷失方向。"③ 对于一个世界上最大的马克思主义执政党来说，理论强，才能方向明、人心齐、底气足。马克思主义的科学指导正是我们能够把握历史主动的根本，它赋予我们党灵魂和旗帜，这一信仰所升华出的指导思想对于立党立国具有本源性意义，是党兴国兴的参天大树之根基，也是中国人民把握事业发展的历史主动的决定性因素。

新时代马克思主义信仰的发展路径就是以"两个结合"的崭新论断所指明的理论创新路向。其反映的并非局限于理论层面的创新突破，更是在新阶段新征程中基于实践经验的总结升华为马克思主义信仰注入实践创新活力，提高应对挑战的水平，以从容地面对各种已知和未知的风

---

① 习近平在庆祝改革开放 40 周年大会上的讲话 [N]. 人民日报，2018-12-19（2）.
② 毛泽东年谱（一九四九——一九七六）：第三卷 [M]. 北京：人民出版社，2012：350.
③ 十八大以来重要文献选编（下）[M]. 北京：人民出版社，2018：345.

险的过程。这既是全球具有重大影响力的精神密码力量的展示，也昭示出马克思主义信仰与时俱进的生命力。中国共产党作为马克思主义理论创新的重要主体，持续推动其在中国创新发展，形成了当代中国马克思主义。其内蕴于马克思主义经典著作，只有认真研读文本、回归经典，才能读懂弄通其中的马克思主义信仰力量之源，同时，基于中国实践，我们致力于推动马克思主义的创新发展，以此促进马克思主义理论体系的不断壮大与完善，也是对马克思主义信仰能够完成从必然王国到自由王国飞跃的科学性证明。另外，结合路径的创新更多的是坚持理论和实践相结合，因为马克思主义是一个内容丰富的科学体系，不断丰富马克思主义信仰的真理魅力，关键在于实践路径上充分发挥马克思主义基本原理及其核心观点的实际效用。诸如马克思关于消除贫困的理论，在中国的发展实践中得到深化，成功指引中国实现了全面建成小康社会的伟大目标，在人类抗击贫困的征途中铸就了中国辉煌成就。再如，马克思的全球化思想，在全球化浪潮汹涌澎湃的背景下，鉴于国际形势的瞬息万变与安全挑战的错综复杂，各国间难以置身事外，命运紧密相连成为常态。基于此，中国共产党创造性地运用马克思主义的全球化视野，勇于承担责任，积极采取行动，不仅积极推动亚洲基础设施投资银行（亚投行）的成立，还大力推动构建人类命运共同体的理念，并提出"一带一路"倡议，以实际行动助力全球的共同发展与繁荣。这一系列举措，展现了在坚持实事求是、具体问题具体分析的方法论指导下，灵活运用马克思主义，有效应对中国及全球面临的各种挑战。同时，在实践中不断推进马克思主义的中国化进程，彰显了马克思主义丰富的理论意蕴与实践价值。

从这些历史经验的总结中可以看出，在新时代背景下，推进伟大革命的关键在于坚定不移地坚持中国共产党的领导，并坚定确立马克思主义的指导地位。亟须通过深化对马克思主义的信仰，我们才能够汇聚起实现中华民族伟大复兴的强大精神动力，进而开创中国发展的新篇章，展现崭新局面。所以，"两个结合"既是实践路径，也是理论方法，是新时代场域条件下，马克思主义信仰创新发展的方法论，这一方法论基于对中华优秀传统文化当代价值及其同科学社会主义核心价值观主张之间高度契合性的深刻考察，基于对党的理论创新规律的深刻把握，基于我们党始终坚持的"将马克思主义基本原理与中国具体实际相融合"的原则。习近平总书记创新性地提出了与中华优秀传统文化相结合的第二个结合，并从"结合"的前提、结果和意义等诸多维度深刻阐释了"第二个结合"的学理依据和丰富内涵，极大提升了全党推进"第二个结合"的思想自觉。在此基础上，他从精神状态、基本方针、科学方法和目标指向等维度对如何推进"第二个结合"进行精辟论述，为推进"第二个结合"提供了根本遵循。

尽管"第二个结合"是文化层面的，但是，其首要的是一个对自己民族历史的自信或者文化的自信的精神状态推进的结果。"两个结合"深刻揭示了在中国实现信仰理论创新的方法哲学。但是，新时代场域条件要求推进信仰理论创新必须明晰创新过程的价值遵循、基本原则、思想方法等问题。既要以科学的世界观和方法论深耕理论资源，还要把准马克思主义理论创新的"魂脉"，探索中华优秀传统文化中的"根脉"资源，在"坚守好这个魂和根"的过程中回应信仰的时代性课题。只有立足时代之基、回答时代之问、引领时代之变，才能在发展中彰显强大的真理伟力。"全面系统地提出解决现实问题的科学理念、有效对策"是对新时代马克思主义信仰建设的切实推进。新时代要求以大历史观的宏阔理论视域科学审视中国与世界的互联互动关系，科学把握人类发展大潮流、世界变化大格局和中国发展大历史，在大格局中"推进理论的体系化学理化"在学理性阐释、学术性表达、系统性建构等方面的新启发。因此,信仰理论的创新不但需要学理底蕴的增强,还需要从现实生活中汲取群众智慧。只有善于从人民群众的创造性实践中总结新鲜认识,才能使信仰越来越成为接地气、聚民智、顺民意、得民心的理论法宝。

08 场域视角研究的启示：构建中国马克思主义信仰体系

纵观当今时代场域的信仰形态和社会转型现实，多元信仰在包容的社会范围内共存共生是一种事实。虽然我国实施宗教信仰自由政策，多种信仰形态在国家允许的范围内逐渐增强，但是其不同的价值取向间也会包含着某些人类共同的价值目标。马克思主义信仰以人类的生存、发展与社会的和谐作为自身的最高尺度，确立人的解放为最高追求，这种原则性追求需要在现实国家社会的发展中具体化、时代化。所以，对于马克思主义信仰的中国教育和结构形式要有一个与时俱进的新解读。党的十八大提出了社会主义核心价值观的培育和践行问题，正是建构中国社会信仰体系的有益探索。

一、新时代需要从体系整合的视角构建中国马克思主义信仰体系

党的第三个历史决议——《中共中央关于党的百年奋斗重大成就和历史经验的决议》在总结中国共产党百年奋斗历史经验的基础上提出了以"五为五谋"为分析框架来彰显思想力量的问题,即为中国人民谋幸福、为中华民族谋复兴、为世界谋大同、为中国共产党谋强大、为马克思主义谋生机。这既是 "中国共产党如何主动应对西方现代化运动和潮流冲击"的解答思路,同时也明确了主动构建中国马克思主义信仰体系的议题。为全人类谋福祉、为马克思主义寻发展,是马克思主义信仰赋予中国共产党的历史责任,也是基于中国国情,探索马克思主义信仰新发展方向,并依据中国特色社会主义的成功实践,构建中国马克思主义信仰体系的现实课题。因为马克思主义信仰是属于全世界的,它在中国的成功实践,使它已深深植根于中国人的精神世界,融入中华民族共同的精神领地,渗透进中国人的精神血脉,与中国人的文化灵魂紧密相连,真正成为支撑中国文化生命的基石,牢固确立了属于中华民族的马克思主义信仰体系。这一进程,从形式到内涵,均要求并促使马克思主义信仰必须经历中国化的转变,以事实为基础构建一个全面而系统的能够有效应对并解决当代民众信仰构建问题的信仰理论体系。但是,马克思主义信仰在发展中给出的完整体系及其系统论证是基于中国面向世界的,也就是说,当前中国马克思主义信仰的发展必须紧跟时代步伐,不断优化和完善自身的信仰理论框架与体系,从而为其实质性的中国化进程拓展空间。同时这一进程也旨在为马克思主义信仰在全球历史背景下的成功实践树立典范,并逐步塑造出中国马克思主义信仰体系的独特形态。

明确我们所处的新时代历史方位,一方面来自中国发展的转型升级需求,另一方面来自我国社会主要矛盾的转变。可以说,人民对美好生活的需求清楚地表达出中国特色社会主义发展的侧重点必须从关注人民

的物质需求转向物质与精神的双重需求。与宗教信仰不同，马克思主义信仰作为现实中持存的信仰，它亦必然具有体系性，有其丰富的理论体系和国家指导思想地位。然而，当前学术界大多从观念层面解读马克思主义信仰，虽具备理论体系的形态，却缺乏能引领时代高度的体系性构建。而且其中还出现了将经典著述奉为万能公式的现象，动辄一谈就只能从马克思恩格斯的理论著述中引申演绎，用模糊性的马克思主义整体范畴来代替了马克思主义信仰，这正是惯性认识的问题所在。我们应该看到，随着中国特色社会主义的新时代发展，我们基于科学社会主义原理的中国道路、中国制度、中国文化以及中国化的马克思主义理论已经日趋成熟。所以，面对人民美好生活的追求，我们亟须构建中国的马克思主义信仰体系，使其首先满足中国人民的精神需求。这种体系化建构一般包括主客体因信仰而形成共同体形态、体系的核心观念、参与者的相应情感活动和制度化的形式等。对于这种体系的构建，刘建军教授曾提出过从两种视角构建马克思主义信仰体系的观点，其世界视角（狭义）主要有：唯物论所描绘的世界图像、共产主义作为宏伟理想、以人民为中心的根本信念以及对自由全面发展的人生追求。中国视角（广义），加上对中国特色社会主义的信念和对实现中华民族伟大复兴的信心。[①] 这两种视角的体系构建实质上主要还是观念层面的把握。它离我们要解决现实生活中人民需要的信仰问题还是有一定距离的。

新时代中国特色社会主义的发展实践，其顺利推进离不开由马克思主义信仰所凝聚起的强大支撑力量。这种支撑保障功效的结果是由一定的体系整合来实现的。所以，健全这个体系，形成强大合力，才是我们新时代条件下建构中国马克思主义信仰体系的重中之重。透过日常生活

---

① 刘建军. 论马克思主义信仰体系 [J]. 求索，2020（4）：5-13.

看马克思主义信仰,其实质上是一种凝聚国人理想信念意志的"黏合剂",其以强大的感召力将人们凝聚在马克思主义的信仰旗帜下,为中国特色社会主义事业奋斗终生。所以,随着外部发展环境条件的变化,越来越使马克思主义信仰的精神引领作用与时代境遇之间发生摩擦,好像马克思主义信仰作为救国真理所提供的革命道路越来越不时髦了,因而,产生了马克思主义已过时的观点。然而,这实则是用静止不变的视角审视马克思主义信仰的一种僵化思维方式。马克思主义来到中国,以信仰实践伟力救中国于水火之中,实现了中国人民生活的改天换地,从此深入民心。其通过成为一种新的信仰形态扎根于中国沃土,不断与中华文化传统的互动融汇,立足中国特色社会主义实践,从马克思主义的历史发展中走来,向中华民族伟大复兴的时代需求中转化。

基于这种时代化呼声,必然提出一个发展马克思主义信仰的问题,这只能通过构建起中国马克思主义信仰体系来完成。它一方面表现为一种承续,架构起马克思主义经典理论的各层次各板块之间与中华民族历史文化相契合的理论体系,使之与中国特色社会主义的实践相匹配相促进。另一方面,还需要结合中国人民的需求特质和中华民族的传统特点,实现一个体现当代中国人主体精神状态,契合中国特色社会主义制度特点,突显马克思主义信仰传统中人的自由发展与全面解放、国家富强与民族振兴、共产主义远大理想等理念基础,并高度契合新时代实践的中国信仰体系构建。此构建过程必然依赖于马克思主义的理论基石与价值导向,而中国特色社会主义的实践则构成了构建的现实背景及实际需求的重要驱动力。以此呼应信仰体系构建创新的核心追求,那就是要形成一种与时偕行的开放体系,既体现对马克思主义理论的传承与发展,实现其在实际应用中的转化与创新,也体现对中国特色社会主义实践深入总结与持续推动。它能够紧随时代的步伐和实践的发展,不断深化自身,持续推动马克思主义信仰的时代化与本土化,从而构建起一个既符合中国国情、满足国民精神需求,又能为人类追求自由解放树立典范的中国马克思主义信仰体系。正如恩格斯所述:"我们的理论是发展着的理论,而不是必须背得烂熟并机械地加以重复的教条。"[①] 这一发展性特点从根本上决定了该理论与社会现实生活、与广大人民群众的社会实践以及具体的时代条件紧密相连,决定了其拥有不竭的创造活力和蓬勃生机。毛泽东指出:"马克思列宁主义并没有结束真理,而是在实践中不断开辟认识真理的道路。"[②]

中国新时代方位条件下的马克思主义信仰建设需立足理想信念教育常态化、制度化的时代需求,回应"人民有信仰、国家有力量、民族有希望"[③]的时代呼唤,构建系统完备的马克思主义信仰体系。只有沿着科学理性的方向,将中华民族伟大复兴的坚定信心、社会主义的强大信念、共产主义的远大理想有机整合起来,做到整体推进、层次区分,实现理想信仰、理论信仰、事业信仰、政党信仰的多元统一,才能构建起完整统一、衔接有序、开放发展、独具特色的中国信仰体系。继而才能以此构筑起坚实的精神共识,为全面建设社会主义现代化国家积蓄力量。马克思主义信仰体系既属于思想理论体系的范畴,也是一种价值观念体系,为共产主义运动从思想和精神上赋予了强大的现实性和科学性,展现出深刻的价值整合与评价功能。因此,确立一种理想信仰,也就等于接受一种价值观念,并在接受过程中逐步构建起一种价值生活的参照系、形成一种行为选择与评价的价值标准。马克思主义信仰体系通过共同富

---

① 马克思恩格斯选集:第 4 卷 [M]. 北京:人民出版社,2012:588.
② 毛泽东选集:第 1 卷 [M]. 北京:人民出版社,1991:296.
③ 习近平著作选读(第二卷)[M]. 北京:人民出版社,2023:35.

裕这一经济价值目标、人民当家作主这一政治价值目标、文化强国建设这一文化价值目标等促进各类价值的整合，为社会成员确立社会主义的行为规范和价值尺度，促使社会成员自觉运用马克思主义的科学价值观引导、统领、整合多元社会价值，自觉将国家的价值主张转化为自身强烈的思想共识。这些创新点正是构建开放性中国信仰体系的发力点和方向启示。站在新的历史起点上，马克思主义信仰体系应视野开阔、胸怀世界，在世界历史发展变化的宏大背景中科学、客观、辩证地分析时代新挑战和新形势，准确、全面、历史地把握中国特色社会主义事业的新变化和新格局，积极扬弃和发展创新，以强大的历史自觉肩负历史使命、引领社会价值、造就时代新人。

另外，中国马克思主义信仰体系的构建重在强化体系的普遍适用性。新时代的中国是开放发展的中国，新时代的世界是多元包容的世界。在当前形势下，探索中国马克思主义信仰体系的建设性创新，不仅要促进新时代中国特色社会主义建设的实践进步和共产主义远大理想的最终实现，更要致力于满足世界范围内共产主义运动和人类文明发展的需要，为超越自身实现为世界"谋大同"的崭新战略格局贡献力量。这种国际视野是通过对高度发展的生产力、人类对美好生活的向往、人的解放和一切不平等根源的消失等多方面的追求所建立起来的。所以，中国马克思主义信仰体系虽以解决中国问题为鹄的，但其立足现实、面向未来的深邃历史贯通视野，不断为马克思主义信仰体系得以奠定的物质基础创造社会条件，不断为世界树立鲜明的精神指引。所以，中国马克思主义信仰体系的整合构建是一个适应世界现代化发展转型、从内容和形式两方面创新马克思主义信仰的时代样态的过程。因此，从信仰体系构建来看，中国马克思主义信仰体系包括参与主体、理想信仰理念内容、组织形式及制度保障等具体部分。这些是在原有马克思主义信仰传统话语中以无产阶级为实践主导力量实现人类解放的共产主义理想图式的基础上，结合中国现实条件的具体化、规范化、制度化。在此，马克思主义信仰体系的历史逻辑与客观规律构成了其基本核心，而融入中国元素则是其必要需求，另外还要有原则、保障条件的系统化。这种体系的构建以中国为现实基础，但是是为世界共产主义运动树立典范的过程，也是马克思主义信仰体系与中国梦在全球语境下实现时空转换所取得的实际成效，彰显着共产主义理想的鲜明人文精神。这一人文精神促使马克思主义信仰体系不断服务于从中国人到现实世界每个人的个体的自我发展和完善，同时赋予马克思主义信仰体系以精神抚慰、思想引领、行动指南等精神价值。

二、中国马克思主义信仰体系的构建内涵

首先，我们从体系构建推进的视角，来把握中国马克思主义信仰体系何以可能。构建中国马克思主义信仰体系，必须要有一个强有力的组织载体。在中国场域这个组织载体就是中国共产党及其领导的全国各族人民。党的组织优势验证了马克思主义信仰体系的科学性与正确性，并持续增强了该体系所激发的动员与组织力量。中国共产党自成立之日起便坚持"以人民为中心"的价值立场，拥有密切联系群众的强大政治优势。这一政治优势有利于将人民群众的所思、所想、所盼上升为党治国理政行动力的重要来源，使马克思主义信仰体系得以将党和国家的意志与人民的意志统一结合起来，有效提升自身的群众动员力和组织凝聚力。中国共产党从成立之日起，就以党章对党的性质、宗旨、路线、纲领、指导思想和奋斗目标、党员的权利义务以及党的纪律等作出了根本规定，为党的政治信仰建设提供了根本遵循。党章要求党员认同政治纲领、对党忠诚、坚定马克思主义信仰等，有助于增强党员对政治信仰的认同。

构建中国马克思主义信仰体系，必须要有一个强有力的事业基础和制度保障。基于党和人民长期实践奋斗的基础，中国马克思主义信仰体系既具体化为中国的过去、现在的筑梦历程，也是信仰者借助主体行为实践"真理"的现实过程，凸显了马克思主义信仰体系的实践指向。这其中推动中国特色社会主义事业蓬勃发展的信仰力量，也构成了马克思主义信仰体系的现实基础，并且是巩固中国特色社会主义事业发展所不可或缺的先决条件与客观要素。新时代，国家专门针对信仰体系建设不断推进坚持马克思主义在意识形态领域指导地位的根本制度，推进理想信念教育常态化制度化，把社会主义核心价值观融入法治建设，精准部署坚持马克思主义在意识形态领域指导地位根本制度的贯彻举措；提出了意识形态工作责任制，以党内法规的形式颁布了《中国共产党宣传工作条例》《党委（党组）意识形态工作责任制实施办法》《党委（党组）网络意识形态工作责任制实施细则》，为这一根本制度的贯彻落实提供了重要保障；出台了《干部教育培训工作条例》《中国共产党党员教育管理工作条例》《2019—2023年全国党员教育培训工作规划》《全国干部教育培训规划（2023—2027年）》；通过制度化建设推动党员教育培训，增强了党员干部对马克思主义理论的理解与掌握，并深化了全党对马克思主义中国化、时代化最新理论成果的科学认知，进一步增强了全党对党的政治信仰的认同。

构建中国马克思主义信仰体系，必须要有一个有强说服力的理想图式和愿景目标。信仰体系之所以能够立得住，关键在于其应有精神抚慰、思想引领、行动指南的精神价值。基于此理想信仰，信仰者才能既胸怀共产主义远大理想，又立足现实、辛勤耕耘，以共产主义远大理想消解生活的破碎感、空虚感、恐惧感，把对共产主义理想的憧憬向往转化为现实的奋斗力量，把自发的希望转变为自觉的追求。所以，稳固理想与信念，乃是关乎马克思主义政党及社会主义国家精神动力与未来命运的核心议题，务必予以高度重视。这是推动全党更加自觉地为全面建设社会主义现代化国家而团结奋斗的基石。

其次，构建中国马克思主义信仰体系实质上是构建马克思主义信仰的中国话语体系，要从信仰形态创新的层面体现一种信仰效力的持续提升和叙事话语的新发展性。中国的发展进步是一个与马克思主义持续双向互动、相互结合的动态过程，这要求马克思主义信仰的理论创新与话语创新必须根植于中国实践，并能够及时反映这一连续的相互作用。就具体话语的表达来看，中国马克思主义信仰体系的内在内容范畴需要一个时代的解读和实践互动，最终成为今天中国人信仰生活的共识。所以，我们还要从话语解读的角度，实现中国马克思主义信仰体系的现实化转型。鉴于改革开放以来社会文化呈现出多元且复杂的态势，马克思主义信仰体系以民族精神、时代精神、社会主义核心价值观等话语将党的全面领导与人民利益统一起来，积极适应现代化的世界潮流，在追求与国际的全面接轨中逐渐将市场经济、民主政治等话语与信仰体系相结合，并用来解读理论、分析现实、适应变化；此外，西方话语的强烈攻势，既加剧了马克思主义信仰面临的话语挑战，同时也构成了推动其话语革新的外部驱动力。在此背景下，马克思主义信仰体系只有在话语创新上更加注重提升其表达效能，才能有力回应诸如马克思主义"过时论""破产论""失败论"等错误思潮的冲击和挑战，最终形成意识形态领域的"一元主导与多元共存"态势。马克思主义信仰体系引领社会文化、抵御错误思潮侵袭的关键即在于其对于社会成员切身利益而言具有强大的感召力和说服力，以是否能有效满足社会成员发展需要、有效解决社会成员精神需求、有效引领美好生活实现作为导向，引导社会主流思想文化的发展。因此，马克思主义信仰体系需厘清社会民众的利益诉求、洞察社会现状、透视社会思潮，以实现对社会文化科学合理的兼容并包和正确引导，营造和谐有序的社会文化环境。

立足中华民族伟大复兴战略全局，突出中华民族实现伟大复兴的信心话语表达在马克思主义信仰体系的建设层次中的先导地位，能够以时代化、具体化和形象化来表现崇高理想和科学信仰，为构建马克思主义信仰体系筑牢心理基础、厚植情感优势。马克思主义信仰体系的构建需以中华民族伟大复兴为先导，密切关联起每一位中华儿女的情感世界，唯有如此，马克思主义信仰体系才能在实践中最大限度集中全党全国全社会的智慧，最大范围凝聚人心、激发斗志；唯有如此，才能通过强大的精神鼓舞与情感激励，坚实地构筑起共同的心理认同与情感基石，汇聚各方力量，最终实现将马克思主义的崇高信仰内化为人民群众的共同意志、外化为人民群众的自觉行动。因此，以中华民族伟大复兴为先导的马克思主义信仰体系是兼具理论深度与情感厚度的科学体系，"成为一个人们为了达到自己的崇高目的而结成的共同体"[①]的精神纽带。

坚定共同信念建好我们的中国特色社会主义事业，不但是实现中华民族伟大复兴和共产主义崇高理想之间承接过渡的信仰中介，而且是对这一现实实践的历史主动精神的话语呈现，它是马克思主义信仰体系构建逻辑的接续中坚。系统完备的马克思主义信仰体系需坚定社会主义道路信念，巩固中华民族对未来发展目标、方向及道路的观念基础。在新时代中国特色社会主义的伟大实践中，汇聚起由马克思主义信仰体系所指引的行动决心。马克思主义信仰体系以社会主义信念为接续，在促进社会成员对中国特色社会主义的高度认同、强烈自信和自觉投入过程中发挥着巩固全党全国人民团结奋斗的共同思想基础、永葆生机活力的重

---

① 马克思恩格斯全集：第47卷[M].北京：人民出版社，2004：57.

要作用。

加强人们对中国特色社会主义事业的信念，促进该事业的繁荣发展，这既是奠定马克思主义信仰体系现实基础的关键所在，也是稳固中国特色社会主义事业发展根基的重要先决条件与客观需求。一方面，中国特色社会主义事业植根于我们党长期不懈的奋斗基础之上，是党和人民长期实践取得的根本性成就，并在宏观层面上构建起共产主义最高理想实现的宏大坐标，从实践经验层面为马克思主义信仰体系的构建定位指向。这一事业信仰自然就成为马克思主义信仰体系的事实基础，这有助于在驱散历史虚无主义的思想迷雾中，为信仰体系确立历史根基、丰富历史内涵，从而凸显马克思主义信仰体系构建的连贯性与完整性。另一方面，人民对美好生活的向往既是一个实在的奋斗目标，也是事业升华成为信仰的驱动力。倾听人民呼声、回应人民期待、满足人民需要就成为题中之义。这促使社会主义的本质和中国特色社会主义的根本原则等术语有一个现实转化的需求，当术语具象化为人民群众共同富裕的切身体验时，它才能有力提升人民群众对中国特色社会主义事业的认同感和践行度，从而为马克思主义信仰体系的完善与发展构筑坚实的现实根基。

三、构建中国马克思主义信仰体系的现实生长点：一种信仰普适性本色的实践

从历史演进的宏观趋势审视，马克思主义与共产主义势必将赢得世界人民的广泛信仰。也就是意味着这一信仰在新时代并非悬置于现实生活之外仅仅成为信仰的对象，而是置于中华民族谋求民族复兴和中国人民追求美好生活的历史进程中，置于当代价值多元化、信仰多样化的文化生态中，置于建构中国人民精神家园的当代生活场域中。正是从这种意义上来说，"实践的观点、生活的观点是马克思主义认识论的基本观

点"。①而且，马克思早就明确指出："理论的对立本身的解决，只有通过实践方式，只有借助人的实践力量，才是可能的；因此，这种对立的解决绝对不只是认识的任务，而是现实生活的任务。"②这主要是因为：一方面，现实生活具有确凿无疑的实践本质，是一切实践方式由以产生的总根源；另一方面，所有理论和信仰只有以现实生活为出发点和落脚点，才能实现其理想追求和价值目标。这就从根本上决定了只有把现实生活实践作为唯一标准，才能检验出理论和信仰是否具有科学真理性与价值合理性。故而，马克思主义信仰之所以是"我们的"信仰，就在于其从诞生之日起就突出以人为本的价值主张，强调对现实生活世界的回归和对新生活的创造。以一种发展着的、活的理论指导人们对生活的历史性改造，指向美好幸福的生活，使得此岸的现实生活不断创造发展这种真理信仰。当它来到中国，在中国人民追求美好生活的历史之中，唤醒中国人民的主体意识，以我们的历史主动性历经百年艰苦奋斗，持续改变中国社会的不完善状况，从而开创了中国特色社会主义新时代的辉煌成就，形成了今天意义上的"人民有信仰，民族有希望，国家有力量"的现实状态，充分展现了马克思主义信仰的人民本质，以及人民信奉马克思主义的真理价值。

就中国特色社会主义的历史进程本身来说，马克思主义信仰与中国人民追求美好幸福生活之间存在内在张力，并表现为一定的现实渐进性。如此，在马克思主义和共产主义信仰成为世界人民的普遍信仰的过程中，总是要与眼前的生活世界，尤其是当前由新兴事物如互联网新媒体等所引发的全新生产方式和生活方式产生摩擦。网络信息技术所引发的"协

---

① 习近平在纪念马克思诞辰200周年大会上的讲话[N].人民日报，2018-05-05（2）.
② 马克思恩格斯全集：第3卷[M].北京：人民出版社，2002：306.

同共享"的生活革命已经悄然来临，正在引发一场成本趋同的全球经济革命，由此释放出的强大力量极具颠覆性和革命性，最终必将导致"资本主义时代的消逝"。① 科技革命的强大力量所引发的社会历史变革，正在持续验证着马克思主义信仰的科学预见，它构成了人们坚定信仰共产主义的实践依据和有利方面。另外，我们应看到其中的阻力因素非常明显。一则是近年来，网络信息技术的迅猛进步对人们的价值观及思维模式产生了深远影响，使得网络成为各种思想文化、价值观念传播、交汇与碰撞的首要平台，这使我国网络传播的整体形势便捷而又繁杂。二则这方面问题也非常突出。如新自由主义、历史虚无主义等思潮利用网络渠道广布增势；部分个体蓄意推广西方价值观念与政治文化，意图混淆公众视听、引导错误认知，企图在网络上削弱马克思主义信仰的影响力。这些挑战我们不能等闲视之，也就是必须深挖互联网领域的信仰建设特点，在网络空间里，应恰当处理马克思主义信仰大众普及与防止其庸俗化之间的平衡，尤其要提升马克思主义信仰传播的精准度及话语的吸引力。不装腔作势、照本宣科，不能做表面文章、搞形式主义。尤其要看到，当今活跃在网上的青年网民大多是伴随互联网的发展而成长起来的，他们的阅读习惯、接受心理已发生了深刻变化。在互联网时代，我们应当擅长运用通俗易懂的日常语言来阐述科学理论，借助生动具体的现实事例来揭示深层原理，并通过多姿多彩的表现形式来展示马克思主义理论的旺盛生命力。互联网是人类生活方式的潮流，共产主义也是人类发展不可阻挡的大趋势，只有深入把握互联网新生活方式的发展规律，适应这种普适性才能加速实现共产主义的普适性，早日过上美好幸福生活。在这一历史进程中，只要我们站在创造历史的人民群众的一边，

---

① 马克思恩格斯选集：第3卷[M]. 北京：人民出版社，1995：776.

就必然会使马克思主义信仰和共产主义理想的世界意义不断扩展，从而实现我们的人类新文明世界。可以说，以马克思主义信仰为价值指针和人生导航的人民，才能在追求美好幸福生活之征途上，永远心怀希望之光；以马克思主义信仰武装起来的民族，才能在民族复兴的伟大征程中，不惧艰难困苦，勇于创新而不断超越、不断发展，永不言败；同时，具有笃定马克思主义信仰的政党领导的国家，才会自觉而主动地承担其历史责任与使命，贡献中华民族的智慧而构建"人类命运共同体"，践行人间正道。

当前，我们推动马克思主义信仰的现实生活生长点面临两大历史机遇。一是从国内来看，随着新时代中国特色社会主义实践向纵深发展，人民对美好生活的向往必将逐步实现，对这一伟大历史进程作出全面系统的科学阐释，既能给人民创造美好生活以科学理论指引，又能立足现实生活实践推动中国马克思主义信仰的与时俱进意蕴。二是从国际来看，人类解放的历史进程与其现实生活实践是高度一致的，"当人们还不能使自己的吃喝住穿在质和量方面得到充分保证的时候，人们就根本不能获得解放"。[1]离开现实生活问题的解决，人类解放必然陷入迷茫与空想，这也是先前所有解放理论的共同缺陷——脱离现实的人的抽象阐释。今天，马克思主义信仰在指引中国人民现实生活实践发展中开辟了实现人类解放的科学路径，因此，既能够给人类解放实践以科学理论指导，又能够在人民现实生活实践中获得自身发展，并将由此成为世界人民的共同信仰范式。

总而言之，马克思主义信仰是现实生活实践孕育的科学信仰，现实生活实践的发展呼唤马克思主义信仰的科学指引。这就要求我们一方面

---

[1] 马克思恩格斯选集：第1卷[M].北京：人民出版社，1995：74.

必须从现实生活视角诠释好马克思主义信仰的现实性，推动马克思主义生活化，让马克思主义引领人民现实生活实践发展，从而使马克思主义在实现人民对美好生活向往的历史进程中，化为人民心中的坚定信仰；另一方面应当致力于将人民现实生活的丰富实践提炼升华为新的科学理论，以此来充实并推进马克思主义信仰的时代意蕴，进而构建起贴近生活、接地气的马克思主义信仰学科架构、学术系统及话语模式。在防范马克思主义信仰陷入教条主义与空洞化的同时，催生出生活化马克思主义信仰的新理论成果，最终达成马克思主义信仰在理论创新与生活实践创新之间的相互促进与共同发展。①

　　研究新时代马克思主义信仰在现实生活中的发展点，并非出于整体性视野的必然需求，而是一种普适性价值的世界维度考量。我们构建中国马克思主义信仰体系，实现人民有信仰国家有力量的实效性，并不是局限于中国场域的封闭式强化，更多的是面向世界场域的开放性展示，其中的战略意义和示范价值非同寻常。表面看来，每个人似乎都可以自由选择某种信仰，然而，对于信仰的实际深入研究表明：只要我们承认任何个人都必须生活在某种人群共同体之中，那么，任何一种人群共同体如果缺乏某种共同信仰就难以维系，所以，这种人群共同体必然是拥有某种共同信仰的共同体，这种信仰也必然是某种人群共同体的共同信仰，即凡是共同体皆为信仰共同体，凡是信仰皆为共同体信仰。"只有在信仰的共同体中，或者更准确地说，只有在信仰语言的交流中，信仰才是真实的。"② 正是从这种意义上来说，马克思主义和共产主义信仰

---

① 袁杰. 论马克思主义信仰在现实生活中的生成 [J]. 东岳论丛, 2023, 44（3）: 105-110.

② [美] 保罗·蒂利希. 信仰的动力学 [M]. 成穷译, 北京：商务印书馆, 2019: 66.

不但要迫切地培养真正的共同体，而且要真正地解决好共同体内部的每个人的美好生活实际。

关注马克思主义信仰的现实生长点，要构建起面向生活的现实信仰。让马克思主义信仰的现实存在能够在个人精神生活领域真正发挥滋润生命丰满人生的意义价值。马克思主义信仰的存在，是马克思所影响的社会主义运动发展的结果，当然是一种历史发展的事实。所以，这一历史事实是要随着时代发展的外在条件而发生面向主体需要的新发展。面对新发展无论我们采取什么态度，肯定抑或是否定，但是应当确定一点：我们应当尊重这一事实，正视其中蕴含的真理，发掘其中的合理性，超越其中的局限性。这样才能发现马克思主义信仰面向新时代中国人的精神生活需要而生发出来的新动向。

改革开放以来，解放思想、实事求是的思想路线的恢复，在很大程度上释放了社会的思想活力、挣脱了传统的思想束缚、加强了中西方思想交流，形成多元社会思潮并存的局面，思想领域的交流交融交锋，使社会上产生信仰林立的现象：传统儒学信仰崛起，佛教、基督教、伊斯兰教等宗教信仰盛行，西方自由主义信仰渗透，科学主义信仰和人文主义信仰迭起……其中，宗教信仰作为历史悠久的信仰形式，随着时代变迁也在不断调整自身的教义和形式，在理论信仰多元发展的时代依然表现出较强的生命力，与其他形式的信仰共同形成对马克思主义信仰一定程度的冲击。在突出主导性与多元性相融合的现实生活中，马克思主义信仰在保持其主导性增长的同时，也需要为其他信仰形态保留适当的存在余地。故而，当前中国马克思主义信仰的现实需求是，在现实生活的沃土中发掘并依靠其内在的生长基础，促使马克思主义信仰在中国民众的生活领域中蓬勃发展、深入融合，进而确立起独具特色的中国马克思主义信仰体系。然而在社会发展进程中，无法避免的矛盾与冲突，不仅撼动了中国人传统的信仰架构，而且由于欲望的横流、激烈的竞争，以及社会发展机会的偶然性，使得当代中国人深切感受到个人命运中前所未有的不确定感。在历史的洪流中，个体显得微不足道，所有信仰均失去了其原有的稳定性和明确性，正因如此，在面对这种严酷的社会历史发展现实时，马克思主义信仰也在大众层面遭遇了冷落。因此，新时代马克思主义信仰的现实生长点之一，就是要针对当下这种信仰式微采取根本对治之道，即在于持续深化改革，有效解决社会问题，保障社会发展切实以人类为中心，达成社会发展与个人成长之间的和谐一致，确保每个人都能最大限度地获得自由且全面的发展，从而实现个体生命潜能的最大化发挥，并让每个人都能领悟和体验到人生的最大意义。这正是当前中国信仰建设所致力于达成的目标。马克思主义信仰应以从根本上满足当前中国人的意义需求为前提，其本质蕴含着对个体与社会的双重关注：于社会层面而言，它要求变革不合理的社会现状，创造实际的社会环境以促进人的自由全面发展，这是一个循序渐进且长期的任务；从个体角度来看，马克思主义信仰着重于激发个体的自我意识，让个体能够领悟并体会到人的自由与解放的深刻内涵。

  构建马克思主义信仰的现实生长点，关注点还要放在如何进入中华民族的精神家园进行相应的构建。当代中国的马克思主义信仰，其现实价值决定了它不能仅局限于精神生活的探讨，而必须紧密联系民族的实际现状来讨论信仰问题。自马克思主义被引介至中国后，该信仰即致力于在这片土地上深耕细作，不断拓展其影响力。此耕耘过程体现为一种相互塑造的关系：一方面，中国的社会现实对马克思主义信仰在中国的境遇产生着深远的影响；另一方面，马克思主义信仰的演进路径又在指引着中国社会现实的未来趋势与潜在可能性。在这一动态的相互作用中，随着社会的进步发展，中华民族的精神领域向马克思主义信仰开放，担当起了联结马克思主义信仰与中国社会实情的桥梁作用。马克思主义信仰在中国生根发芽，实乃历史演变的必然趋势。但这一结果是要与有专属信仰世界的民族文化发生激荡关系的，鉴于传统中国的民族精神及其文化精髓已深深植根于中国人的精神世界，展现出固有的完备性和顽强性，这种由民族文化衍生的精神信仰曾有力抵御了西方文化与宗教信仰的渗透，中国也成功地将众多外来文化元素逐一吸纳，融入其深厚的传统文化体系之中。尽管马克思主义信仰，这一源自西方的思想体系，最初与中国传统观念存在显著差异，但近代中国所经历的屈辱历史，却为马克思主义信仰的引入创造了契机。面对国家频遭侵略、陷入困境的现实，中国人开始深刻反省，将传统文化视为国家贫弱之源，由此，五四新文化运动拉开了批判传统、寻求新知的序幕。随着时间的推移，中国传统文化及其信仰体系在中国人的精神世界中逐渐褪色。这一过程展示了马克思主义信仰如何进入中国，最终演变成为主导社会的意识形态，并深刻融入中国人的精神信仰体系之中。其融入过程虽减弱了原有文化的内在抵触，但同时也缺失了经过文化交融后所形成的深厚基础。马克思主义信仰切实地解决了中国社会及其个体所遭遇的种种社会生活与人生问题，为社会的进步、发展以及个体生命的安顿提供了实质性的解决方案。并以此为鹄的做出了承诺，即达成人的全面自由发展与彻底解放，追求个体作为社会主体的外在自由与内在本质的实现，为中国的社会变革、社会重塑，以及当前的改革开放与社会进步提供了理论支撑与信仰指引。这为马克思主义信仰渗透入中华民族的精神疆域，成为主导意识形态，并证实其科学性和合理性奠定了客观基石。

  对于马克思主义信仰在中华民族精神中的渗透深度及根植情况，我们仍需进行深入思考与谨慎评估。因为，要确保马克思主义信仰真正融入中华民族的精神核心，成为其灵魂所在，就必须直面一个既超越社会现实又相对独立的关键问题：如何妥善处理中国社会发展进程中日益复兴的传统文化与信仰所带来的挑战，特别是信仰的民族性与文化传承的议题。在现今的中国社会，从学术界到民间，致力于传统文化复兴的文化活动层出不穷，已成为一种普遍现象。党和国家适时提出的"建设中华民族共有精神家园"，其核心在于"弘扬传统文化"，这一历史性的任务恰好与当前传统文化复兴的潮流相契合。鉴于此，推动中国哲学与传统文化的复兴显得尤为迫切。随着中国民众民族文化精神的日渐觉醒，他们自然而然地会向马克思主义信仰探寻相应的思想源泉与文化支撑。然而，现有的马克思主义信仰体系显然难以充分满足这一日益增长的需求，这无疑对其理论的生命力、信仰的坚实基础，乃至整体的合法性提出了严峻的挑战。尽管在意识形态的保障与推动下，在当代中国，马克思主义文化与信仰虽已获得巩固与发展，但尚未实现与中华民族精神家园的深度融合，未能转化为中国人内心深层的文化传统与民族精神。其外在表现仍带有明显的西方文化烙印，与中国哲学思想存在隔阂，并且未能像历史上中国文化信仰那样，深深植根于民众的日常生活之中，成为支撑中华民族精神家园的坚固基石。

除此之外，马克思主义信仰还面临着民族文化情感的抵牾。信仰构成了民族精神与文化家园的灵魂，是民族存续的文化标志。中国文化崇尚君子之德，着重于君子的谦和与非竞争性，虽有其自满与保守之虞；相对之下，西方文化则颂扬竞争与进取精神，乃至奉行弱肉强食、适者生存的法则，其缺陷在于过度的侵略性与粗野性。历史长河中，不乏野蛮民族凭借武力征服文明民族的例证，如古罗马以蛮族之姿战胜文化更为发达的古希腊，此类案例俯拾皆是。正是在这些文化冲突的遗迹之上，马克思主义及其信仰在与西方多种思潮的碰撞中彰显了其优越性，契合了中国社会的实际需求，从而确立了其作为核心指导思想的地位。然而，对于中国人而言，尤其是在民族文化复兴的浪潮中日益觉醒文化主体性的中国人，他们如何在文化情感上长久割舍自身的文化精髓，而全心全意接纳一种外来的哲学观念与信仰体系呢？

针对这一社会历史背景，当前中国的马克思主义信仰亟须重新评估并界定其在中华民族精神家园中的角色。它不仅要立足于自身的信仰基础来塑造与重塑中华民族的精神疆域，还需深刻思考如何与中华民族的传统文化相融合，探索与中国传统文化及信仰相通、相融的思想资源与联结点。通过融合并吸收中国传统文化的信仰成分，进而渗透进中华民族的精神世界，有效促进马克思主义信仰的中国化转变。最终目标是构建一个既以马克思主义信仰为基石，又广泛融合中国传统文化精髓的，真正属于中华民族的共有精神家园。

关注马克思主义信仰的现实生长点，还要构建起融汇传统的信仰资源，借助各种思潮文化传播的优势特点，形成比较传播优势与现实说服力的同步增长。马克思主义信仰区别于宗教信仰，本质上是一种理性且科学的信念体系。它的现实生长就在于不断地自我反思，不惧自我批判性研究。因为越是通过深入研究，就越能够发现其中的科学真理性，越能增进对它的认同和信仰。[①] 要坚定地坚持唯物主义世界观，坚定地站在人民立场上树立以规律为目标的研究任务和以人民为中心的研究导向。所以，要立足社会主义事业的实践基础和需要，用马克思主义立场、观点和方法来观察和分析其他信仰资源和文化精华。当前，在思想活跃、观念多元、多种文化融合的时代大潮中，构建兼具高度凝聚力和强大引领力的社会主义意识形态显得尤为迫切。这要求我们在意识形态领域既要坚定维护马克思主义的指导地位，又在兼收并蓄各社会思潮文化中统

---

① 刘建军. 论马克思主义者的使命 [J]. 马克思主义研究，2023（11）：1-7+74.

摄聚合多元文化样态，进而有力扎牢全党全国各族人民团结奋斗的精神纽带。只有这样才能在马克思主义信仰的科学拓展中，增进其传播影响力。信仰传播当然要求深刻的学理性支撑，当然要求以理论研究为基础，但这并不意味着传播马克思主义的责任仅限于那些专业研究人士，相反，每位马克思主义者都承担着这样的传播使命，这是一种信仰责任。传播好马克思主义，离不开大众化、通俗化，尤其要讲人民群众听得懂、听得进的话语，让信仰的创新发展"飞入寻常百姓家"。

马克思主义信仰传播一般包括两个路向：一是横向传播，即在社会大众涵盖面上的宣传传播，扩大马克思主义信仰的传播面。这种横向传播不限于一地或一国范围，而是可以波及全世界的传播。因为马克思主义信仰本身并不是某一国的私有物，也并不是只适合于特定国家，而是人类文明成果的集大成者并担负着解放全人类的使命，故而其普遍性意义决定了应该惠及所有国家所有人类而进行传播。二是纵向传播，即将马克思主义信仰火炬在历史传承和人类发展中一代代传下去。这属于信仰教育的范畴。我们的大中小学思政课教育教学，就是进行马克思主义信仰教育的重要渠道。只有在传播中致力于提升公众对马克思主义信仰的理解深度时，人们才能实现从感性认识到理性掌握、由朴素情感到科学信仰的层级跃迁。当然，信仰传播的目的也就从马克思主义信仰转换成具体的实践行动，信仰的力量才能得到充分彰显。因而，马克思主义信仰以具体行动显现其要解决好为什么人的问题，正是真正的信仰传播的人民立场，恪守为人民谋幸福的初心，善于运用马克思主义信仰解决重大时代课题，才能将信仰的力量更彻底地转化为实践的力量。

关注马克思主义信仰的现实生长点也是一种发展视野的拓展。因为现实生活中马克思主义本身就是一个发展的理论体系，其表现为连续性与阶段性相贯通，这种理论形态为科学考察马克思主义信仰的原生态、继生态与再生态提供了前后相继的空间维度和样态明细，有助于揭示出新时代马克思主义信仰创新发展的时代路向和生长契机。20世纪末，东欧剧变、苏联解体致使世界社会主义万马齐喑，国际共产主义运动遭受巨大挫折。面对"资强社弱"的历史境遇，许多人对马克思主义的前途命运丧失信心，更有人炮制出"历史终结论"和"社会主义失败论"等谬论蛊惑人心。如今，时过境迁，中国特色社会主义进入新时代，科学社会主义的生机活力得到极大彰显，"东升西降"的发展势头正着力扭转"资强社弱"的历史格局，马克思主义由此获得了蓬勃发展的宝贵时代契机，"以崭新形象展现在世界上"迸发出强大的生机活力。在新时代背景下，构建具备强大凝聚力与引领力的社会主义意识形态的迫切需求，为马克思主义信仰的综合性传播注入了现实驱动力，有力纠正了一段时间内部分领域存在的马克思主义"被边缘化、空泛化、标签化"以及"失语""失踪""失声"等现象，形成了对"历史终结论""普世价值论""马克思主义失灵论""社会主义失败论""共产主义渺茫论"等各种非马克思主义和反马克思主义的错误思潮的深度批驳。

四、新时代马克思主义信仰体系构建的中国底色和方法论逻辑

（一）体系构建呼应新时代新要求，中国马克思主义信仰体系要适时完成对信仰主体性的确认和中国实践历史主动之精神的系统化

中国共产党人以革命、建设、改革及发展的百年奋斗持续向人民、向历史答卷，"书写了中华民族几千年历史上最恢宏的史诗"[①]，以实

---

① 中国共产党第十九届中央委员会第六次全体会议文件汇编[M].北京：人民出版社，2021：20.

践注脚了"办好中国的事情,关键在党"①,而"人民是阅卷人"则是内蕴其中的自觉状态。中国共产党的马克思主义信仰中自然孕育出的这一自觉性,凸显了依赖人民并深信人民的深刻内涵。通过党的信仰自觉行动,它不但回答了"中国共产党是什么、要干什么"这一根本问题,而且形成了党坚持人民至上的理念,这是阐释马克思主义在中国凭什么行的真谛。从中国马克思主义信仰体系看,人民至上标识了党的最高献身对象。中国共产党是马克思主义理论的坚定信仰者,以无产阶级和人民群众的解放与发展为旨趣。这就意味着信仰马克思主义这一人民的理论,"人民"就是共产党人的最高献身对象,"人民"的"至上"地位是马克思主义信仰的内在要求。《共产党宣言》明确把共产主义者在历史运动中的身份定位为共产党人,而且明确"共产党,从它与马克思主义信仰的关系上说,是马克思主义信仰的社会载体和政治载体"。②所以,面对共产主义的理想和国家富强人民幸福的期许,中国共产党信仰马克思主义,就是确信马克思主义是正确解决中国现实问题的科学真理,相信唯物史观所揭示的群众创造历史的社会规律,以实际行动运用其阶级斗争中民众联合的方法推进中国的社会主义改造。中国共产党得益于马克思主义信仰的滋养,"形成了坚持真理、坚守理想,践行初心、担当使命,不怕牺牲、英勇斗争,对党忠诚、不负人民的伟大建党精神"。③开中国人民精神主动之源,中国共产党以民族复兴伟业的主心骨,开始了在中国大地上依照真理,构筑现实,引领共产主义实践的奋斗历程。《中国共产党章程》指出:"党的最

---

① 习近平谈治国理政:第三卷[M].北京:外文出版社,2020:331.
② 刘建军.马克思主义信仰论[M].北京:中国人民大学出版社,1998:128.
③ 习近平在庆祝中国共产党成立100周年大会上的讲话[N].人民日报,2021-07-02(2).

高理想是实现共产主义"。①所以,中国共产党自觉在中国人民的解放中实现理论与实践有效对接,不断将共产主义的根本价值诉求对象化,形成了其独特的现实信仰视野:以马克思主义的科学真理关照人民的福祉,在人民面前党没有自己特殊的利益,也没有将自己特殊化的理由。于是,党同人民团结奋进的实践生发了一体感,解答了党性和人民性的统一,最终生成为人民主体地位和马克思主义政党的相互确证,并一直贯穿于信仰实践之中。

中国共产党面对革命、建设、改革的实际与人民需要,不但完成了从党的信仰到人民的信任再到共产主义必胜的信心转化,而且把科学原理同具体实际、同中华优秀传统文化相结合,用实践探索和理论创新的互动主动回答好"什么是正确对待马克思主义真理的方法",这种中国化创新成果与时俱进地充实着马克思主义信仰体系,引领中国革命、建设、改革和新时代的伟大实践。纵览党的百年奋斗历程,中国共产党信仰马克思主义并不是将其奉为教义,当作解决一切问题的"灵丹妙药",而是坚持其立场观点和方法的中国化、时代化,通过百年的奋斗实践,全国人民获得了丰富的实质感受,从而坚定了对马克思主义的信仰及对共产主义、社会主义的信念,这种坚定共识汇聚成推动民族复兴伟业的强大动力,展现出勃勃生机。因此,中国共产党的百年历程,本质上是一个自觉践行马克思主义信仰的过程,这一过程在中国有力地证明了马克思主义的科学性和真理性②,还自觉"总结党的历史经验,作为由实践到理论的转化中介,为党进行理论创新和理论创造、实现马克思主

---

① 中国共产党章程[M]. 北京:人民出版社,2017:1.
② 中共中央关于党的百年奋斗重大成就和历史经验的决议[M]. 北京:人民出版社,2021:63.

义中国化进行了必要的理论准备"①。

中国共产党自成立就以"为中国人民谋幸福、为中华民族谋复兴"为初心使命。这种以人民为中心的世界观体现了马克思主义政党的先进性，促使党必然要做中国人民和中华民族的先锋队。故而，人民至上表达的是党的"人民"本体意识，指称其对人民利益关照的极致程度。坚持人民至上是党全心全意为人民服务宗旨的意境指向，已内化为党处处做中国人民和中华民族先锋队的行动准则。党的性质和宗旨可以界定"中国共产党是什么"，但"是什么"并非侧重党的数量规模，亦非描述党的组织力强弱，而是重在回答为什么人奋斗才是最具意义价值的问题。"是什么"作为共产党人的自我定位，不仅建党之初要明确，而且一以贯之于党的全部历程，以"永不动摇信仰，永不脱离群众"的誓言向人民承诺，用"共产党是为民族、为人民谋利益的政党，它本身决无私利可图"②来划清与以往政党追求自身私利的界限。历经百年磨砺与奋斗，党始终坚守共产主义理想与社会主义信念，紧密地团结并引领全国各族人民，为民族之独立、人民之解放，以及追求国家之富强、民众之福祉而不懈奋斗，彰显出了党与人民的命运共同体意蕴。

百年答卷征程之所以从成功走向继续成功，就在于党首先弄清了"人民"是谁。基于"人民"立场，党才能动态把握哪些阶级可以作"人民"的同盟军，与工农大众一起来推动中国革命，以真正解决人民当家作主何以实现问题。纵观党的百年奋斗，正是在人民这个"上帝"的助力下，党才推翻了压在中华民族头上的"三座大山"，以接续奋斗先后

---

① 孙迪亮.党的百年历史成就和经验的唯物史观底蕴[J].马克思主义研究，2021（11）：28-33.

② 建党以来重要文献选编（1921—1949）：第十八册[M].北京：人民出版社，2011：679.

创造了从新民主主义革命到社会主义革命和建设再到改革开放和新时代中国特色社会主义的伟大成就,使中华民族从站起来、富起来走向强起来。因此,在中国共产党情感维度上,人民至上就是把人民当上帝,唯此才能理解"与共产主义远大理想处于同等层次和重要地位的根本信念就是'为人民服务'"[①]。因为只有相信群众,群众才会相信党,这是毛泽东同志总结出的两条根本原理。"如果怀疑这两条原理,那就什么事情也做不成了。"[②]这正是党将坚持人民至上总结为百年成功经验之一的真谛所在。

人民是党的最高纲领与最低纲领的主体交汇点,人民的"至上"地位则是党在政治立场和工作方法上高度统一的情感体现。中国共产党在救国救民的历史大势中出场,自然要围绕"干什么"而不懈努力。换言之,"中国共产党要干什么"并非要从理论上解释党的施政纲领问题,也不是从实践上回答党的任务数量问题,而是重在回答以谁为中心、围绕什么目标而接续奋斗的问题。《中国共产党第一个纲领》就旗帜鲜明地指出"本党命名为'中国共产党'……党的根本政治目的是实行社会革命……直到消灭社会的阶级区分"[③],即创造一个共产主义者理想的新社会。党的二大不仅明确了为无产阶级之利益而奋斗的政党定位,而且明确了"'到群众中去',要组成一个大的'群众党'……党的一切运动都必须深入到广大的群众里面去"[④]的革命路线。自此"中国共产党是什么、要干什么"这一根本问题就明晰化了,不但要解决眼下难题,还要对目标和任务的中国化过程和对象化

---

① 刘建军.从信仰视角看为人民服务[J].思想理论教育导刊,2004(12):18-22.
② 毛泽东文集:第6卷[M].北京:人民出版社,1999:423.
③ 建党以来重要文献选编(1921—1949):第1册[M].北京:中央文献出版社,2011:1.
④ 中央档案馆.中共中央文件选集:第1册[M].北京:中共中央党校出版社,1989:90.

结果进行理性追问,但均离不开人民的实际需要和切身感受这一点。简而言之,人民跟着共产党干什么?一求翻身解放,二求富裕幸福。[①]也就是要在革命、建设、改革和发展的实践中使人民当家作主不断完备。当然,这不可能一蹴而就。但始终坚持人民至上正是党的奋斗目标、使命任务的实体所现。因此,中国共产党遵循社会发展规律,立足国情,抓住不同阶段的主要矛盾,一个阶段接一个阶段地渐次推进着共产主义。从党的一大明确提出进行民主革命建立共产主义社会的任务,经过二十八年浴血奋斗,党领导人民以新民主主义革命的彻底胜利,建立了人民当家作主的新政权。新中国为了建设社会主义和提升人民生活,党领导人民以"一化三改"的创新方式和每五年制定一个国家发展计划的接续努力实现了社会主义革命和建设的初步胜利,为人民当家作主的权益保障奠定了制度基础。党的十一届三中全会以后,为了解决人民富裕问题,党以"三步走"战略分阶段地推进了"中国式的现代化",要在 21 世纪中叶,建成一个中等发达的社会主义现代化国家。当前,"三步走"战略的前两步及第三步的前二十年目标均已提前完成。在此基础上,党的第十九次全国代表大会进一步阐明了细化版的新"两步走"战略,此战略是对原先"第三步"战略中后三十年发展目标的详尽规划与部署,目前正按照两个十五年的规划阶段,循序渐进地向建成社会主义现代化强国的宏伟目标推进。从改革开放和社会主义现代化建设时期到中国特色社会主义新时代,党引领全国人民历经从解决基本温饱到达成小康生活,再由总体小康迈向全面小康,彻底消除绝对贫困,进而开启了全面建成社会主义现代化强国的新征程,都是党坚守共产主义奋斗目标的对象化、中国化历程。

---

① 习近平.摆脱贫困[M].福州:福建人民出版社,1992:47.

正是因为党把为中华民族谋复兴的奋斗主题与党的目标纲领有机地统一起来,在适时调整各个历史阶段的目标中扎实推进,聚焦阶段性问题与最高目标的现实关联。最终,形成了中国共产党依靠人民破解一个个阶段性难题、接续推进共产主义的百年大剧。回望党的革命、建设、改革、发展历程,既是党为中国人民谋幸福的主导剧,也是民族复兴和人民美好需要渐趋满足的生活剧。历史和实践表明,坚持人民至上是党实现理想目标的初心呼应,展望新时代新征程,只有永远保持同人民群众的血肉联系,始终同人民想在一起、干在一起,才能创造共产主义的荣光。

总而言之,中国共产党以"坚持"的韧劲和"至上"的情感将自身与人民主动相融,构筑起党坚持人民至上的奋斗史,既彰显了党的信仰旗帜和价值原则,又深刻还原了"过去我们为什么能够成功"的历史主动之解,还将"中国共产党凭什么能"的密码锁定在人民的现实根基之上,在"民之所盼,我必行之"的宣示中内化成为百年未有之大变局与中华民族伟大复兴战略全局相统筹的人民总路线,赋予党和人民事业无往而不胜的光明前景。

(二)人类文明新形态是马克思主义信仰所指引的、人民实现自身解放的社会新形态

中国开创人类文明新形态之路呈现的是马克思主义信仰在21世纪世界变革中的新路向。中国共产党遵循这一信仰的指引,在革命、建设、改革和新时代历程中持续奋进,既自觉担起民族解放、人民幸福的使命任务,又聚焦新社会形态的文明构建,基于现实国情自觉推进现代化,探索出了超越资本逻辑的中国特色社会主义文明新路。因此,着眼于全面建设社会主义现代化国家新征程新蓝图,党的二十大报告不但进行了系统战略部署,而且围绕"以中国式现代化全面推进中华民族伟大复兴"①的中心任务,首次明确了要从中国式现代化通达人类文明新形态的答案,即马克思主义信仰的引领是开创人类文明新形态的中国底气,是凝聚思想共识、汇集发展合力的关键所在。

"马克思主义行"彰显了推进中国走向现代化的理论优势,"中国化时代化的马克思主义行"体现了中国式现代化的创新优势。在人类文明视域中"归根到底两个行"是以中国实践开拓人类自由解放之路的价值彰显。从理论渊源看,中国式现代化通达人类文明新形态的底气,在于它拥有马克思主义科学信仰的指引,激励着党在革命性锻造和建设性发展中成长为中华民族和中国人民的先锋队;马克思主义信仰是党和人民探寻解放的精神力量之源,它历经百年实践,在中国本土化为当代中国马克思主义,又以实践效能引领时代,彰显出21世纪马克思主义的生命活力,由此形成的正确道路和科学制度又将马克思主义信仰内化为全国人民的"四个自信",这增强了中国人民实现民族复兴、开创人类文明新形态的志气、骨气与底气。因而,中国特色社会主义事业围绕实现全体人民共同富裕开拓出中国式现代化新道路,以发展实绩确证了"归根到底是马克思主义行,是中国化时代化的马克思主义行"。② 中国化时代化的马克思主义行,在于其立足中国大地推进从"救国救民"到"富国富民"的实践创新和理论创新,

---

① 习近平.高举中国特色社会主义伟大旗帜　为全面建设社会主义现代化国家而团结奋斗——在中国共产党第二十次全国代表大会上的报告[M].北京:人民出版社,2022:21.

② 习近平.高举中国特色社会主义伟大旗帜　为全面建设社会主义现代化国家而团结奋斗——在中国共产党第二十次全国代表大会上的报告[M].北京:人民出版社,2022:16.

既彰显马克思主义的人民底色，又使这一实现人民自身解放的思想体系愈发成为我们党持守信仰、掌握历史主动的关键。可见，中国共产党自觉将科学信仰付诸行动，在中国革命、建设和改革中不断把"人民的立场、实践的观点、历史主动的方法"整合为与时俱进的社会实践形态，使中国式现代化的社会主义文明本色愈发呈现出来，"使世界范围内社会主义和资本主义两种意识形态、两种社会制度的历史演进及其较量发生了有利于社会主义的重大转变"。①

作为当今世界现代化时代之问的回答，中国式现代化既立足中国解决自身发展问题，又探索解决世界发展的人类普遍性难题，如何于世界视野中处理好合规律性与合目的性的统一的道路尺度？只有在占据真理和道义制高点的科学理论指导下才能生成。在当今世界，将真理和道义结合并处于制高点的正是科学的马克思主义，而且"我们依然处在马克思主义所指明的历史时代"。②因为它不但科学地回答了资本主义向何处去的问题，还为人类社会向何处去指明了跨越时代的方向。作为马克思主义使命型政党，中国共产党人自觉践行马克思主义信仰，以马克思主义的"中国化"理论创新和"化中国"的实践创造，将科学社会主义一以贯之于接续奋斗的历史实践，创造了源于现实而又超越现实的人类文明新形态。可见，这是中国共产党人站在历史唯物主义的高度，把握中国和世界发展的"时"与"势"的过程，其中充满着对未来时代本质的把握，也彰显着党在中国特色社会主义的实践进行时中开创时代至远目标的历史主动。为此，"以

---

① 中共中央关于党的百年奋斗重大成就和历史经验的决议[M].北京：人民出版社，2021：63-64.
② 习近平谈治国理政：第二卷[M].北京：外文出版社，2017：66.

中国式现代化全面推进中华民族伟大复兴"，①全面建设社会主义现代化国家，是中国共产党人在科学社会主义原则中对现代性文明的清醒把握，是符合马克思主义科学真理和人类文明的最高理想即共产主义的当下实践形态。其超越了既有模式的弊端，形成了现代化的社会主义文明新形态。中国共产党以高质量发展、全体人民共同富裕、人与自然和谐共生回应现代化的当下时代任务，彰显社会主义的现代性。它以发展全过程人民民主，丰富人民精神世界，处理好发展质量与人民共享间的关系，回应现代化的时代关切，突出了社会主义为人民提供生活理想和社会目标的时代性和现实性。它以为世界谋大同推动构建人类命运共同体，回应现代化的当下时代主旋律，树立了人类文明在社会主义道路上的新典范。因此，中国实践以新势能高举起了社会主义在全世界的优势和威望，是坚守科学信仰和应用现实方法创造"中国之路"，解决中国实际问题启发性回答"世界之问"的范式创新。

面对世界百年未有之大变局，马克思主义信仰的科学性和真理性在中国的实践检验能够回应世界发展的时代路向问题，能够证明中国式现代化为世界各国发展提供了新选择，从"中国式"拓展到"世界化"，以科学社会主义的世界情怀开创人类文明新形态的路向和底气。"马克思主义进入中国，既引发了中华文明深刻变革，也走过了一个逐步中国化的过程。"② 中国特色社会主义以全新的"五位一体"文明创造了"经济快速发展"和"社会长期稳定"的"两大奇迹"，将生产、生活、生态等实践活动统一于新文明形态之中，愈加彰显了"把人的目

---

① 习近平. 高举中国特色社会主义伟大旗帜 为全面建设社会主义现代化国家而团结奋斗——在中国共产党第二十次全国代表大会上的报告 [M]. 北京：人民出版社，2022：21.

② 习近平. 在哲学社会科学工作座谈会上的讲话 [M]. 北京：人民出版社，2016：9.

标、诉求、观念融入实践"的文明旨趣和社会主义底色。因此，中国共产党人的目标始终如一，"坚定走生产发展、生活富裕、生态良好的文明发展道路，建设美丽中国，为人民创造良好生产生活环境"。[①] 这正是以实践生成人类文明新形态的深厚"实体性"内涵的现代化之路，也是中国共产党人践行马克思主义的中国篇章。

人类文明新形态是沿着人类社会发展规律的文明总趋向，为正在进行时中的现代化发展路径确立价值原则的范式创新，是"站在人类进步的一边"重点解决"发展起来以后的问题"，突破"以物的依赖性为基础"的人的发展模式，使人进入"自由而全面发展"新境界的新坐标，这是从源于人本逻辑的自信和人类情怀的自觉实践中开创出来的。当今世界现代化的实践旨趣，不是为发展而发展，而是为什么人的发展问题。因而，现代化的文明底蕴不是要形成"原子个人"现代性狂欢，而是诉诸"集体的力量"才能使人作为发展目的或本真价值的真正实现；不是使"人"成为发展的工具或价值手段，而是实现"人"的主体本位和意义价值。中国式现代化直面人的现代化发展之现实需要，着眼于人的自由全面发展，关切人类共同需求，敢于主动回应难题，克服文明冲突，跨越文明陷阱，破解西方现代化老路的资本支配原则，摒弃物质主义膨胀和两极分化的顽疾，不走对外扩张掠夺的不义之路，正确把握实践规律和真理认识的检验标准，最终开创了人类文明新形态。以实践来创造旨在解决作为共同体的人类的自由而全面发展问题，这一价值样态只能沿着群众史观的人间正道才能开创出来。当今世界，科学社会主义是指引人类进步的最高文明理论，其最大关切在于对人民的美好需要，但重要动力来自真正发挥创造历史的人民群众的主动性。故而，中国共产党的历史主

---

① 习近平谈治国理政：第三卷 [M]. 北京：外文出版社，2020：19.

动才成为一种在实践发展中的旨趣标准，以政治实践推动全过程的人民民主，以文化实践平衡丰富人民的物质生活和精神世界，以经济实践在人与自然和谐中推进全体人民的共同富裕，以文明实践的天下胸怀推动构建人类命运共同体。

（三）马克思主义信仰是对真正的世界历史的科学预见，更是基于唯物史观的伟大发现使其具有了创造历史的伟力

新时代马克思主义信仰体系的中国构建方法论基础就在于其唯物史观的历史规律路径和历史主动逻辑的统一。文明作为人类历史发展的表征，不仅体现历史的进步与提升，而且还要彰显社会结构和内容的优化与丰富。所以，新形态人类文明的创生必须站在历史正确的一边，从时空上明晰民族历史转向世界历史的发展趋势，厘清人类历史中"物对人的抽象统治"之根源结构，致力于摆脱"物的依赖性"，进阶到"人的自由个性得以全面实现"的文明跃迁。中国式现代化新道路生成于世界历史进程中，主张以现代化形式完成人的自由个性的文明发展使命，实践着人类社会发展的规律与历史主体的能动性选择。它开创人类文明新形态的原创性贡献是顺应历史的伟大创造，更是人类文明发展规律的时代表征。

从历史认识论来看，人类文明新形态是马克思视野中"世界历史意义的呈现"之新时代结果，这意味着新文明形态需要承担起世界历史任务。面对"走什么道路能够实现全人类解放"的历史任务，马克思充分肯定了资本文明的作用，同时他依据社会基本矛盾运动规律，以唯物史观审视资本主义，分析其产生的基础、发展的条件及其存在的基本矛盾，明确指出"资产阶级的灭亡和无产阶级的胜利是同样不可避免的"[①]。

---

① 马克思恩格斯全集：第 42 卷 [M]. 北京：人民出版社，1979：257.

换言之,"两个必然"揭示了资本主义作为历史形态的暂时性,打破了资本塑造出来的文明神话。"两个必然"是人类新文明形态得以开创的现实生长点,共产主义之所以成为不断消灭现实的不完满的运动,就在于它要实现人和自然界之间、人和人之间矛盾的真正解决,特别是存在和本质、自由和必然、个体和类之间的斗争的真正解决。为此,中国共产党人坚持唯物史观,深刻洞察社会历史规律,以中国式现代化的历史主动,将科学社会主义的生命力和价值优势在21世纪的中国生发出来,形成了人类文明新形态。这既是文明发展的主旨体现,也是站在历史正确一边的客观要求,因为它赓续了马克思主义"两个和解"理论及其实践创新,以中国之力真正实现"两个和解",积极推进构建人和自然的生命共同体、人类命运共同体。历史和实践证明,"两个和解"在人类文明进步的取向上消解了笼罩在马克思主义身上的时空之争、体用之争,中国共产党以坚持党性与人民性统一的知行观明辨现代化发展旨趣上的物与人之争,以"能用—会用—真用"的递推逻辑和历史主动精神,于新文明创造中贯通主体与客体、过程与目标、态度与行为、立场与价值等的内在统一,开创了使人进入"自由而全面发展"新境界的中国实践和文明底气。

从历史规律来看,"创造人类文明新形态"是在历史地生成着的、在超越"历史终结论"中表现为必然性的东西,是在历史向世界历史转变的确定性中"站在历史正确的一边",是由文明古国复兴之路开创出的、超越以往"落后—现代""野蛮—文明"的西方现代化叙事的新道路。世界历史的资本主义现代化大势裹挟了近代中国之命运,蒙辱蒙难的中国人以病急之心态在被迫中模仿、移植西学,直到在中国共产党率领之下争得国家民族独立,才得以主动实践社会主义新文明,不断探索改革发展转型之策,逐渐形成今日之中国式现代化道路。对其中历史发展之路的规律性把握也并非一帆风顺,中国爱国民众因艳羡西方现代化之路径而多方尝试,直至中国共产党在革命实践中发现,唯有民族解放、国家自主才能驭现代化为华夏生民所用,故先以新民主主义革命、社会主义革命扫除发展障碍,才能在现代化大潮中谋得自己的位置。改革开放的实践探索,中国共产党不断辩证认识西方大国现代化路径及其限度,明晰其中鉴戒,逐步破除了对西方现代化的器物传统认识,在对自身条件和历史境遇的把握中,在合规律性基础上进行有目的地创新创造。"现代唯物主义把历史看作人类的发展过程,而它的任务就在于发现这个过程的运动规律。"① 这就意味着,人类的发展不以发现历史规律为目的,而是以发挥对规律认识把握的主体能动性去创造历史、改造世界、实现人民美好幸福生活为目的。马克思的"自由人联合体"正是这一历史任务的体现,因为"在真正的共同体的条件下,各个人在自己的联合中并通过这种联合获得自己的自由"。② 顺应世界现代化浪潮的全球势能,但警惕其表现出的现代性悖反,是马克思现代性思想赋予中国式现代化建设的理论清醒,也描画出了"共同体"的真实之路。立足中国,提出"人类命运共同体"倡议。这是以对人类命运的整体关怀为切入点,深刻领悟马克思"真正的共同体"精神实质,并结合时代需要进行的创新。以"构建人类命运共同体"的实践促进了世界历史的范式革命,创造了世界历史意义上的人类文明新形态,彰显了超出文明类型优劣论狭隘眼界的文明价值和人类情怀,从共时态上打破了西方现代化的个别文明优越论的自我标榜,从历时态上超越了世界历史惯性的定于一尊的观念复制固化文明,以中国特色凝练出兼顾历史发展必然性和全人类共同价值的

---

① 马克思恩格斯选集:第3卷[M].北京:人民出版社,2012:400.
② [德]弗·梅林.保卫马克思主义[M].吉洪译,北京:人民出版社,1982:75.

文明互鉴的合理创新，成为一种世界历史视野中推进人类共同命运的平等、互鉴、对话、包容的文明观，必将引领世界历史的发展路向。这体现了历史的科学意义所在，只有当"历史成为严格意义上的科学，才能成为应然之是：人类的领路人和教导者"。[①] 它立足现实指向未来，围绕着人的自由而全面发展的主旨展开，既是人类前途命运的一般性指向，也契合中国人民追求美好生活的共同要求。

总之，人类文明新形态不仅具有现代社会的文明底气和现代化支撑，而且在世界历史的发展阶段上不断展现出与西方资本主义文明比较中的优势。中国式现代化道路所塑造的新文明是人类文明新形态相关问题的中国解答，从逻辑上讲，它首先是一种中国式的新文明样态。但从现实而言，它作为原创性成果，是探索社会主义文明的中国样态，体现了人类文明的中国新高度，中国式现代化是将这种新文明继续推进到更高水平的最优解。马克思主义信仰的内生力量创造着愈益具有主体自觉性的新人类，共产主义理想社会的文明愿景愈益驱动"两个必然"的现实生长生成。所以，人类文明新形态是实现人类从"必然王国"向"自由王国"飞跃的时代回答，它蕴含着人类的期许、文明的大势与历史的规律共同支撑起的底气。

[①] [德] 弗·梅林. 保卫马克思主义 [M]. 吉洪译, 北京：人民出版社, 1982：75.

参考文献

（一）著作类

[1] 马克思恩格斯选集（第1-4卷）[M]. 北京：人民出版社，2012.

[2] 列宁选集（第1-4卷）[M]. 北京：人民出版社，1995.

[3] 习近平谈治国理政 [M]. 北京：外文出版社，2014.

[4] 习近平在庆祝中国共产党成立95周年大会上的讲话 [M]. 北京：人民出版社，2016.

[5] 习近平谈治国理政（第二卷）[M]. 北京：外文出版社，2017.

[6] 习近平谈治国理政（第三卷）[M]. 北京：外文出版社，2020.

[7] 十八大以来重要文献选编（上、中、下）[M]. 北京：人民出版社，2014、2016、2018.

[8] 习近平总书记系列重要讲话读本（2016年版）[M]. 北京：学习出版社、人民出版社，2016.

[9] 习近平新时代中国特色社会主义思想学习纲要 [M]. 北京：学习出版社、人民出版社，2019.

[10] 深入学习习近平关于教育的重要论述 [M]. 北京：人民出版社，2019.

[11] 陈先达. 马克思主义信仰十讲 [M]. 北京：人民出版社，2018.

[12] 陈先达. 马克思与信仰 [M]. 北京：中国人民大学出版社，2018.

[13] 陈先达. 理论自信——做坚定的马克思主义信仰者 [M]. 长春：吉林人民出

版社，2016.

[14] 陈先达. 坚持马克思主义在意识形态领域的指导地位 [M]. 北京：经济科学出版社，2015.

[15] 陈先达. 思想中的时代与时代中的信仰 [M]. 北京：中国人民大学出版社，2018.

[16] 孙正聿. 理想信念的理论支撑 [M]. 长春：吉林人民出版社，2014.

[17] 荆学民. 人类信仰论 [M]. 上海：上海文化出版社，1992.

[18] 荆学民. 当代中国社会信仰论 [M]. 北京：人民出版社，2008.

[19] 刘建军. 马克思主义信仰论 [M]. 北京：中国人民大学出版社，1998.

[20] 刘建军等. 信仰的呼唤——社会主义市场经济条件下的信仰问题研究 [M]. 北京：人民出版社，2011.

[21] 刘建军等. 信仰书简：与当代大学生谈理想信念 [M]. 北京：中国青年出版社，2012.

[22] 刘建军. 守望信仰 [M]. 北京：人民出版社，2013.

[23] 刘建军. 信仰追问 [M]. 北京：中国青年出版社，2014.

[24] 程建宁等. 活着的马克思 [M]. 北京：中央编译出版社，2015.

[25] 檀传宝. 信仰教育与道德教育 [M]. 北京：教育科学出版社，1999.

[26] 黄明理. 马克思主义魅力与信仰研究 [M]. 北京：人民出版社，2016.

[27] 万光侠. 思想政治教育的人学基础 [M]. 北京：人民出版社，2006.

[28] 盖伯琳等. 信仰的智慧：信仰和科学信仰教育研究 [M]. 北京：中国社会科学出版社，2006.

[29] 何光沪. 信仰二十讲 [M]. 北京：中国青年出版社，2008.

[30] 蒋荣. 马克思主义信仰的现代困境及出路 [M]. 北京：中央编译出版社，2015.

[31] 宇文利. 中国人的理想与信仰 [M]. 北京：中国人民大学出版社，2018.

[32] 艾四林，王明初. 社会主义主流意识形态与当今中国社会思潮 [M]. 北京：人民出版社，2014.

[33] 李建国. 大学生马克思主义理想信仰生成论 [M]. 北京：人民出版社，2019.

[34] 谷生然. 社会信仰论 [M]. 北京：中国社会科学出版社，2009.

[35] 李泽厚. 中国现代思想史论 [M]. 北京：东方出版社，1987.

[36] 张允熠. 中国文化与马克思主义 [M]. 北京：人民出版社，2015.

[37] 窦宗仪. 儒学与马克思主义 [M]. 刘成有译，兰州：兰州大学出版社，1993.

[38] 张岱年、程宜山. 中国文化与文化论争 [M]. 北京：中国人民大学出版社，1990.

[39] 崔龙水、马振铎主编. 马克思主义与儒学 [M]. 北京：当代中国出版社，1996.

[40] 李毅. 中国马克思主义与现代新儒学 [M]. 天津：天津教育出版社，2007.

[41] 张建新. 儒学与马克思主义 [M]. 陕西：陕西人民出版社，2003.

[42] 方克力. 现代新儒学与中国现代化 [M]. 天津：天津人民出版社，1997.

[43] 余英时. 现代儒学的回顾与展望 [M]. 北京：生活·读书·新知三联书店，2004.

[44] 荆学民. 现代信仰学导论 [M]. 北京：中国传媒大学出版社，2012.

[45] 侯惠勤. 马克思的意识形态批判与当代中国 [M]. 北京：中国社会科学出版社，2010.

[46] 蒋建国. 凝聚在共同理想和信念的旗帜下 [M]. 北京：人民出版社，2013.

[47] 汤一介、景海峰编. 当代新儒家 [M]. 北京：生活·读书·新知三联书店，1989.

[48] 聂立清. 我国当代主流意识形态认同研究 [M]. 北京：人民出版社，2010.

[49] 刘向信等. 马克思主义与中国传统文化 [M]. 北京：社会科学文献出版社，2009.

[50] 张琳. 现代性的信仰困境与信仰塑造 [M]. 北京：中国社会科学出版社，2012.

[51] [法] 阿尔都塞著. 保卫马克思 [M]. 顾良译，北京：商务印书馆，1984.

（二）学位论文类

[1] 雷骥．现代思想政治教育的人性基础研究[D]．济南：山东师范大学，2007．

[2] 孙铁骑．当代中国马克思主义信仰的理性审视[D]．长春：东北师范大学，2011．

[3] 陆攀．马克思主义信仰的历史演变研究[D]．合肥：安徽大学，2014．

[4] 戚杰强．马克思主义信仰的影响因素实证研究[D]．桂林：广西师范大学，2014．

（三）期刊论文类

[1] 孙正聿．寻找"意义"：哲学的生活价值[J]．中国社会科学，1996（3）．

[2] 刘建军．论马克思主义信仰[J]．马克思主义研究，1997（2）．

[3] 刘建军．信仰教育：马克思主义思想理论教育的本质内容[J]．中国人民大学学报，2000（4）．

[4] 刘建军．论中国共产党人的精神家园[J]．河海大学学报（哲学社会科学版），2014（1）．

[5] 刘建军．论共产主义信仰的崇高境界[J]．思想理论教育导刊，2013（3）．

[6] 刘建军．论马克思主义信仰的基本内容和主要结构[J]．思想理论教育，2013（3）．

[7] 刘建军．试论研究马克思主义与信仰马克思主义的关系[J]．教学与研究，2018，67（1）．

[8] 荆学民．关于马克思主义和共产主义信仰的理论思考[J]．马克思主义研究，1999（5）．

[9] 荆学民．关于马克思主义信仰学的若干思考[J]．天津社会科学，2006（2）．

[10] 张曙光．信仰之思[J]．学术研究，2000（12）．

[11] 李德顺．论信仰[J]．前线，2000（2）．

[12] 李德顺．"信仰危机"与信仰的升华[J]．河北学刊，2002（5）．

[13] 李德顺．论中国人的信仰[J]．学术月刊，2012（3）．

[14] 冀哲．信仰问题研讨综述[J]．哲学动态，2002（8）．

[15] 黄慧珍. 信仰及其危机和转机——从真理和价值的视角看[J]. 哲学动态, 2002（12）.

[16] 张康之. 论信仰、道德与德治——社会秩序基础的转变[J]. 甘肃社会科学, 2003（4）.

[17] 阎献晨. 关于信念、信仰、理想及其科学化建设[J]. 理论探索, 2003（1）.

[18] 陈建民, 阳鲁平. 科学认识马克思主义信仰[J]. 求索, 2004（6）.

[19] 虞新胜, 颜河清, 李罕. 马克思主义信仰的哲学思考[J] 江西社会科学, 2005（11）.

[20] 沈湘平. 略论当代的信仰与秩序[J]. 理论视野, 2006（2）.

[21] 冯天策. 信仰的本质与价值[J]. 哲学研究, 2006（8）.

[22] 危埼, 虞新胜. 论马克思主义信仰的建立[J]. 求实, 2006（12）.

[23] 马永忠. 基于信仰结构的马克思主义信仰重建[J]. 甘肃社会科学, 2007（4）.

[24] 邹之坤. 全球语境下的信仰反思[J]. 科学社会主义, 2008（4）.

[25] 李钟麟. 论马克思主义信仰的地位与功能[J]. 湖南科技学院学报, 2008（1）.

[26] 侯惠勤. 当代中国信仰问题的出路是坚定马克思主义信仰[J]. 思想政治工作研究, 2011（4）.

[27] 黄明理. 辩证维度中的马克思主义信仰[J]. 河南大学学报（社会科学版）, 2009（3）.

[28] 黄明理. 中国共产党马克思主义信仰的历史演进及其启示[J]. 华东师范大学学报（哲学社会科学版）, 2011（2）.

[29] 黄明理, 力明. 马克思主义的理论自觉、自信与信仰研究[J]. 南京政治学院学报, 2013（1）.

[30] 秦维红. "马克思主义信仰"的提法不能回避[J]. 晋阳学刊, 2007（5）.

[31] 彭方来, 谢成宇. 马克思主义信仰的本质特征及其当代价值[J]. 理论月刊, 2007（3）.

[32] 张秀芹. 马克思主义信仰的内涵及其主要特征[J]. 河海大学学报（哲学社会科学版）, 2010（9）.

[33] 薄明华.论马克思主义信仰的科学内涵[J].广西社会科学,2011(9).

[34] 徐能毅.马克思主义不重视人文关怀吗?——兼论坚定马克思主义信仰[J].红旗文稿,2012(17).

[35] 刘权政.多元文化背景下马克思主义信仰面临的挑战及其应对[J].理论导刊,2015(1).

[36] 徐斌.论坚定马克思主义信仰[J].马克思主义研究,2013,(3).

[37] 杨晓慧.信仰·理论·教育:思想政治教育的三种力量[J].东北师大学报(哲学社会科学版),2018(1).

[38] 郑敏.大学生马克思主义信仰心态成因及对策研究[J].湖北社会科学,2014(5).

[39] 马莉,万光侠.当代大学生宗教信仰调查与分析——以山东某高校为例[J].宁夏社会科学,2012(2).

[40] 徐秦法.马克思主义信仰教育的本质规定及其内在逻辑[J].马克思主义研究,2018(4).

[41] 鲍先彪.马克思主义信仰教育创新机制分析[J].东南大学学报(哲学社会科学版),2014(2).

[42] 刘建荣.马克思主义信仰的精神实质[J].哲学研究,2013(1).

[43] 彭红丽.论马克思政治信仰的科学内涵及当代意义[J].理论探索,2013(5).

[44] 罗忠荣,杨永志.信仰的内涵与发展——兼论马克思主义信仰的超越性[J].广西社会科学,2014(6).

[45] 李合亮.意识形态建设与马克思主义信仰培育[J].学校党建与思想教育,2017(9).

[46] 张强.近年来马克思主义信仰研究综述[J].中共云南省委党校学报,2018(1).

(四)国外参考文献及外文文献类

[1] [美]L.J.宾克莱.理想的冲突[M].马元德等译.北京:商务印书馆,1983.

[2] [英]伯特兰·罗素.教育与美好生活[M].杨汉麟译.石家庄:河北人民出

版社，1998.

[3] [美] 约翰·杜威. 民主主义与教育 [M]. 王承绪译. 北京：人民教育出版社，2001.

[4] [英] 怀特海. 教育的目的 [M]. 徐汝舟译. 北京：读书·生活·新知三联书店，2002.

[5] [英] 特里·伊格尔顿. 马克思为什么是对的 [M]. 李杨等译. 北京：新星出版社，2011.

[6] [英] 约翰·希克. 信仰的彩虹 [M]. 王志成等译. 南京：江苏人民出版社，2000.

后　记

　　本书是在我主持的山东省社科规划研究项目（课题编号：16CKSJ12）结题研究报告的基础上修改扩展而成的。感谢山东省社科规划办对我学术生涯开启的支持和肯定。正是在项目研究的过程中，我才学会了由兴趣到专业聚焦的成长，也正是在这种学术专业的思考中，我有了以此为切入点做一个事务工作到学术深造转型的打算。后来终于得偿所愿，我有幸步入山东师范大学万光侠教授门下攻读博士学位，正是在万老师的谆谆教诲和支持下，我才能将这一思考付梓成册。在成书付梓之际，我却没有如释重负的轻松感，相反更多了一些蹒跚学步的忐忑。

　　儒学与马克思主义的关系研究历来是我国学术界的重要聚焦点，在中华民族全面走向伟大复兴的场域视角中探讨其中的信仰维度，是一个难度不小的课题。党的十八大以来，党和国家高度重视马克思主义信仰建设，并大力弘扬中华优秀传统文化。特别是习近平总书记在党的二十大报告中强调指出，唯有将马克思主义的基本原理与中国具体实际紧密结合，同时融合中华优秀传统文化，并坚持运用辩证唯物主义与历史唯物主义的方法论，方能准确回应时代及实践所提出的重大课题，持续保

后　记

持马克思主义的盎然生机与强劲活力，从而为开创马克思主义中国化时代化的崭新篇章提供明确指引。此为笔者下定决心必须把这个选题做好的天时之利。同时我身处儒学的故乡，得儒学复兴研究之便利，并能在写作过程中及时请教于这方面研究的方家老师，实属地利人和之利。

在写作过程中，我越深入地探究马克思主义信仰的理论体系及其时代价值，就越发感受到其中的人学魅力。我越流连于儒学及其复兴历史的梳理，越发体会到其中的中国人独有的精神追求。如何在精神生活上将儒学复兴场域下的马克思主义信仰问题搞清楚，又如何在场域转化的视域下继续深化对马克思主义信仰创新发展的研究，是选题的主要解题路径。但是，在研究思考的过程中，我也越发发现该课题的时代价值。因为在马克思主义信仰的指引下，中国不但走出了中国特色社会主义的创新道路，而且实现了"从胜利走向胜利"的伟大飞跃。今天我们正在以中国式现代化全面推动中华民族伟大复兴，建设中华民族现代文明。特别需要我们在守正创新中坚守好马克思主义信仰这个魂脉和中华优秀传统文化这个根脉。这个魂和根贯通于中国特色社会主义这个"体"，这个"体"最终要建构的就是基于科学社会主义原则的中华民族现代文明。所以，马克思主义与中华优秀传统文化不但要结合，还要在新时代条件下经由马克思主义信仰的"激活"与"注入"，对中华优秀传统文化产生一种新的充实与发展。这些都为该课题的进一步研究指明了新的方向和空间。即将呈现在读者面前的这本小册子，是我对这一领域研究的开始，希望能够得到各位专家学者的批评和指正。

再次发自肺腑地感谢我的导师万光侠教授，如果本书能有一些价值的话，那么首先应该归功于我的导师。文中若有思考不周、论述不深甚至表达不准确之处，则纯属本人能力不够所致。特别感谢我的爱人对我的鼓励与支持,她为我第一本书的完成承担起了所有家务,悉心照顾老人、孩子,无以为报,唯有将此成果细细打磨,精雕细琢,不负家人的厚望。

在写作过程中,我多受益于大量的资料和观点,虽然我尽可能全面地在注释或参考文献中反映出资料和观点的来源,但是,可能仍然有遗漏之处,请读者和被引用者谅解,在此也向所有被引用文献的作者和出版者表示敬意。

由于本人水平有限,本书一定有许多不当之处,请读者不吝指教。

杨玉强

2025年7月于曲园